県立香楠・県立致遠館・県立唐津東・県立武雄青陵中学校

〈収録内容〉

JN079005

便利な DL コンテンツは右の QR コードから

解答用紙　　過去年度　　問題は紙面に掲載

⇒

※データのダウンロードは 2025 年 3 月末日まで。
※データへのアクセスには、右記のパスワードの入力が必要となります。 ⇒ 833320

本書の特長

実戦力がつく入試過去問題集

▶ 問題 ………… 実際の入試問題を見やすく再編集。

▶ 解答用紙 …… 実戦対応仕様で収録。

▶ 解答解説 …… 解答例は全問掲載。詳しくわかりやすい解説には、難易度の目安がわかる「基本・重要・やや難」の分類マークつき（下記参照）。各科末尾には合格へと導く「ワンポイントアドバイス」を配置。

入試に役立つ分類マーク

基本▶ 確実な得点源！
受験生の 90％以上が正解できるような基礎的、かつ平易な問題。
何度もくり返して学習し、ケアレスミスも防げるようにしておこう。

重要▶ 受験生なら何としても正解したい！
入試では典型的な問題で、長年にわたり、多くの学校でよく出題される問題。
各単元の内容理解を深めるのにも役立てよう。

やや難▶ これが解ければ合格に近づく！
受験生にとっては、かなり手ごたえのある問題。
合格者の正解率が低い場合もあるので、あきらめずにじっくりと取り組んでみよう。

合格への対策、実力錬成のための内容が充実

▶ 各科目の出題傾向の分析、最新年度の出題状況の確認で、入試対策を強化！

▶ その他、学校紹介、過去問の効果的な使い方など、学習意欲を高める要素が満載！

解答用紙ダウンロード 解答用紙はプリントアウトしてご利用いただけます。弊社ＨＰの商品詳細ページよりダウンロードしてください。トビラのＱＲコードからアクセス可。

 原本とほぼ同じサイズの解答用紙は、全国のファミリーマートに設置しているマルチコピー機のファミマプリントで購入いただけます。※一部の店舗で取り扱いがない場合がございます。詳細はファミマプリント（http://fp.famima.com/）をご確認ください。

UD FONT 見やすく読みまちがえにくいユニバーサルデザインフォントを採用しています。

● ● ● 公立中高一貫校の
入学者選抜 ● ● ●

ここでは，全国の公立中高一貫校で実施されている入学者選抜の内容について，
その概要を紹介いたします。

公立中高一貫校の入学者選抜の試験には，適性検査や作文の問題が出題されます。

多くの学校では，「適性検査Ⅰ」として教科横断型の総合的な問題が，「適性検査Ⅱ」として作文が出題されます。しかし，その他にも「適性検査」と「作文」に分かれている場合など，さまざまな形式が存在します。

出題形式が異なっていても，ほとんどの場合，教科横断的な総合問題(ここでは，これを「適性検査」と呼びます)と，作文の両方が出題されています。

それぞれに45分ほどの時間をかけていますが，そのほかに，適性検査がもう45分ある場合や，リスニング問題やグループ活動などが行われる場合もあります。

例として，東京都立小石川中等教育学校を挙げてみます。

① 文章の内容を的確に読み取ったり，自分の考えを論理的かつ適切に表現したりする力をみる。

② 資料から情報を読み取り，課題に対して思考・判断する力，論理的に考察・処理する力，的確に表現する力などをみる。

③ 身近な事象を通して，分析力や思考力，判断力などを生かして，課題を総合的に解決できる力をみる。

この例からも「国語」や「算数」といった教科ごとの出題ではなく，「適性検査」は，私立中学の入試問題とは大きく異なることがわかります。

東京都立小石川中等教育学校の募集要項には「適性検査により思考力や判断力，表現力等，小学校での教育で身に付けた総合的な力をみる。」と書かれています。

教科知識だけではない総合的な力をはかるための検査をするということです。

実際に行われている検査では，会話文が多く登場します。このことからもわかるように，身近な生活の場面で起こるような設定で問題が出されます。

これらの課題を，これまで学んできたさまざまな教科の力を，知識としてだけではなく活用して，自分で考え，文章で表現することが求められます。

実際の生活で，考えて，問題を解決していくことができるかどうかを学校側は知りたいということです。

問題にはグラフや図，新聞なども多く用いられているので，情報を的確につかむ力も必要となります。

算数や国語・理科・社会の学力を問うことを中心にした問題もありますが，出題の形式が教科のテストとはかなり違っています。一問のなかに社会と算数の問題が混在しているような場合もあります。

少数ではありますが，家庭科や図画工作・音楽の知識が必要な問題も出題されることがあります。

作文は，文章を読んで自分の考えを述べるものが多く出題されています。

　文章の長さや種類もさまざまです。筆者の意見が述べられた意見文がもっとも多く採用されていますが，物語文，詩などもあります。作文を書く力だけでなく，文章の内容を読み取る力も必要です。

　調査結果などの資料から自分の意見をまとめるものもあります。

　問題がいくつかに分かれているものも多く，最終の１問は400字程度，それ以外は短文でまとめるものが主流です。

　ただし，こちらも，さまざまに工夫された出題形式がとられています。

　それぞれの検査の結果は合否にどのように反映するのでしょうか。

　東京都立小石川中等教育学校の場合は，適性検査Ⅰ・Ⅱ・Ⅲと報告書（調査書）で判定されます。

　報告書は，400点満点のものを200点満点に換算します。

　適性検査は，それぞれが100点満点の合計300点満点を，600点満点に換算します。

　それらを合計した800点満点の総合成績を比べます。

　このように，形式がさまざまな公立中高一貫校の試験ですが，文部科学省の方針に基づいて行われるため，方向性として求められている力は共通しています。

　これまでに出題された各学校の問題を解いて傾向をつかみ，自分に足りない力を補う学習を進めるとよいでしょう。

　また，環境問題や国際感覚のような出題されやすい話題も存在するので，多くの過去問を解くことで基礎的な知識を蓄えておくこともできるでしょう。

　適性検査に特有の出題方法や解答方法に慣れておくことも重要です。

　また，各学校間で異なる形式で出題される適性検査ですが，それぞれの学校では，例年，同じような形式がとられることがほとんどです。

　目指す学校の過去問に取り組んで，形式をつかんでおくことも重要です。

　時間をはかって，過去問を解いてみて，それぞれの問題にどのくらいの時間をかけることができるか，シミュレーションをしておきましょう。

　検査項目や時間に大きな変更のある場合は，事前に発表がありますので，各自治体の教育委員会が発表する情報にも注意しましょう。

県立 香楠（こうなん） 中学校

☎841-0038　鳥栖市古野町600-1
☎0942-83-2211

https://www.education.saga.jp/hp/kounanchuugakkou/

[カリキュラム]
・50分×6時限授業。6時限目の後にその日の復習や課題を行う50分の「香楠タイム」がある。
・学校独自教科「サイエンス」「コミュニケーション」により、論理的思考力などを養う。
・職場体験等、充実したキャリア教育。

[行　事]
・宿泊研修、クラスマッチ、職場体験学習、修学旅行、百人一首大会などが行われる。

・文化祭・体育祭は中高合同で開催。

[部活動]
★設置部
野球、サッカー、卓球、テニス、バスケットボール、バドミントン、バレーボール（女）、陸上競技、音楽、科学、美術、放送

[進　路]
・県立鳥栖高等学校へ無試験で進学することができる。
★卒業生の主な進学先（鳥栖高校）

お茶の水女子大、九州大、京都大、佐賀大、電気通信大、九州工業大、福岡教育大、長崎大、熊本大、早稲田大、鹿児島大

[トピックス]
・原則として、東部学区（佐賀市、鳥栖市、多久市、小城市、神埼市、吉野ヶ里町、基山町、上峰町、みやき町）、唐津市向島、馬渡島、加唐島、松島および小川島から受検することができる。他学区からの受検も可能だが、入学枠は募集定員の20％まで。

入試！インフォメーション
※本欄の内容は令和6年度入試のものです。

受検状況

募集定員	志願者数	倍　率
120	224	1.87

※募集定員は原則として男女同数

県立 致遠館（ちえんかん） 中学校

☎849-0919　佐賀市兵庫北4-1-1
☎0952-33-0401

https://www.education.saga.jp/hp/chienkanchuugakkou/

[カリキュラム]
・50分×6時限授業。朝と放課後に自学・自習の時間「C-Time」を設置。
・「エリア・スタディ」では、郷土に関する理解・誇りを育てる。
・ユビキタスルームを設置。充実した環境の中でICT利活用教育を実施。

[行　事]
・新入生宿泊研修、芸術鑑賞会、就農体験、企業訪問（中2）、宿泊研修旅行（中3）などを実施。
・致遠館祭は高校と合同で行う。

[部活動]
★設置部
軟式野球、テニス、サッカー、バレーボール（女）、バスケットボール、陸上、剣道、卓球、科学、茶道、美術、放送、書道、音楽、総合文化（家庭）、総合文化（競技かるた）、総合文化（吟詠剣詩舞）

[進　路]
・県立致遠館高等学校へ無試験で進学することができる。
★卒業生の主な進学先（致遠館高校）

東京大、東京外国語大、九州大、佐賀大、九州工業大、福岡教育大、熊本大、大分大、宮崎大、鹿児島大、慶應義塾大

[トピックス]
・原則として、東部学区（佐賀市、鳥栖市、多久市、小城市、神埼市、吉野ヶ里町、基山町、上峰町、みやき町）、唐津市向島、馬渡島、加唐島、松島および小川島からの受検が可能。他学区からの受検も可能だが、入学枠は募集定員の20％に制限。

入試！インフォメーション
※本欄の内容は令和6年度入試のものです。

受検状況

募集定員	志願者数	倍　率
120	322	2.68

※募集定員は原則として男女同数

〒847-0028　唐津市鏡新開1
☎0955-77-1984

県立 唐津東 <small>からつひがし</small> 中学校

https://www.education.saga.jp/hp/karatsuhigashichuugakkou/

[カリキュラム]

・50分×6時限授業。午後に課外学習の時間として「望の時間」を設定。授業時間（力の時間）で身に付けた内容をさらに高める。

・「対話能力」の育成に重きを置き、各教科や総合的な学習の時間では、国際化・情報化に対応できる言語能力（日本語・英語）も養う。

[行 事]

・開校記念登山、クラスマッチ、鶴城（かくじょう）祭、耐寒訓練、修学旅行などを実施。

[部活動]

★設置部

野球、サッカー、ソフトテニス、バレーボール、バスケットボール、剣道、陸上、卓球、音楽、美術、書道

[進 路]

・県立唐津東高等学校へ無試験で進学することができる。

★卒業生の主な進学先（唐津東高校）

東京大、東京学芸大、九州大、九州工業大、福岡教育大、佐賀大、長崎大、熊本大、大分大、宮崎大、鹿児島大

[トピックス]

・原則として、西部学区（唐津市、伊万里市、武雄市、鹿島市、嬉野市、玄海町、有田町、大町町、江北町、白石町、太良町）からの受検が可能。他学区からの受検も可能だが、入学枠は募集定員の20%まで。

■ 入試！インフォメーション ■
※本欄の内容は令和6年度入試のものです。

受検状況

募集定員	志願者数	倍 率
120	321	2.68

※募集定員は原則として男女同数

〒843-0021　武雄市武雄町大字永島13233-2
☎0954-22-3177

県立 武雄青陵 <small>たけおせいりょう</small> 中学校

https://www.education.saga.jp/hp/takeoseiryouchuugakkou/

[カリキュラム]

・50分×6時限授業。朝と放課後には自習時間「青陵タイム」を設置。

・数学・英語の授業を中心に、可能な限り少人数・習熟度別で実施。

・「探求Ⅰ」では、地域学習や環境調査などを通して探求活動の基礎を身に付ける。3年次には「自然探究」「国際探究」「未来探究」によって中学校学習の集大成を行う。

[行 事]

・文化発表会や体育大会のほか、開校記念遠足、新入生宿泊研修、クラスマッチ、百人一首カルタ大会などを実施。

[部活動]

★設置部

軟式野球、サッカー、バスケットボール（男）、陸上、バレーボール（女）、硬式テニス、バドミントン、卓球、剣道、弓道、吹奏楽、美術、書道、科学

[進 路]

・県立武雄高等学校へ無試験で進学することができる。

★卒業生の主な進学先（武雄高校）

東京大、九州大、筑波大、九州工業大、福岡教育大、佐賀大、長崎大、琉球大

[トピックス]

・原則として、西部学区（唐津市、伊万里市、武雄市、鹿島市、嬉野市、玄海町、有田町、大町町、江北町、白石町、太良町）からの受検が可能。他学区からの受検も可能だが、入学枠は募集定員の20%まで。

■ 入試！インフォメーション ■
※本欄の内容は令和6年度入試のものです。

受検状況

募集定員	志願者数	倍 率
120	229	1.91

※募集定員は原則として男女同数

出題傾向の分析と 合格への対策

●出題傾向と内容

適性検査Ⅰと適性検査Ⅱで構成される。

2023年度より，検査時間はともに45分で，配点は，香楠は，適性検査Ⅰ・Ⅱともに50点満点，致遠館，唐津東，武雄青陵は，適性検査Ⅰが40点満点，適性検査Ⅱが60点満点であった。適性検査Ⅰは大問3題，小問8～9題からなり，適性検査Ⅱは大問3～4題，小問8～9題からなる。

適性検査Ⅰは，絵や写真の見方をテーマにした設定や総合的な学習の場面を通して，資料を読み取って人に説明する能力や，自分の意見・アイデアを人に伝える能力を総合的に試された。ほとんどの小問が記述問題であり，テーマに応じた意見文の作成，資料を用いた作文，会話の推測など，様々な種類の記述問題が出題されている。問題文の読解力，論理的思考力，表現力が求められる厳しい検査であった。主に国語に分類される検査であるが，内容は独特のものである。文章を用いた読解問題の形式で国語力を判断する検査ではないので，高い文章力・読解力・表現力が求められている。

適性検査Ⅱは，適性検査Ⅰの記述問題とは傾向が異なり，算数・理科の実験や事象に基づいた記述問題であるので，論理的な解答が求められる。

● 2025年度の予想と対策

問題量が多く，かなりの文章量と資料を読み，また記述する必要があるため，読解と解答の速度を上げる練習が必要である。

設問文は会話文が多いため読みやすそうに見えるが，その会話の流れを読んでの解答が求められているので，慎重に設問に当たる必要がある。また，その中に正解への手がかりが含まれていることもあるので，要点を押さえ，会話の流れをつかみながら読む習慣をつけておきたい。

表，図を用いた問題が多いので，それらに対応する力をつけるために，まずは教科書を用いて，表や図を使った問題への苦手意識をなくしておきたい。そのうえで中学入試用の分野別問題集などを解いて，実戦的な力をつける，という流れがよい。ひねった問題ばかりというわけでもないので，それぞれの単元の基礎・基本を確実に解答できるようにしたい。

すべての小問において，単純に記号や単語を書かせる問題はほぼ出題されない。そのため，記述問題に抵抗感がある場合は，その訓練として，その日に気になったこと・疑問に思ったことについて，説明的に書いてみるとよい。問題集に取り組む際に，答えを選んだ理由をノートに書くのも有効である。その際には，必ず書いた文章を他人に読んでもらって確認することが大切である。

✔ 学習のポイント

筋道立った文章を書く力をつけるために，説明的文章を読んだり書いたりする練習をするとよい。

大切なことはメモしておこうネ！

2024年度

★★★★★★★★★★★★★★★★★★★★

入 試 問 題

2024
年
度

2024年度

佐賀県立中学校入試問題

【適性検査Ⅰ】（45分）　　＜満点：50点（香楠）／40点（唐津東・致遠館・武雄青陵）＞

1　としさんたちは，総合的な学習の時間で「ふるさとの歴史や文化を学ぶ」ことをテーマに，3人グループで地域の施設などを取材することになりました。次の 会話文 と【資料】を読んで，あとの(1)～(3)の問いに答えましょう。

会話文

としさん：今日はまず，前回立てた計画を見直そう。学習のテーマは，「ふるさとの歴史や文化を学ぶ」だよね。

あやさん：この【学校周辺の地図】にある有明遺跡，郵便局，清そう工場，はがくれ城に行く予定だったよね。

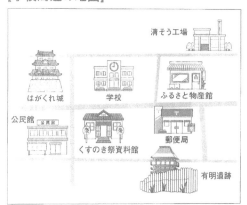

【学校周辺の地図】

そうさん：4か所も取材するのは，大変かもしれないね。

としさん：それと，郵便局と清そう工場は，　ア　　から，見直したほうがいいと思うよ。

そうさん：そうだね。取材先は，もう一度考えることにしよう。

…………………（【資料】（次ページ）のように，取材先と取材する順番が決定）………………

あやさん：取材をするには予約が必要だよね。電話で予約をするときに，どんなことを聞いたり，伝えたりする必要があるかな。

そうさん：予約をするときは，取材に行く日や時間のほかに，　イ　や　ウ　も取材先に伝えたほうがいいよね。

としさん：そうだね。電話で予約をするときのメモを作って，あとで先生にも見てもらおう。

あやさん：取材したことは，プレゼンテーションソフトを使って発表するんだよね。カメラや学習用ＰＣは持っていけるよ。それから，取材に向けて，インタビューをするときの質問を考えておかないといけないよね。

そうさん：実際にインタビューをするときは，話し方や聞き方などの態度も大事だし，相手から知りたい情報を引き出すために，　エ　ことも大切だと思うよ。

【資料】 取材先と取材する順番

〈見直す前〉

順番	取材先
1	有明遺跡
2	郵便局
3	清そう工場
4	はがくれ城

〈見直したあと〉

順番	取材先
1	有明遺跡
2	くすのき祭資料館
3	はがくれ城

(1) 　会話文　で，としさんは，□のように，「それと，郵便局と清そう工場は，　ア　から，見直したほうがいいと思うよ。」と言っています。あなたなら，どのように考えますか。次の《条件1》に合うように書きましょう。

《条件1》

・解答用紙の　ア　には，　会話文　や【資料】をもとに取材先が，郵便局と清そう工場から，くすのき祭資料館に見直された理由を書くこと。

・解答用紙の　ア　は，「から」につながるように書くこと。

(2) 　会話文　で，そうさんは，□のように「予約をするときは，取材に行く日や時間のほかに，　イ　や　ウ　も取材先に伝えたほうがいいよね。」と言っています。あなたなら，どのように考えますか。次の《条件2》に合うように書きましょう。

《条件2》

・解答用紙の　イ　と　ウ　には，取材の予約をするときに，取材に行く日や時間のほかに取材先に伝えたほうがよいことを書くこと。

・解答用紙の　イ　と　ウ　は，1つずつ書くこと。

(3) 　会話文　で，そうさんは，┄のように，「実際にインタビューをするときは，話し方や聞き方などの態度も大事だし，相手から知りたい情報を引き出すために，　エ　ことも大切だと思うよ。」と言っています。あなたなら，どのように考えますか。次の《条件3》に合うように書きましょう。

《条件3》

・解答用紙の　エ　には，実際にインタビューをするとき，相手から知りたい情報を引き出すためには，どのようなことに気をつけて質問するとよいかを書くこと。

・解答用紙の　エ　は，話し方や聞き方などの態度以外のことを書くこと。

・解答用紙の　エ　は，「こと」につながるように書くこと。

2 ニュージーランドにある小学校の児童が，かおりさんたちの学校を訪問(ほうもん)することになりました。かおりさんたちは，交流会の内容について話し合っています。次の 会話文 と【資料１】，【資料２】を読んで，あとの(1)~(3)の問いに答えましょう。

会話文

かおりさん：昨日，外国語担当(たんとう)のマイク先生に【交流会のプログラム案】を見せたら，交流会プログラム３番の体験活動についてのアドバイス（【資料１】）をもらったよ。これを参考にして，体験活動の内容は決めよう。

【交流会のプログラム案】

交流会プログラム
1. 開会
2. 学校しょうかい
3. 体験活動
4. 写真さつえい
5. 閉会(へいかい)

こうたさん：そうだね。６年生が10人来るから，日本とニュージーランドの混合でチームをつくって，運動場でサッカーをしようよ。

かおりさん：サッカーをするのも楽しいと思うけど，サッカーだとマイク先生からのアドバイスに合わないよ。

ゆうかさん：それに，スポーツじゃなくてもいいんだよね。

かおりさん：教室は，机(つくえ)といすを別の場所に移動させると広く使えるから，おたがいの国の伝統的なおどりをおどるのはどうかな。

こうたさん：楽しそうだね。おたがいに教え合っていっしょにおどれるといいね。

ゆうかさん：そうだね。そうすると，みんなで楽しめる体験活動になるね。

かおりさん：それから，外国語の授業のときのように，積極的に英語でコミュニケーションをとることも大切だって，マイク先生が言っていたよ。

ゆうかさん：自分たちの英語がちゃんと伝わるか，やってみようよ。

かおりさん：うん。交流会プログラム２番の学校しょうかいも，英語で伝えられるようにがんばりたいね。

こうたさん：そうだね。どのようなことを話したらいいかな。

かおりさん：学校しょうかいで話す内容について，考えを整理するための図やふせん（次のページの【資料２】）を使いながら，みんなで考えてみよう。

こうたさん：うん。じゃあ，話す内容がより伝わるようにするためには，どうしたらいいかな。

かおりさん：話すときの声の大きさや表情などを意識することが大事だよね。

ゆうかさん：本番では，しょうかいの仕方もくふうするといいよね。例えば，英語で学校しょうかいをするときに， ア のはどうかな。そうすると，よりよく伝わる学校しょうかいになるんじゃないかな

【資料１】 体験活動についてのアドバイス

① 日本とニュージーランドの，それぞれの独自の文化について学び合う活動がよい。
② 日本とニュージーランドの児童がコミュニケーションをとる必要がある活動がよい。
③ 運動場や体育館は使えないときがあるので，教室でできる活動がよい。
④ 体を動かす活動がよい。

【資料2】 考えを整理するための図やふせん

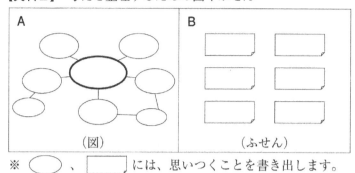

（図）　（ふせん）

※ ⬭ 、 ▭ には、思いつくことを書き出します。

(1) ┃会話文┃で、かおりさんは、「サッカーをするのも楽しいと思うけど、サッカーだとマイク先生からのアドバイスに合わないよ。」と言っています。あなたは、どのアドバイスに合わないと考えますか。次の《条件1》に合うように書きましょう。

《条件1》

> ・解答用紙の**記号**には、サッカーをすることはマイク先生のどのアドバイスに合わないのか、【資料1】の①〜④の中から2つ選び、その記号を書くこと。

(2) ┃会話文┃で、かおりさんは、「学校しょうかいで話す内容について、考えを整理するための図やふせん（【資料2】）を使いながら、みんなで考えてみよう。」と言っています。あなたなら、【資料2】のAとBのどちらを使って考えますか。また、その理由は何ですか。次の《条件2》に合うように書きましょう。

《条件2》

> ・解答用紙の**記号**には、【資料2】から、AかBのどちらかを選び、その記号を書くこと。
> ・解答用紙の**理由**には、【資料2】から選んだ、考えを整理するための図またはふせんの特ちょうにふれながら、選んだ理由を書くこと。
> ・解答用紙の**理由**は、「から」につながるように書くこと。

(3) ┃会話文┃で、ゆうかさんは、前ページの ┈┈ のように「本番では、しょうかいの仕方もくふうするといいよね。例えば、英語で学校しょうかいをするときに、┃ ア ┃のはどうかな。そうすると、よりよく伝わる学校しょうかいになるんじゃないかな。」と言っています。あなたなら、どのようなくふうをしますか。次の《条件3》に合うように書きましょう。

《条件3》

> ・解答用紙の┃ ア ┃には、英語で学校しょうかいをするときによりよく伝わるものにするためのくふうを書くこと。
> ・解答用紙の┃ ア ┃は、声の大きさや表情など、学校しょうかいをするときの態度以外のことを書くこと。
> ・解答用紙の┃ ア ┃は、「のはどうかな」につながるように書くこと。

3　ゆきさんは，タブレット型端末を使いながらお父さんと話をしています。次の 会話文 と【資料1】～【資料4】を読んで，あとの(1)～(3)の問いに答えましょう。

会話文

お父さん：最近，テレビを見るよりタブレット型端末をよく使っているね。どんなことをしているの。

ゆきさん：インターネットで，お気に入りの動面を見たり，いろいろなことを調べたりしているよ。

お父さん：そうなんだね。使うのはいいけど，今日の新聞にちょっと気になる記事がのっていたよ。2012年と2022年を比べた，平日1日あたりのテレビとインターネットの平均利用時間（【資料1】）を見てごらん。

ゆきさん：この資料を見ると，10代から60代に共通する変化の様子が分かるね。

お父さん：インターネットは生活を便利にしているけど，インターネットなどを利用した犯罪に関するグラフ（次のページの【資料2】）を見ると，さまざまなトラブルが起こっていることが分かるね。それに青少年を取りまくインターネットトラブル（次のページの【資料3】）も気になるね。

ゆきさん：これらの資料を参考に，小学生か安心してインターネットを使うためのルールを考えてみるね。

お父さん：フィルターバブル現象についての記事（次のページの【資料4】）も読むといいよ。

ゆきさん：フィルターバブル現象は，＊SNSや＊プラットフォームに　ア　という機能があるから起こるんだね。フィルターバブルのような状態にならないように，はば広く情報を得るためには，　イ　ことも大切だね。

＊SNS：ソーシャルネットワーキングサービスのことで，友達や同じ趣味の人同士などがインターネット上で交流できるサービスのこと

＊プラットフォーム：けんさくサービスや，動画・音楽，オンライン予約サービスなど，人と人，人と企業，企業と企業をインターネット上で結び付ける場のこと

【資料1】　平日1日あたりのテレビとインターネットの平均利用時間

＊テレビを見る(リアルタイム)：放送中の番組をテレビでその時見ること　　（総務省令和4年情報通信白書　より）

【資料２】 インターネットなどを利用した犯罪に関するグラフ

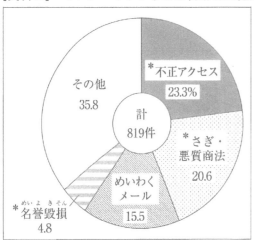

＊不正アクセス：個人情報などを入手するために、他人のＩＤ・パスワードなどを悪用してネットワークに、しん入すること

＊さぎ・悪質商法：他人をだましてお金や物をうばったり、高額な商品などを無理に買わせたりすること

＊名誉毀損：人のほこりをきずつけること

（令和５年第３次佐賀県防犯あんしん計画 より）

【資料３】 青少年を取りまくインターネットトラブル

① スマートフォンが気になるあまり，日常生活に支障が出てしまう

② ＊自画撮り画像や，安易な気持ちで送った悪ふざけ画像

③ ゲームで高額の課金，オンラインショッピングサイトでの詐欺被害などお金に係わるトラブル

＊自画撮り：カメラ機能付きのけい帯電話やスマートフォンなどで，自分自身をさつえいすること

（内閣府ウェブサイト より）

【資料４】 フィルターバブル現象についての記事

SNSやプラットフォームなどの多くは、私たちがどのようにサービスを利用しているかなどを分析・学習することによって、私たちが興味のある情報を自動的に選んで表示してくれます。たくさんの情報にあふれている現代社会においては、このような機能はとても便利です。

一方で、こうした機能によって「興味がないはず」と判断された情報は、自動的にはじかれてしまうため、実際に受け取れた情報がどれだけ偏ったものなのか、私たちは正確に知ることができません。

このように、自分の考え方や価値観のバブル（泡）に包まれたかのように、好みの情報に囲まれ、好みではない情報に接しづらくなる状態のことを「フィルターバブル」といいます。

（総務省情報通信白書 for Kids より）

(1)　|会話文|で，ゆきさんは，「<u>この資料を見ると，10代から60代に共通する変化の様子が分かるね。</u>」と言っています。あなたなら，どのように説明しますか。次の《条件1》に合うように書きましょう。

《条件1》

- 【資料1】の2012年と2022年を比べること。
- 【資料1】をもとに，10代から60代に共通してみられる，平日1日あたりのテレビとインターネットの平均利用時間のそれぞれの変化について書くこと。

(2)　|会話文|で，ゆきさんは，「<u>これらの資料を参考に，小学生が安心してインターネットを使うためのルールを考えてみるね。</u>」と言っています。あなたなら，どのようなルールが必要だと考えますか。また，その理由は何ですか。次の《条件2》に合うように書きましょう。

《条件2》

- 小学生が安心してインターネットを使うためのルールと，そのルールが必要だと考える理由を書くこと。
- 【資料2】と【資料3】の内容を関連付けて書くこと。
- ルールと理由は，それぞれ1文で書き，つなぐ言葉を適切に使って<u>2文</u>で書くこと。

(3)　5ページの|会話文|で，ゆきさんは，┊ ┊のように，「フィルターバブル現象は，SNSやプラットフォームに| ア |という機能があるから起こるんだね。フィルターバブルのような状態にならないように，はば広く情報を得るためには，| イ |ことも大切だね。」と言っています。あなたなら，どのように考えますか。次の《条件3》に合うように書きましょう。

《条件3》

- 解答用紙の| ア |には，フィルターバブル現象が起こるSNSやプラットフォームの機能を書くこと。
- 解答用紙の| ア |は，【資料4】の言葉を使って，「という機能」につながるように書くこと。
- 解答用紙の| ア |は，<u>20〜30字</u>で書くこと。
- 解答用紙の| イ |には，フィルターバブルのような状態にならないように，はば広く情報を得るために，あなたが大切だと考える具体的な行動を書くこと。
- 解答用紙の| イ |は，「こと」につながるように書くこと。
- 解答用紙の| イ |は，それぞれ<u>15〜20字</u>で書くこと。

【適性検査Ⅱ】 （45分）　＜満点：50点（香楠）／60点（唐津東・致遠館・武雄青陵）＞

1　さくらさんは，あおいさんと明日のクラス対こう球技大会について話をしています。
会話文1 を読んで(1)の問いに，会話文2 を読んで(2)の問いに，会話文3 を読んで(3)の問いに答えましょう。

会話文1

> さくらさん：先生から保護者が応えんできる場所をクラスごとに分けてほしいとたのまれたんだ。先生が【運動場の図】を方眼紙にかいてくれたよ。
>
> あおいさん：この【運動場の図】の色がついている部分（　　の部分）が，保護者が応えんできる場所だね。でも，運動場には木があって，すべてのクラスの応えん場所を同じ形にすることができないから，難しそうだね。
>
> 【運動場の図】
>
>
> さくらさん：そうだね。【運動場の図】の競技場所に面した部分（＝＝）がすべてのクラスの応えん場所にふくまれるようにしてほしいとも言われたよ。
>
> あおいさん：そうなんだね。ところで，各クラスの応えんに来る保護者の人数は何人なの。
>
> さくらさん：1組は18人，2組は15人，3組は21人だよ。
>
> あおいさん：じゃあ，その人数に応じた広さになるように，3つに分けてみようか。

(1)　会話文1 で，あおいさんは，「その人数に応じた広さになるように，3つに分けてみようか。」と言っています。あなたなら，応えんできる場所をどのように分けますか。次の《条件》に合うようにかきましょう。

《条件》

> ・考えられる分け方のうち，1つをかくこと。
> ・【運動場の図】の応えんできる場所はすべて，いずれかのクラスの応えん場所にすること。
> ・解答用紙の【運動場の図】の応えんできる場所（　　の部分）には，各クラスの応えんに来る保護者の人数に応じた広さになるように，点線をなぞって線をかくこと。
> ・【運動場の図】の競技場所に面した部分（＝＝）がすべてのクラスの応えん場所にふくまれるようにすること。ただし，各クラスの応えんに来る保護者の人数に応じた長さでなくてよい。
> ・各クラスの応えん場所に，1組は①，2組は②，3組は③のように書くこと。

会話文2

> ………………………………（その日の夕方）………………………………
>
> さくらさん：みんな明日の球技大会を楽しみにしているから晴れるといいね。

あおいさん：そうだね。今，夕焼けが見えているから，明日は晴れると思うよ。

さくらさん：そういえば，この前，おばあちゃんも同じようなことを言っていたな。でも，<u>夕焼けが見えた日の次の日は晴れると予想できるのは，どうしてなんだろう。</u>

(2) 会話文2 で，さくらさんは，「<u>夕焼けが見えた日の次の日は晴れると予想できるのは，どうしてなんだろう。</u>」と言っています。夕焼けが見えた日の次の日の天気が晴れと予想できるのはどうしてだと考えますか。日本における天気の変化の特ちょうをもとに，夕焼けが見えることと次の日の天気は，どのように関係しているかが分かるように，言葉で説明しましょう。

会話文3

　　　　　　　　　　　　　　　　…………… （家に帰ったあと）……………

お 母 さん：明日は暑くなりそうよ。こまめに水分補給（ほきゅう）してね。

さくらさん：スポーツドリンクは自分で作ることができるって聞いたけど，どうやって作ったらいいのかな。

お 母 さん：そういえば，この本に手作りスポーツドリンクの材料と分量（【表】）が書いてあるよ。

【表】　手作りスポーツドリンクの材料と分量

材料	水	砂糖（さとう）	塩
分量（g）	200	8	0.8

さくらさん：この【表】のとおり作ってみよう。

　　　　　　　　　　　　　　…………… （スポーツドリンク作成中）……………

さくらさん：お母さん，大変。用意した水の中に砂糖と塩をまちがえて，反対の量を入れてしまったわ。

お 母 さん：だいじょうぶよ，水と砂糖を増やせばいいじゃない。

さくらさん：そうか，それなら<u>水と砂糖と塩の分量が，この【表】に書いてある割合（わりあい）になるように考えてみるね。</u>

(3) 会話文3 で，さくらさんは，「<u>水と砂糖と塩の分量が，この【表】に書いてある割合になるように考えてみるね。</u>」と言っています。水と砂糖と塩の分量が【表】に書いてある割合になるようにするためには，水と砂糖をそれぞれ何g増やせばよいですか。数と言葉で説明しましょう。説明の中に式を使ってもかまいません。

2　ゆきさんは，家族と昨日の花火大会について話をしています。 会話文1 を読んで(1)の問いに， 会話文2 を読んで(2)の問いに答えましょう。

会話文1

ゆきさん：昨日の花火大会で見た花火は，打ち上げられた花火が開き始めて，しばらくしてか

ら音が聞こえてきたけど，どうしてかな。

お母さん：音の速さは光の速さよりおそいからだよ。

お父さん：スマートフォンで花火が開く様子をさつえいしていたから，見てごらん。

ゆきさん：動画を見ると，花火が開き始めてから2秒後に音が聞こえるね。ところで，音の速さはどれくらいなの。

お兄さん：音の速さは，秒速約340mだよ。

ゆきさん：そうなんだね。じゃあ，スマートフォンでさつえいした場所から，この花火までのきょりは何mかが分かるね。この花火が開いたときの実際の大きさっていったいどのくらいなんだろう。

　　　　　…………（お父さんがスマートフォンの画面を見せながら）…………

お父さん：これ（【太陽と月が同じ大きさに見える理由】）と同じように考えたら分かると思うよ。

【太陽と月が同じ大きさに見える理由】

> 太陽の大きさは，月の大きさの約400倍ある。しかし，地球から太陽までのきょりは，地球から月までのきょりの約400倍あるので，地球から見ると大きな太陽でも月と同じ大きさに見える。

ゆきさん：そうか，太陽の大きさをさつえいした花火の大きさに置きかえて，月の大きさを卓球のボールの大きさに置きかえて考えるといいね。

お父さん：さつえいした花火と同じ大きさになるように，卓球のボールをスマートフォンでさつえいしてみてごらん。

ゆきさん：スマートフォンから卓球のボールまでのきょりを20cmにする（【図1】）と，さつえいした花火と同じ大きさになったよ（【図2】）。卓球のボールの大きさは直径4cmだから，さつえいした花火のだいたいの大きさが分かるね。

【図1】

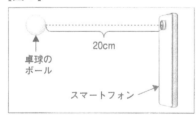

【図2】

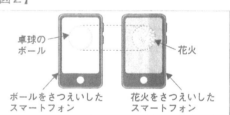

(1) 　会話文1　で，ゆきさんは，「さつえいした花火のだいたいの大きさが分かるね。」と言っています。さつえいした花火の実際の大きさは，直径約何mですか。数と言葉で説明しましょう。説明の中に式を使ってもかまいません。また，解答用紙の（　）には，さつえいした花火の実際の大きさを，四捨五入して上から2けたのがい数で書きましょう。

会話文2

> ゆきさん：そういえば，昨日は花火大会の会場でわたあめをくれてありがとう。
>
> お兄さん：どういたしまして。実は，わたあめを買ったお店は，わたあめを買うとミニゲームができて，そのゲームで予想が当たったから，わたあめをもう1つもらえたんだよ。
>
> ゆきさん：そうなんだ。どんなゲームだったの。
>
> お兄さん：お店の人と3回じゃんけんをして，コマを進めるんだけど，じゃんけんをする前に，コマが【ミニゲームのマス目】のどこのマスにとう着するか予想するゲームだよ（【ミニゲームの説明】）。
>
> ゆきさん：お兄ちゃんは，どのマスを予想したの。
>
> お兄さん：☆のマスを予想し，☆のマスにとう着したから，わたあめをもう1つもらえたんだよ。
>
> ゆきさん：すごいね。お店の人はじゃんけんで何を出したの。
>
> お兄さん：お店の人は1回目に「グー」を，2回目に「チョキ」を，3回目に「パー」を出したよ。
>
> ゆきさん：そうなんだ。お兄ちゃんがじゃんけんで何を出したか考えてみるね。

【ミニゲームのマス目】

【ミニゲームの説明】

- コマは，はじめ【ミニゲームのマス目】の スタート のところにある。
- お店の人とじゃんけんを3回する。
- お店の人とじゃんけんをする前に，コマがとう着するマスを1つ予想し，予想が当たれば，わたあめがもう1つもらえる。
- じゃんけんは，「グー」は「チョキ」に"勝ち"，「チョキ」は「パー」に"勝ち"，「パー」は「グー」に"勝ち"，同じものを出したときは"あいこ"になる。
- コマがある位置のマスの形とじゃんけんの結果によって，コマは≪コマの進み方≫のように進む。

≪コマの進み方≫

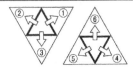

"勝ち"なら，①または④の向きに1マス進む
"負け"なら，②または⑤の向きに1マス進む
"あいこ"なら，③または⑥の向きに1マス進む

※ △ や ▽ は，コマがある位置

例えば，"勝ち"→"勝ち"→"勝ち"の場合，○のマスにとう着する。

例えば，"勝ち"→"負け"→"あいこ"の場合，◇のマスにとう着する。

(2) 会話文2 で，ゆきさんは，「お兄ちゃんがじゃんけんで何を出したか考えてみるね。」と言っています。あなたなら，どのように考えますか。【ミニゲームの説明】を参考にして，次の《条

件》に合うように書きましょう。

《条件》

- 考えられる組み合わせのうち，1つを書くこと。
- 解答用紙の**1回目，2回目，3回目**には，「**グー**」「**チョキ**」「**パー**」の中から選び，それぞれ1つ書くこと。このとき，同じものをくり返し選んでもよい。

3　6月のある日の朝，そらさんは，お兄さんとはがくれ市にあるサンライズ運動公園に来ています。 会話文1 を読んで(1)の問いに， 会話文2 を読んで(2)の問いに， 会話文3 を読んで(3)の問いに答えましょう。

会話文1

> そらさん：1周700mと1周1500mの【ランニングコース】があるね。私は，1周700mのコースを走ろうと思うけど，お兄ちゃんは，どっちのコースを走ろうと思っているの。
>
>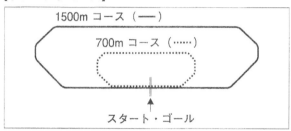
>
> 【ランニングコース】
>
> お兄さん：1周1500mのコースを走ろうと思っているよ。
>
> そらさん：私とは別のコースだね。別のコースを走っても，1周したときにお兄ちゃんといっしょにゴールすることができたらいいな。
>
> お兄さん：ぼくは，1kmを4分の速さで走るつもりだよ。
>
> そらさん：私は，1kmを10分の速さで走るよ。1周したときにいっしょにゴールするためには，どうしたらいいか考えてみるね。

(1) 会話文1 で，そらさんは，「1周したときにいっしょにゴールするためには，どうしたらいいか考えてみるね。」と言っています。あなたなら，どのように考えますか。次の《条件1》に合うように，数と言葉で説明しましょう。説明の中に式を使ってもかまいません。

《条件1》

- そらさんは1kmを10分の速さで，700mのコースを走る。ただし，スタートしてからゴールするまで常に同じ速さで走るものとして考えること。
- お兄さんは1kmを4分の速さで，1500mのコースを走る。ただし，スタートしてからゴールするまで常に同じ速さで走るものとして考えること。
- 解答用紙の**説明**には，1周したときにそらさんとお兄さんがいっしょにゴールするために，2人のうち，<u>どちら</u>が先にスタートし，もう1人は<u>何秒後</u>にスタートすればよいかが分かるように書くこと。

会話文２

　　　　　……………………………（走り終わったあと）………………………………

そらさん：そういえば，朝，明るくなるのが早くなったね。

お兄さん：日の出の時刻は，１年のうちで６月の今ごろが１番早いんだよ。

そらさん：そうなんだね。10月に，このサンライズ運動公園でスポーツの全国大会が行われる
　　　　　みたいだけど，10月の日の出の時刻は，どれくらいなのかな。

お兄さん：はがくれ市の毎月１日と15日の日の出の時刻が書いてある【表】が，家にあったと
　　　　　思うよ。

　　　　　………………（家に帰ったあと，お兄さんが【表】を持ってくる）………………

お兄さん：ほら，これだよ。

【表】

	1日	15日
月	6：07	5：49
月	5：31	5：19
月	5：11	5：09
月	5：13	5：21
月	5：32	5：42
月	5：53	6：02
月	6：13	6：23
月	6：37	6：50
月	7：04	7：15
月	7：22	7：23
月	7：15	7：04
月	6：47	6：29

そらさん：この【表】は上から順に，例えば，１月，２月，３月，……のように並んでいるんだ
　　　　　よね。

お兄さん：そうだよ。でも，破れてしまっていて１番上が何月かは分からないね。これでは，
　　　　　10月の日の出の時刻も分からないよね。

そらさん：えっと，分かるかも。10月１日の日の出の時刻は　　ア　　だね。この【表】を
　　　　　見ると，　　　　　　イ　　　　　　。

(2)　会話文２　で，そらさんは，10月１日の日の出の時刻について，□のように言っています。
　あなたなら，どのように考えますか。次の《条件２》に合うように書きましょう。

《条件２》

・解答用紙の　ア　には，【表】にある時刻の中から，10月１日の日の出の時刻を選んで
　書くこと。

・解答用紙の　イ　には，　ア　の時刻を選んだ理由を書くこと。

会話文3

> そらさん：10月に行われるスポーツの全国大会には、たくさんの人が来るんだよね。
>
> お兄さん：そうだよ。スポーツの全国大会の開会式が行われる10月5日に向けて、ヒマワリを育てるボランティアをぼ集していたから、そらもやってみたら。
>
> そらさん：いいね。でも、ヒマワリの花は7月や8月にさいているイメージがあるけど、10月5日にヒマワリの花がさいているようにすることはできるのかな。
>
> お兄さん：くふうすれば、できるみたいだよ。
>
> そらさん：そうなんだね。いろいろな情報を集めて、自分でも考えてみるよ。
>
> ……………（集めた情報と考えたことを【ノート】にまとめる）……………
>
> 【ノート】
>
> | 《ヒマワリに関する情報》 | 《はがくれ市の平均気温》 |
>
> 《ヒマワリに関する情報》
> ・発芽に適した温度：20℃〜25℃
> ・種をまいてから発芽するまでの日数：10日
> ・発芽してから花がさき始めるまでの日数：60日
> ・花がさいている期間：7日間
>
> 《はがくれ市の平均気温》
>
> | | 平均気温（℃） |
> |---|---|
> | 6月 | 23.5 |
> | 7月 | 27.2 |
> | 8月 | 28.2 |
> | 9月 | 24.5 |
> | 10月 | 20.1 |
>
> 《6月から10月までのカレンダー》
>
> ヒマワリの種を7月 ウ 日にまけば、10月5日に花がさいているようにすることができる。平均気温がヒマワリの発芽に適した温度ではない月であっても、発芽させるために、 エ 。

(3) 会話文3 で、そらさんは、集めた情報をもとに、10月5日にヒマワリの花がさいているようにするための方法を考え、【ノート】の □ のようにまとめています。あなたなら、どのように考えますか。次の《条件3》に合うように書きましょう。

《条件3》

> ・解答用紙の ウ には、考えられる日にちのうち、1つを書くこと。
> ・ ウ は、【ノート】にある《ヒマワリに関する情報》のとおりに成長するものとして考えること。
> ・種をまいた日、発芽した日、花がさき始めた日は、それぞれ1日目として考えること。
> ・解答用紙の エ には、平均気温がヒマワリの発芽に適した温度ではない月であっても、発芽させるための方法を書くこと。

2024 年 度

解 答 と 解 説

《2024年度の配点は解答欄に掲載してあります。》

＜適性検査Ⅰ解答例＞ 《学校からの解答例の発表はありません。》

1 (1) **ア**：全国各地にある施設で，「ふるさとの歴史や文化を学ぶ」というテーマには合わない（から）

(2) **イ**：取材に行く人数
ウ：取材の目的

(3) **エ**：聞きたいことをしぼってわかりやすい質問をする（こと）

2 (1) **記号**：① ③

(2) **記号**：A，Bのどちらか一方
理由：（Bを選んだ場合）ふせんははってはがせるので，各自が出した考えを内容ごとにまとめたり，並べかえたりして，整理できる（から）

(3) **ア**：言葉が通じなくてもわかるように，イラストや写真，動画を使う（のはどうかな）

3 (1) 2012年と比べて，2022年の平日１日あたりのテレビの平均利用時間は減り，インターネットの平均利用時間は増えている。

(2) 「個人情報を入力するときには必ず大人に確認する」というルールが必要だと考える。なぜなら，ひとりで安易に判断すると，危険なサイトに個人情報がぬすまれてしまって悪用されたり，さぎの被害にあったりするおそれがあるからである。

(3) **ア**：私たちが興味のある情報を自動的に選んで表示してくれる（という機能）
イ：新聞や本などさまざまなメディアを活用する（こと）

○配点○〔香楠〕
1 (1) 5点 (2) 4点 (3) 6点
2 (1) 4点 (2) 6点 (3) 6点
3 (1) 4点 (2) 7点 (3) 8点　　　計50点
○推定配点○〔唐津東・致遠館・武雄青陵〕
1 (1) 4点 (2) 3点 (3) 5点
2 (1) 3点 (2) 5点 (3) 5点
3 (1) 3点 (2) 6点 (3) 6点　　　計40点

＜適性検査Ⅰ解説＞

1 （国語・社会：会話文，資料の読み取り，インタビュー）

(1) 取材のテーマは「ふるさとの歴史や文化を学ぶ」ことであるため，郵便局や清そう工場といった全国各地にあるような施設では目的が達成できないと考えられる。解答は「〜から」につながる形で書くことに注意する。

(2) 取材の予約をする際には，取材に行く日時のほかに，取材の目的や自分たちについての情報

をきちんと伝えることが重要である。また，事前にだいたいの質問内容を伝えておくことで，スムーズにインタビューを進めることができる。「取材の目的」，「取材に行く人数」，「自分たちの所属(学校，学年)」，「代表者の名前」，「質問内容」などが正答となる。

(3) 相手から知りたい情報を引き出すためには，まずは聞きたいことを事前に整理し，それがはっきりと伝わるような質問のしかたを考えておくことが重要である。ほかにも，「事前に取材先について調べておき，相手に合わせた質問を考える」，「相手の答えに対してさらにふみこんだ質問をする」，などのくふうが考えられる。解答は，「～こと」につながる形で書くこと，話し方や聞き方など態度以外のことを書くことに注意する。

2 (国語：会話文，資料の読み取り)

(1) サッカーをすることは，②「日本とニュージーランドの児童がコミュニケーションをとる必要がある活動」であり，④「体を動かす活動」でもあるが，①「日本とニュージーランドの，それぞれの独自の文化について学び合う」ことはできない。また，③「教室でできる活動」ではない。

(2) Aの図の特ちょうとしては，いくつかのキーワードから連想して考えを広げていくことができること，考えの過程が見えやすいこと，考えをまとめる際に全体を見渡しやすいこと，などが挙げられる。Bのふせんの特ちょうとしては，各自で書きこむため全員が意見を出しやすくなること，簡単にはってはがせるため並べかえながら考えをまとめられること，などが挙げられる。解答は「～から」につながる形で書くことに注意する。

重要 (3) 英語で学校しょうかいをするとき，言葉だけでは，こちらの言いたいことが伝わらないことがあるかもしれない。そこで，イラストや写真，動画など，目で見てわかりやすい情報を用いたり，ジェスチャーを交えて話したりするなど，言葉を通さなくても伝わるようなくふうを取り入れることで，よりよく伝わる学校しょうかいにすることができる。解答は，「～のはどうかな」につながる形で書くことに注意する。

3 (国語：会話文，資料の読み取り，インターネットの使い方)

基本 (1) 【資料1】の2012年と2022年を比べると，すべての年代で平日1日あたりのテレビの平均利用時間が減り，インターネットの平均利用時間が増えていることが読み取れる。

(2) 《条件2》より，【資料2】と【資料3】の内容を関連付けてルールを考える必要がある。例えば，【資料2】にある「不正アクセス」，「さぎ・悪質商法」は【資料3】の③，「名誉毀損」は②と関連している。このことをふまえて，個人情報をあつかう際には周囲の大人に必ず相談すること，画像をさつえい，SNSに投こうする際には必ずさつえいする相手や大人に確認することなど，ひとりだけで安易な判断をしないようにするためのルールが考えられる。また，解答の書き方は《条件2》にしたがうことに注意する。理由を表す文をつなぐ言葉として適切なのは，「なぜなら～から(ため)」である。

(3) ア： 【資料4】より，「フィルターバブル」とは，「自分の考え方や価値観のバブル(泡)に包まれたかのように，好みの情報に囲まれ，好みではない情報に接しづらくなる状態」のことである。この現象は，SNSやプラットフォームなどが，「私たちがどのようにサービスを利用しているかなどを分析・学習することによって，私たちが興味のある情報を自動的に選んで表示」してくれる一方で，「『興味がないはず』と判断された情報は，自動的にはじかれて」しまうことによって起こる。これらをふまえて，《条件3》に合うようにまとめる。

イ： アで考えたように，フィルターバブル現象は，インターネットで情報を集める際に，自動的に情報が選ばれてしまうことによって起こる。そのため，はば広く情報を得るためには，インターネットだけを使うのではなく，本やテレビ，新聞といったさまざまな情報源も活用していくことが重要である。これらをふまえて，《条件3》に合うようにまとめる。

> ★ワンポイントアドバイス★
>
> 資料や会話文を読み，自分の考えをまとめる問題が多い。また，意見のまとめ方やインターネットの使い方など，日常生活に関連した話題も多い。日ごろからさまざまな話題にふれ，自分の考えを簡潔にまとめる練習をしておくことが大切である。

＜適性検査Ⅱ解答例＞ 《学校からの解答例の発表はありません。》

1 (1) 【運動場の図】：

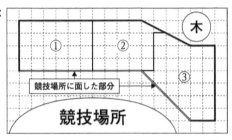

(2) **説明：** 日本では天気が西から東に変化するため，夕焼けが見えた，つまり太陽のしずむ西の空が晴れていた日の次の日には，この晴れの天気が移動してくると考えられるから。

(3) **説明：** 8÷0.8＝10より，砂糖は塩の10倍必要だから，塩を8g入れたとき，砂糖は80g必要になる。すでに0.8g砂糖を入れているので，増やす砂糖の分量は80－0.8＝79.2（g）と求められる。

また，200÷8＝25より，水は砂糖の25倍必要だから，砂糖を80g入れたとき，水は2000g必要になる。すでに200g水を入れているので，増やす水の分量は2000－200＝1800（g）と求められる。

（水を）1800（g，砂糖を）79.2（g増やせばよい）

2 (1) **説明：** 音の速さは秒速約340mであり，花火が開き始めてから2秒後に音が聞こえたことから，スマートフォンでさつえいした場所から花火までのきょりは，340×2＝680より約680mと分かる。

次に，スマートフォンでさつえいした卓球のボールと花火の大きさが同じになったとき，スマートフォンから卓球のボールまでのきょりは20cm＝0.2mだから，680÷0.2＝3400より，スマートフォンから花火までのきょりは，スマートフォンから卓球のボールまでのきょりの約3400倍である。よって，花火の大きさは，卓球のボールの大きさの約3400倍であることが分かる。卓球のボールの直径は4cm＝0.04mであるから，花火の直径は，0.04×3400＝136（m）と求められる。四捨五入して上から2けたのがい数で答えるので，140（m）

（さつえいした花火の実際の大きさは，直径約）140(m)

(2) **1回目：グー　　2回目：チョキ　　3回目：グー**

3 (1) **説明：**　　1km＝1000m，1000÷10＝100より，そらさんは，毎分100mの速さで走るので，700mのコースを1周するのにかかる時間は，700÷100＝7（分）。

　　　　　お兄さんは，1000÷4＝250より，毎分250mの速さで走るので，1500mのコースを1周するのにかかる時間は，1500÷250＝6（分）。

　　　　　よって，お兄さんのほうがかかる時間が1分短いので，2人がいっしょにゴールするためには，そらさんが先にスタートし，お兄さんが60秒後にスタートすればよい。

(2) **ア：**6：13

　　イ：　上から3番目の月の日の出の時刻が一番早くなっているよ。1年のうちで日の出の時刻が一番早いのは6月だから，10月はその4つ下の，上から7番目だと分かるよ。

(3) **ウ：**（7月）24（日）

　　エ：ビニールハウスや温室など，温度調節が可能な室内で育てる。

○配点○〔香楠〕
1 (1) 6点　(2) 4点　(3) 8点　　2 (1) 8点　(2) 5点
3 (1) 8点　(2) 5点　(3) 6点　　計50点

○推定配点○〔唐津東・致遠館・武雄青陵〕
1 (1) 7点　(2) 5点　(3) 10点　　2 (1) 10点　(2) 6点
3 (1) 9点　(2) 6点　(3) 7点　　計60点

＜適性検査Ⅱ解説＞

1 （算数・理科：面積，比，太陽の動き，日本の天気）

(1) 各クラスの応えんに来る保護者の人数の比は，18：15：21＝6：5：7である。**応えんできる場所を各クラスの応えんに来る保護者の人数に応じた広さになるように3つに分けるので，全体の面積をこの比にしたがって分ければよい。応えんできる場所の面積は，ななめになっている**部分を右の図のように移動させることにより，全部で72マス分であると分かる。よって，各クラスの応えん場所の面積は次のように求められる。

1組：$72 \times \dfrac{6}{6+5+7} = 24$（マス）

2組：$72 \times \dfrac{5}{6+5+7} = 20$（マス）

3組：$72 \times \dfrac{7}{6+5+7} = 28$（マス）

また，《条件》より，**すべてのクラスの応えん場所に競技場所に面した部分が含まれるようにし**なければならない。これらの条件を満たしているものが正答となる。

(2) 日本では，偏西風という風のえいきょうで，雲が西から東へ動き，それにともなって天気も西から東へと変化していく。太陽は東からのぼり西にしずんでゆくため，夕焼けが見えるということは，西の空が晴れているということである。この天気が東へ移動するから，次の日は晴

れると予想できる。

(3) （別解）塩を8g入れたということは，【表】の10倍の分量の塩を入れたということだから，水と砂糖の分量も【表】の10倍の分量にすればよい。したがって，水は2000g，砂糖は80g必要だと分かるから，この量からすでに入れている量を引いた分量が求める分量となる。

2　（算数：比，ミニゲーム）

重要

(1)　1m＝100cm（1cm＝0.01m）であることに注意して計算する。また，答えは四捨五入して上から2けたのがい数で表すことに注意する。

(2)・1回目にグーを出した場合：

　　　　“あいこ”のため，③に進む。ここから2回進んで☆のマスにとう着するためには，⑥→②のように進めばよい。すなわち，2回目に“あいこ”，3回目に“負け”となればよいから，**2回目がチョキ，3回目がグー**となる。

　　・1回目にチョキを出した場合：

　　　　“負け”のため，②に進む。ここから2回進んで☆のマスにとう着するためには，⑥→③，⑤→①，④→②の3通りの進み方が考えられる。⑥→③の場合，2回目に“あいこ”なので**チョキ**，3回目に“あいこ”なので**パー**となる。⑤→①の場合，2回目に“負け”なので**パー**，3回目に“勝ち”なので**チョキ**となる。④→②の場合，2回目に“勝ち”なので**グー**，3回目に“負け”なので**グー**となる。

　　・1回目にパーを出した場合：

　　　　“勝ち”のため，①に進む。ここから2回進んで☆のマスにとう着するためには，⑤→②のように進めばよい。すなわち，2回目に“負け”，3回目に“負け”となればよいから，2回目がパー，3回目がグーとなる。

以上の組み合わせのうち，どれか1つが書けていれば正答となる。

3　（算数・理科：速さ，太陽の動き，植物の育成）

重要

(1)　道のり，速さ，時間の関係を正しく使って計算する。解答は，《条件1》の指示にしたがって，特にスタートの時間差を「秒」で書くことに注意する。

(2)　会話文2のお兄さんの最初の発言から，6月が最も日の出の時刻が早い月である。【表】から最も早い時刻を探すと，5：09や5：11であると分かる。そこから4つ下が10月である。

やや難

(3)　ウ：　【ノート】から，花がさいている期間は7日間であるため，10月5日にヒマワリの花がさいているようにするためには，最も早くて9月29日，最も遅くて10月5日に花がさき始めればよいと分かる。この日付から，発芽してから花がさき始めるまでの60日間と，種をまいてから発芽するまでの10日間を逆算すると，7月21日～27日の間に種をまけばよいと分かる。よって，この期間のうちどこか1日の日付が書けていれば正答となる。

　　エ：　発芽に適した温度である20℃～25℃を保つため，屋外ではなく，温度を調節できる室内で育てるなどのくふうが必要である。

───★ワンポイントアドバイス★───

資料や会話文から必要な情報を読み取り，考え方の道すじや計算方法を自分の言葉で説明する問題が多い。さまざまな形式の文章題に取り組み，説明できる力をつけておこう。また，植物や天気に関する知識も問われているため，基本的な部分はおさえておくとよい。

大切なことはメモしておこうネ！

2023年度

★★★★★★★★★★★★★★★★★★★★★

入 試 問 題

2023
年
度

2023年度

佐賀県立中学校入試問題

【適性検査Ⅰ】（45分）　　＜満点：50点（香楠）／40点（唐津東・致遠館・武雄青陵）＞

1　てつおさんたちは，朝のあいさつ運動週間について話しています。次の**会話文**と次のページの**【資料1】**～**【資料3】**を読んで，あとの(1)～(3)の問いに答えましょう。

会話文

> てつおさん：朝のあいさつ運動週間のお知らせ（**【資料1】**）をつくってきたよ。このお知らせを各学級に配る予定だよ。朝のあいさつ運動に参加する学級は，3年生から6年生までの合計8学級で，1日に1学級，順番で1回ずつ行うことになっていたよね。
>
> かおりさん：とてもくふうしてつくっているね。　1　，この内容だと確認_{かくにん}できないことがあるんじゃないかな。　2　の情報と　3　の情報がないから，参加する人が困_{こま}ると思うよ。
>
> てつおさん：なるほど。来週までに書き加えて修正してみるね。
>
> かおりさん：ありがとう。私_{わたし}は，校門に置く掲示物_{けいじぶつ}（**【資料2】**）をつくってきたよ。掲示物についてみんなで決めたことをまとめたメモ（**【資料3】**）を確認して書いてみたから，アドバイスをくれないかな。
>
> てつおさん：メモの　ア　に注目するなら，　イ　といいと思うよ。他にも，メモの　ウ　に注目するなら，　エ　といいと思うよ。
>
> かおりさん：ありがとう。今聞いたことを参考にして，もう一度書いてみるね。

(1)　**会話文**で，かおりさんは，「とてもくふうしてつくっているね。　1　，この内容だと確認できないことがある」と言っています。　1　に，　1　の前後の文をつなぐ適切な言葉を書きましょう。

(2)　**会話文**で，かおりさんは，「　2　の情報と　3　の情報がないから，参加する人が困る」と言っています。あなたは，どのような情報が必要だと考えますか。次の**《条件1》**に合うように書きましょう。

《条件1》

> ・解答用紙の　2　と　3　には，**【資料1】**に書かれていない，参加者にとって必要な情報を，それぞれ書くこと。
>
> ・解答用紙の　2　と　3　は，「～の情報」につながるように，それぞれ書くこと。

(3)　**会話文**で，てつおさんは，「メモの　ア　に注目するなら，　イ　といいと思うよ。他にも，メモの　ウ　に注目するなら，　エ　といいと思うよ」と言っています。あなたなら**【資料3】**をもとに，かおりさんにどのようなアドバイスをしますか。次のページの**《条件2》**に合うように書きましょう。

《条件2》

- 解答用紙の ア と ウ には，【資料3】の①～③の中から異なる数字を選んで，それぞれ1つ書くこと。
- 解答用紙の イ と エ には，ア と ウ で選んだメモの内容をもとに，【資料2】の，どこをどのように変えればメモの内容に合う掲示物になるかが分かるようなアドバイスを，それぞれ書くこと。
- 解答用紙の イ と エ は，「～といい」につながるように，それぞれ書くこと。

【資料1】　朝のあいさつ運動週間のお知らせ　　【資料2】　校門に置く掲示物

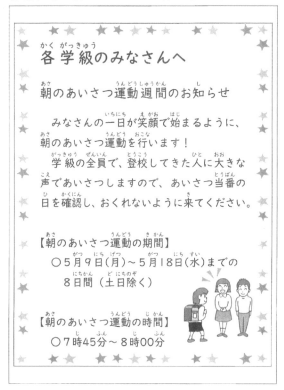

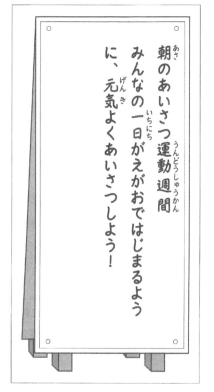

【資料3】　掲示物についてみんなで決めたことをまとめたメモ

○「朝のあいさつ運動週間　みんなの一日がえがおではじまるように、元気よくあいさつしよう!」の文字だけ書く。

○3行に分けて、たて書きで書く。

○文字を見やすくするために、白色の紙に黒色の文字で書く。

《くふうが必要なこと》

①「朝のあいさつ運動週間」の文字が、他の文字より目立つようにする。

②余白に注意し、用紙の中で3行がバランスよく見えるようにする。

③文章をどこで区切るか注意し、読みやすくする。

2　なおさんは，新聞を読みながら家族と話しています。次の**会話文**と【**資料**】を読んで，あとの⑴，
⑵の問いに答えましょう。

会話文

> お母さん：今週の新聞の中で，何か気になる記事はあったの。
>
> なおさん：うん。鉄についての記事（【資料】）がおもしろかったよ。ツタンカーメンのお墓から見つかった短剣は，*隕石の鉄が原料だったんだって。昔は，鉄はめずらしい金属で金よりも価値があったらしいよ。
>
> お母さん：そうだったの。お母さんも知らなかったわ。
>
> なおさん：お母さん，ここを見て。記事の最後の方に「もろ刃のつるぎ」って書いてあるんだけど，よく分からないなあ。
>
> お母さん：ああ，ここね。「つるぎ」は剣のことなのよ。剣は，両側が刃になっているから，自分を守ることもできるけれど，使い方しだいで自分を傷つけてしまうこともあるのよね。そこからできた表現よ。ねえ，お父さん。
>
> お父さん：ああ，この文章で鉄のことを「もろ刃のつるぎ」だと言っているのは，鉄は，スキやクワなどの農機具に使われて役に立つけれど，武器に使われるなどよくないこともあるということだよ。
>
> なおさん：そういうことね。分かったわ。
>
> お父さん：じゃあ，「もろ刃のつるぎ」だと言えるものとして，例えば，他に何があると思う。
>
> なおさん：　ア　は，どうかな。　　　イ　　　ことができて役に立つけれど，　　　ウ　　　などよくないこともあるから。
>
> お母さん：なおも「もろ刃のつるぎ」の意味がちゃんと分かったみたいね。

*隕石：宇宙から地球などに落ちてきた石のこと

【**資料**】　鉄についての記事

約3300年前のエジプト王ツタンカーメンの墓から見つかった短剣は宇宙から降ってきた隕石の鉄（隕鉄）が原料でした▼千葉工業大学の研究チームがくわしく調べたところ，熱した隕鉄をハンマーでたたいて作ったらしいとのこと。ツタンカーメンの祖父が他国の王から鉄剣をおくられた記録が残っていて，この短剣のことではと見られます▼当時，鉄はめずらしい金属で金より何倍も貴重品でした。もと鉄は鉄鉱石などにふくまれ，地球上にたくさんありますが，鉄鉱石から鉄を取り出す技術がなかったからです。やがて鉄鉱石をとかして鉄を取り出す技術が広まると，スキやクワなどの農機具に固くて丈夫な鉄が使われ，広い田畑が生まれました▼一方，鉄で強力な武器が作られ，役立つ半面，害を与えるものを例えて「もろ刃のつるぎ」と言います。戦争を悲惨にしました。

（朝日小学生新聞　号外　より）

⑴ **会話文**で，なおさんは，「昔は，鉄はめずらしい金属で金よりも価値があったらしいよ」と言っています。あなたなら，その理由をどのように説明しますか。次の《**条件1**》に合うように書きましょう。

《**条件1**》

> ・解答用紙には，【**資料**】の言葉を使って理由を書くこと。
> ・「～から」につながるように書くこと。

⑵ **会話文**の ア ， イ ， ウ には，なおさんが，「もろ刃のつるぎ」だと言えると考えたものとその説明が入ります。あなたなら，どのように説明しますか。次の《**条件2**》に合うように書きましょう。

《**条件2**》

> ・解答用紙の ア には，「車」「言葉」「インターネット」の中からどれか1つを選んで書くこと。
> ・解答用紙の イ と ウ は，**会話文**の「スキやクワなどの農機具に使われて役に立つけれど，武器に使われるなどよくないこともある」を参考にして， イ には，「～ことができて役に立つけれど，」につながるように， ウ には，「～などよくないこともある」につながるように，それぞれ書くこと。
> ・解答用紙の イ と ウ は，それぞれ5字以上で書くこと。

3 わたるさんたちの住むA町で，子ども議会が開かれることになりました。わたるさんたちは，今回の議題である「A町を住みやすいまちにしよう」について話し合っています。次の**会話文**と【**資料1**】～【**資料3**】を読んで，あとの⑴～⑶の問いに答えましょう。

（【**資料1**】，【**資料2**】は次のページ，【**資料3**】は6ページにあります。）

会話文

> わたるさん：子ども議会に向けて，まずはA町のことをしっかり調べたいな。
>
> ちかこさん：そうだね。ここに，A町に住む15才以上の人たちを対象にした満足度調査結果（【**資料1**】）があるよ。この調査結果から，多くの人たちが，水や空気の質や 1 などに満足していることが分かるね。
>
> わたるさん：この結果は，A町の人口の変化と関係があるみたいだね。
>
> ちかこさん：どういうことかな。
>
> わたるさん：A町の人口の変化（【**資料2**】）を見て。日本は人口減少が問題になっているのに，なぜA町の人口が増加しているのか，不思議に思っていたんだ。A町に住む人たちの満足度が関係していると思うな。
>
> ちかこさん：それは関係がありそうだね。人口の構成を表した人口ピラミッドというグラフがあるよね。A町の1980年の人口ピラミッド（【**資料3**】）は見つけたけど，2020年の人口ピラミッドは見つけられなかったよ。
>
> わたるさん：町のホームページにのっているこれじゃないかな。

ちかこさん：なるほど。A町の人口の変化（【資料2】）を見ると，まちに必要なことが見えてきそうだね。

わたるさん：そうだね。A町を住みやすいまちにするために，どんなことができるかな。満足度調査結果（【資料1】）を参考にして，子ども議会で提案したいことを考えてみるよ。

【資料1】　A町に住む15才以上の人たちを対象にした満足度調査結果

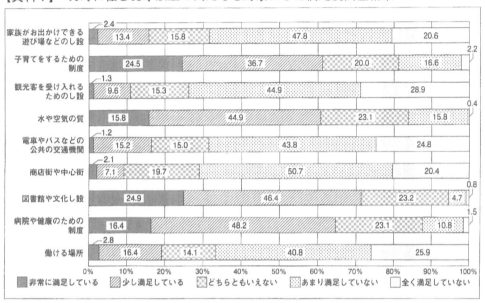

【資料2】　A町の人口の変化

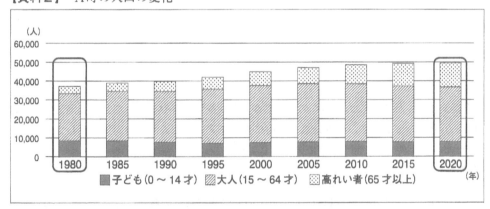

【資料３】　A町の1980年の人口ピラミッド　【2020年の人口ピラミッド】

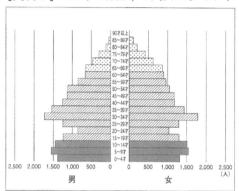

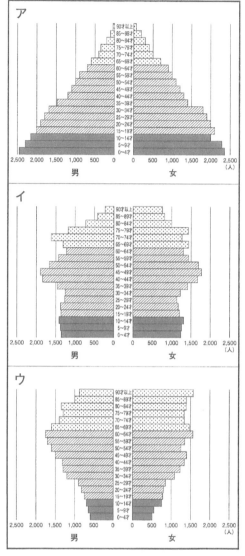

(1)　**会話文**で，ちかこさんは，「多くの人たちが，水や空気の質や ☐1 などに満足していることが分かる」と言っています。あなたは，A町に住む15才以上の人たちが何に満足していると考えますか。次の《**条件１**》に合うように書きましょう。

《**条件１**》

> ・解答用紙の ☐1 には，【**資料１**】の中から，「**水や空気の質**」以外で１つぬき出して書くこと。

(2)　**会話文**で，わたるさんは，「町のホームページにのっているこれじゃないかな」と言っています。あなたは，A町の2020年の人口ピラミッドについてどのように考えますか。次のページの《**条件２**》に合うように書きましょう。

《条件2》

> ・解答用紙の**記号**には，A町の2020年の人口ピラミッドとして考えられるものを，【**2020年の人口ピラミッド**】の**ア〜ウ**の中から１つ選び，その記号を書くこと。
> ・解答用紙の**理由**には，1980年の人口ピラミッドが【**資料3**】であることを参考にしながら，【**資料2**】の人口の変化の様子をもとに，選んだ理由を書くこと。
> ・解答用紙の**理由**は，「〜から」につながるように書くこと。

⑶　**会話文**で，わたるさんは，「満足度調査結果（【**資料1**】）を参考にして，子ども議会で提案したいことを考えてみるよ」と言っています。あなたなら，子ども議会でA町を住みやすいまちにするために，どのような提案を考えますか。次の《**条件3**》に合うように書きましょう。

《条件3》

> ・15〜64才を「**大人**」，65才以上を「**高れい者**」として考えること。
> ・「**大人**」と「**高れい者**」のどちらかの立場に立って提案をすること。
> ・解答用紙の**年れいそう**には，「**大人**」と「**高れい者**」のどちらに注目するかを選び，◯で囲むこと。
> ・【**資料1**】から分かることを，【**資料2**】と関連付けて，A町を住みやすいまちにするための具体的な提案を考えること。
> ・解答用紙の**提案**には，「A町を住みやすいまちにするために，」に続けて書き出し，子ども議会で話すように，ていねいな言葉づかいで書くこと。
> ・70〜100字で書くこと。

【適性検査Ⅱ】 （45分）　＜満点：50点（香楠）／60点（唐津東・致遠館・武雄青陵）＞

1　はるさんたちは，かささぎ公園に遊びに来ています。 会話文1 を読んで(1)の問いに， 会話文2 を読んで(2)，(3)の問いに答えましょう。

会話文1

> はるさん：みんなで，かげふみ遊びをしようよ。
>
> ゆいさん：いいね。線をひいてかげふみ遊びをするはん囲を決めよう。
>
> ················· （【かささぎ公園の図】のように地面に線をひく） ·················
>
> 【かささぎ公園の図】
>
>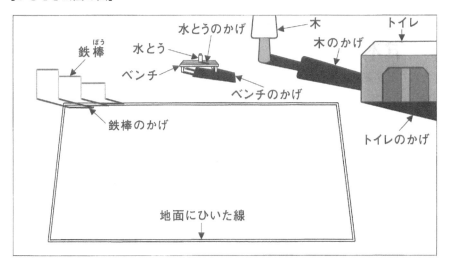
>
> そらさん：だれが最初にかげをふむ人になるか，じゃんけんで決めよう。
>
> ················· （みんなでじゃんけんをする） ·················
>
> りんさん：私がかげをふむ人だね。みんなは私にかげをふまれないように，地面にひいた線の内側をにげてね。10秒数えたら，みんなのかげをふみに行くよ。10，9，8，7……。
>
> ················· （りんさんは10秒数え，りんさん以外の人はにげる） ·················
>
> あきさん：ここに立っていたら，かげをふまれないよね。

(1)　 会話文1 で，あきさんは，「ここに立っていたら，かげをふまれない」と言っています。あなたなら，あきさんが立っている場所はどこだと考えますか。次の《条件》に合うように考えてかきましょう。

《条件》

> ・地面にひいた線の内側で，かげふみ遊びをしていることとして考えること。
>
> ・解答用紙の【かささぎ公園の図】には，あきさんが立っていると考えた場所に◯を1つかくこと。
>
> ・解答用紙の理由には，◯をかいた場所について，どうしてかげをふまれないのかが分かるように書くこと。また，何をもとにして考えたのかが分かるように書くこと。

会話文２

―――――――――――（かげふみ遊びをしたあと）―――――――――――

はるさん：かげふみ遊び楽しかったね。今日は暑いから，木のかげで休みましょう。

――――――――（公園の木のかげに移動したあと）――――――――

そらさん：よし，水とうに入れたお茶を飲もう。うわぁっ。

りんさん：そらさん，どうしたの。

そらさん：水とうのお茶を飲もうとしてふたをあけたら，ストローの先からお茶が飛び出してきたよ（【図１】）。強くにぎっていないのに，どうしてなんだろう。

りんさん：それは，そらさんが水とうをベンチ（【かささぎ公園の図】のベンチ）に置いていたからだよ。

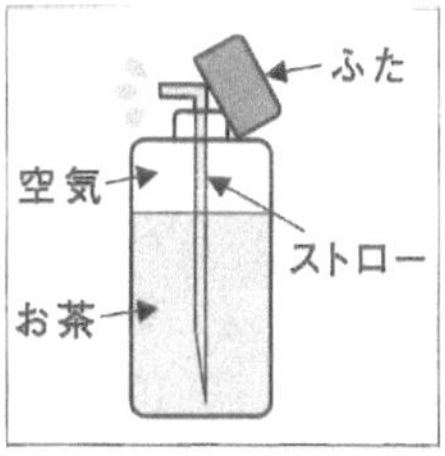

――――――――（公園の木のかげで休んでいるとき）――――――――

はるさん：この木は高いね。どれくらいの高さがあるのかな。

ゆいさん：木のかげの長さ，鉄棒の高さ，鉄棒のかげの長さをはかって，それらを使えば木の高さが分かるよ。家からメジャーを持ってくるね。

――――――――――（メジャーで長さをはかったあと）――――――――――

はるさん：トイレのかべにまで木のかげがのびていたね。木のかげの長さ（【図２】），鉄棒の高さ，鉄棒のかげの長さ（【図３】）をまとめてみたよ。

【図１】

【図２】

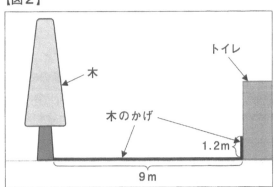

【図３】

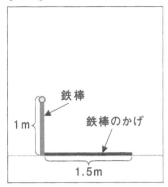

ゆいさん：じゃあ，木の高さを考えてみよう。

⑵ **会話文２** で，そらさんは，「強くにぎっていないのに，どうしてなんだろう」と言っています。水とうを強くにぎっていないのに，ストローの先からお茶が飛び出してきたのはどうしてだと考えますか。ストローの先からお茶が飛び出す仕組みが分かるように，言葉で説明しましょう。

⑶ **会話文２** で，ゆいさんは，「じゃあ，木の高さを考えてみよう」と言っています。木の高さは何mですか。木の高さが何mであるかを【図２】と【図３】を使って考え，数と言葉で説明しましょう。式や図を使ってもかまいません。

2 冬のある日，みゆさんは，お姉さんと洗^{せん}たくをすることにしました。 会話文1 を読んで(1)の問いに， 会話文2 を読んで(2)の問いに答えましょう。

会話文1

> みゆさん：洗たく機のこの画面（【図1】）に表示された「0.6」は何だろう。
>
> お姉さん：洗たく物の重さに合わせて適切な洗ざいの量が表示されるのよ。今回は，「0.6」と表示されたから，洗ざいの量は0.6ぱいでいいということよ。洗ざいの量は，洗たく物1kgあたり水10L使うことをもとに計算しているのよ。ちなみに，今日の洗たく物の重さは4500gだよ。
>
> 【図1】
>
>
>
> みゆさん：【液体洗ざい】と【粉末洗ざい】では，洗ざいをはかるものが大きさのちがうキャップとスプーンだけど，どちらも0.6ぱいでいいのかな。
>
> お姉さん：お母さんは，洗たく機の表示どおりに量をはかって使っているよ。
>
> みゆさん：それぞれの洗ざいに書いてある《使用量のめやす》は，【液体洗ざい】は体積で，【粉末洗ざい】は重さで示してあるね。これらを使って<u>どちらの洗ざいを使っても0.6ぱいでいいか考えてみよう</u>。
>
> 【液体洗ざい】
>
>
>
> 《使用量のめやす》
> 水20Lに対して16mL
> キャップ1ぱいは60mL
>
> 【粉末洗ざい】
>
>
>
> 《使用量のめやす》
> 水30Lに対して18g
> スプーン1ぱいは45g

(1) 会話文1 で，みゆさんは，「どちらの洗ざいを使っても0.6ぱいでいいか考えてみよう」と言っています。あなたなら，どのように考えますか。次の《条件1》に合うように考えて，数と言葉で説明しましょう。式を使ってもかまいません。

《条件1》

> ・解答用紙の**説明**には，4500gの重さの洗たく物を，「0.6」と表示された洗たく機で，【液体洗ざい】と【粉末洗ざい】のそれぞれを使って洗^{あら}う場合についてあなたの考えを書くこと。
>
> ・解答用紙の**0.6ぱいでよい洗ざい**には，「【液体洗ざい】だけ」「【粉末洗ざい】だけ」「どちらとも」のいずれかを選び，◯で囲むこと。

【会話文2】

──────────（洗たく物を干したあと，しばらくして）──────────

みゆさん：今日は晴れているけど気温が低いから，なかなか洗たく物がかわかないね。冬に洗たく物を少しでも早くかわかすには，どうしたらいいのかな。

お姉さん：洗たく物を早くかわかすためには，気温以外にも風や干し方が関係しているみたいだよ。

みゆさん：そうなんだね。実験をして調べてみよう。

お姉さん：正確な実験にするためには，家の外で実験をするより，家の中で実験をした方がいいよ。

──────────────（次の日）──────────────

みゆさん：このような【実験計画】を立てたけど，どうかな。

【実験計画】

> **準備するもの**：1枚70gのタオル4枚，ハンガー4本，物干し台（【図2】）2台，電子てんびん2台
>
> **手順1**：部屋の温度を20℃にする。
>
> **手順2**：タオルを水でぬらしてしぼり，1枚の重さが200gになるようにしてハンガーにかけ，それを2台の物干し台に2枚ずつ干す。
>
> **手順3**：10分おきに，電子てんびんでタオルの重さを同時にはかり，タオルがかわいてそれぞれの重さが70gになるまでの時間を比べる。

【図2】

お姉さん：これでは，洗たく物がかわくのに風や干し方がそれぞれどのように関係しているのかを調べることができないよ。手順2と手順3の間にもう一つ手順を加えると，風または干し方が，かわき方にどのように関係しているかを調べる実験になるよ。

(2)　【会話文2】で，お姉さんは，「手順2と手順3の間にもう一つ手順を加えると，風または干し方が，かわき方にどのように関係しているかを調べる実験になる」と言っています。あなたなら，どちらについて調べてみたいですか。次の《条件2》に合うように書きましょう。図を使ってもかまいません。

《条件2》

> ・解答用紙の調べることには，「風」と「干し方」のどちらかを選び，（　　　　）で囲むこと。
>
> ・解答用紙の加える手順には，手順2と手順3の間に加える手順を書くこと。その際，必要であれば準備するもの以外の道具も使ってよい。
>
> ・変える条件と変えない条件が分かるように書くこと。

3　ゆうきさんとのぞみさんは，体育館で計画されている行事の準備について，先生と話をしています。会話文1 を読んで(1)の問いに，会話文2 を読んで(2)の問いに，会話文3 を読んで(3)の問いに答えましょう。

会話文1

> ゆうきさん：先生，体育館（【図1】）のカーテンは，閉めておいたほうがいいですか。
>
> 先　　　生：太陽の光が体育館に直接入るとまぶしくなるから，カーテンは閉めておきましょう。
>
> ゆうきさん：全部閉めると暗くなってしまうね。
>
> のぞみさん：全部のカーテンを閉める必要はないと思うよ。体育館の南側のカーテンは閉めたままにしておいて，午前と午後のそれぞれで，東側と西側のどちらか一方のカーテンを閉めるだけでいいよ。

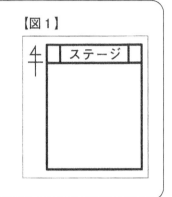
【図1】

(1)　会話文1 で，のぞみさんは，「午前と午後のそれぞれで，東側と西側のどちらか一方のカーテンを閉めるだけでいい」と言っています。あなたなら，太陽の光が体育館に直接入らないようにするためには，どのようにしますか。次の《条件1》に合うように考えて書きましょう。また，そのように考えた理由を説明しましょう。

《条件1》

> ・解答用紙の説明には，午前と午後のそれぞれで，「東側」と「西側」のどちらのカーテンを閉めればよいかが分かるように書くこと。

会話文2

> 先　　　生：行事を見に来てくれる人のために，体育館にイスを並べましょう。
>
> ゆうきさん：イスを並べるのに，どれくらいの時間がかかるのかな。
>
> 先　　　生：前回並べたときは，2人で東西方向に2列のイスを並べる（【図2】）のに，2分かかりましたよ。
>
> > ゆうきさん：それなら，10人で並べれば，東西方向に10列のイスを10分で並べることができますね。
>
> 先　　　生：おしい，その考えは少しだけちがいますよ。ゆうきさんの考えの，人数か列か時間のうち，どれか1つの数を変えると，正しい考えになりますよ。

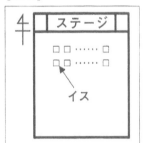
【図2】
イス

(2)　会話文2 で，先生は，「ゆうきさんの考えの，人数か列か時間のうち，どれか1つの数を変えると，正しい考えになります」と言っています。あなたなら，□のゆうきさんの考えを正しい考えにするために，どのように変えますか。次のページの《条件2》に合うように考えて書きましょう。

《条件２》

- ☐ のゆうきさんの考えの「人数」「列」「時間」のうち，1つの数だけを変えて正しい考えになるようにすること。
- 解答用紙の（　　　）に，数を書くこと。

会話文３

先　　生：はばが40cmのイス（【図３】）を，東西方向1列につき24きゃく並べましょう。体育館の東側と西側のかべからは，どちらも5mはなれたところからイスを並べますよ（【図４】）。

【図３】

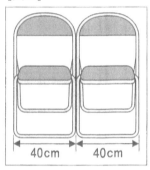

【図４】

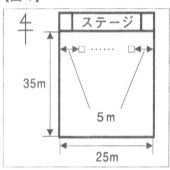

のぞみさん：通路は並べたイスとイスの間にもあったほうがいいと思います。

【図５】

ゆうきさん：それなら，イスを同じ数ずつのいくつかのブロックに分けて，その間に通路をつくるようにしてみてはどうでしょうか（【図５】）。

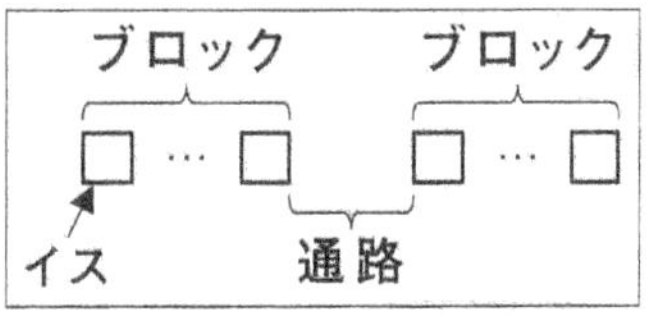

先　　生：いい考えですね。通路のはばはどこも等しくして，1つの通路のはばは，人が通ることができるように1mから2mの間になればいいですね。

のぞみさん：分かりました。基準となる一番前の列について，1ブロックあたりのイスの数を何きゃくにすればいいか考えてみます。

③ 会話文３ で，のぞみさんは，「1ブロックあたりのイスの数を何きゃくにすればいいか考えてみます」と言っています。あなたなら，1ブロックあたりのイスの数をどのように考えますか。次の《条件３》に合う1ブロックあたりのイスの数をすべて書きましょう。また，そのように考えた理由を，数と言葉で説明しましょう。式を使ってもかまいません。

《条件３》

- 解答用紙の説明には，1ブロックあたりのイスの数についてのあなたの考えを書くこと。
- はばが40cmのイスを，東西方向1列につき24きゃく並べること。
- 東側と西側のかべからは，どちらも5mはなれたところから，イスを並べること。

・1ブロックのイスの数は，どのブロックも同じ数にすること。

・同じブロックのイスは，すき間なく並べること。

・ブロックとブロックの間に通路ができるようにイスを並べること。

・通路のはばはどこも等しくして，1つの通路のはばが1mから2mの間になるようにすること。

・解答用紙の1ブロックあたりのイスの数には，考えられる1ブロックあたりのイスの数をすべて書くこと。

2023 年 度

解 答 と 解 説

《2023年度の配点は解答欄に掲載してあります。》

＜適性検査Ⅰ解答例＞ 《学校からの解答例の発表はありません。》

1 (1) 1：でも

(2) 2：あいさつ運動を行う学級の順番（の情報）

3：あいさつ運動を行う場所（の情報）

(3) ア：①

イ：「朝のあいさつ運動週間」の文字だけ，太く大きく書く（といい）

ウ：②

エ：行間を少し広げて，文字を中心にずらす（といい）

2 (1) 鉄は鉄鉱石などにふくまれるが，当時は鉄鉱石から鉄を取り出す技術がなかった（から）

(2) ア：車

イ：歩くより速く楽に遠い場所まで移動する（ことができて役に立つけれど，）

ウ：事故を起こして人や物を傷つける（などよくないこともある）

3 (1) 1：図書館や文化し設

(2) 記号：イ

理由：子どもや大人の人口は1980年からあまり変わっていないが，高れい者の人口は約1万人以上となり大きく増えている（から）

(3) 年れいそう：高れい者

提案：（A町を住みやすいまちにするために，）電車やバスなどの本数や停車駅の数を増やすべきだと思います。A町では高れい者の人口が増えています。高れい者は歩くのも車の運転も大変なので，公共交通機関をじゅう実させるのがよいと思います。

○配点○〔香楠〕

1	(1) 2点	(2) 6点	(3) 6点	2	(1) 6点	(2) 8点
3	(1) 4点	(2) 7点	(3) 11点	計50点		

○推定配点○〔唐津東・致遠館・武雄青陵〕

1	(1) 1点	(2) 5点	(3) 5点	2	(1) 5点	(2) 6点
3	(1) 3点	(2) 6点	(3) 9点	計40点		

＜適性検査Ⅰ解説＞

1 （国語：会話文，資料の読み取り）

(1) 「とてもくふうしてつくっているね」という直前の発言と，「この内容だと確認<ruby>確認<rt>かくにん</rt></ruby>できないことがあるんじゃないかな」という直後の発言が反対の内容を示している。よって，「でも」があてはまる。会話文なので，話し言葉が使われることに注意する。「だけど」でもよい。

(2) 【資料１】では，あいさつ運動でどのようなことを行うのか，いつ行うのかがまとめられている。しかし，**会話文**のてつおさんの発言から，「合計８学級で，１日に１学級，順番で１回ずつ行う」といった内容がふくまれていないことがわかる。また，どこであいさつ運動を行うのかも書かれていない。この２つについての情報が必要だと考えられる。

重要 (3) 【資料３】の《くふうが必要なこと》から数字を選んで，それに合わせたくふうを考えればよい。①は「朝のあいさつ運動週間」の文字を目立たせるため，ほかの文字より大きく太く書くことが考えられる。目立たせるためにはほかの色を使うことも考えられるが，メモに「白色の紙に黒色の文字で書く」とあるので，今回はできない。②は，用紙の中央に３行がくるようにくふうすると，見やすくなる。③は，「、」の位置で句切ったり，「に、」を前の行にうつすことで，文章を読みやすくすることができる。

2 （社会，国語：鉄の歴史，会話文，資料の読み取り）

(1) 【資料】を読むと，「もともと鉄は鉄鉱石<ruby>鉄鉱石<rt>てっこうせき</rt></ruby>などにふくまれ」ているが，「鉄鉱石から鉄を取り出す技術がなかった」とある。約3300年前には，鉄鉱石から鉄を取り出すことができず，金よりも希少だったため価値<ruby>価値<rt>かち</rt></ruby>があったと考えられる。「～から」に続くような形で答える。

基本 (2) **会話文**を参考に，《条件２》に注意して，「もろ刃<ruby>刃<rt>は</rt></ruby>のつるぎ」と言えるものについて考える。**ア**の解答は車，言葉，インターネットのいずれかであれば正答であり，**イ**，**ウ**にはそれぞれ，**ア**で選択したもののよいところと悪いところを考えて，一言でまとめて書けるとよい。

解答例では車に関して説明しているが，言葉を選んだ場合は，意思そ通を行うことができること，物を使わずに他の人と通じ合えることなどの利点と，その裏返<ruby>裏返<rt>うらがえ</rt></ruby>しとして，何も道具を使わずに人を傷つけることができることなどの欠点が考えられる。また，インターネットを選んだ場合は，世界中の人とコミュニケーションがとれること，時間や場所を気にせずに人と関われることなどのよい点と，だれでもアクセスできるがゆえに犯罪にも巻きこまれやすいこと，顔が見えない人と関わるために伝えたいことに誤解<ruby>誤解<rt>ごかい</rt></ruby>が生まれやすいことなどの悪い点が考えられる。

3 （国語，社会：会話文，資料の読み取り，まちづくり）

(1) 【資料１】から，「非常に満足している」と「少し満足している」と回答した人の割合が「水や空気の質」と同じくらいかそれ以上のものを選べばよい。よって，「子育てをするための制度」，「図書館や文化し設<ruby>設<rt>せつ</rt></ruby>」，「病院や健康のための制度」のうちどれかを選んでいれば正答となる。

(2) 【資料２】より，1980年から2020年にかけて，Ａ町では子どもの人口と大人の人口があまり変わっておらず，高れい者の人口が増えているとわかる。よって，Ａ町の2020年の人口ピラミッドとして考えられるものは**イ**である。**ウ**も高れい者の人口が多いグラフだが，子どもの人口が大きく減っているため，適さない。

やや難 (3) 《条件３》をふまえて，大人か高れい者の立場に立ってＡ町を住みやすいまちにするための提案を考える。【資料１】で満足している人の割合が低いものを選ぶ。解答例のほかにも，働ける

場所や家族がお出かけできる遊び場などのし設が少ないことがA町の課題といえる。高れい者でも働ける場所をたくさん増やしたり，公園のような家族が遊べるし設を増やしたりすることが考えられる。

★ワンポイントアドバイス★

多くの資料を読み取る必要があるほか，会話文中や条件の中にもヒントがかくされている。問題をすみずみまで読んで，必要な情報を集めよう。自分の考えを記述する問題は，日ごろから自分の意見を短い文章でまとめる訓練をしておくとすばやく解ける。

＜適性検査Ⅱ解答例＞ ≪学校からの解答例の発表はありません。≫

1 (1) 【かささぎ公園の図】

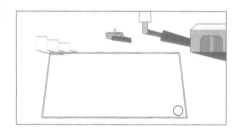

理由：図を見ると，かげがどれも右下の方向にできていて，線の内側の右下のすみに立てばかげが線の外側に出ると考えたから。

(2) 説明：太陽の光によって水とうの中の空気があたためられて体積が増え，お茶が空気におされてストローの中を上がっていったから。

(3) 説明：図3から，高さ1mに対して長さ1.5mのかげが地面にできることがわかる。よって，図2のトイレにのびたかげは地面に落ちた場合1.2×1.5＝1.8mである。地面に落ちる木のかげは9＋1.8＝10.8mであると考えられるから，木の高さは10.8÷1.5＝7.2mとなる。
（木の高さは，）7.2（m）

2 (1) 説明：洗たく物が4500gのとき4500g＝4.5kgだから，水は10×4.5＝45L使う。45÷20＝2.25，45÷30＝1.5だから，水45Lに対しては，液体洗ざいは16mL×2.25＝36mL，粉末洗ざいは18g×1.5＝27g使う必要がある。
液体洗ざい36mLは36mL÷60mL＝0.6，粉末洗ざい27gは27g÷45g＝0.6。よって，どちらも0.6ぱいでよい。
0.6ぱいでよい洗ざい：どちらとも

(2) 調べること：風
加える手順：4枚のタオルは同じ干し方をする。このうち，1台の物干し台にかかっている2枚のタオルには，せん風機の風が当たるようにする。

3 (1) 説明：午前中は，太陽が東側にあるので，東側のカーテンを閉める。午後は，太陽が

西側にあるので，西側のカーテンを閉める。
(2) 10（人で並べれば，東西方向に）10（列のイスを）2（分で並べることができる。）
(3) **説明：**かべから5mはなすので，イスと通路の長さの合計は25m−5m×2＝15mとなる。イスは24きゃくだから，2きゃく×12ブロック（12きゃく×2ブロック），3きゃく×8ブロック（8きゃく×3ブロック），4きゃく×6ブロック（6きゃく×4ブロック）の組み合わせがある。

　　通路の数はブロックの数から1を引いたものである。イスは合計で0.4m×24＝9.6mの長さになる。よって通路のはばは合計15m−9.6m＝5.4mである。5.4m÷2m＝2.7なので，通路の数は2.7から5.4の間の数となるから，考えられる通路の数は3本，4本，5本。このときブロック数は4つ，5つ，6つであり，これをみたす組み合わせは6きゃく×4ブロックと4きゃく×6ブロックとなる。

　　1ブロックあたりのイスの数：4きゃく，6きゃく

○配点○〔香楠〕
① (1) 6点 (2) 5点 (3) 8点　② (1) 8点 (2) 5点
③ (1) 4点 (2) 6点 (3) 8点　　　計50点
○推定配点○〔唐津東・致遠館・武雄青陵〕
① (1) 7点 (2) 6点 (3) 10点　② (1) 9点 (2) 6点
③ (1) 5点 (2) 7点 (3) 10点　　　計60点

＜適性検査Ⅱ解説＞

基本 ① （算数，理科：縮図の利用，気体の性質）

(1) かげふみ遊びのルールとして，会話文1 りんさんの発言から，「地面にひいた線の内側」をにげるのだとわかる。つまり，線の内側にかげが入らないような場所に立てば，かげをふまれることはない。【かささぎ公園の図】を見ると，かげが右下にのびている。よって，地面にひいた線の右下のはしに立てば，かげが線の外側に出るので，かげをふまれない。理由を答えるので，文の最後を「〜から」という形にする。

(2) 【かささぎ公園の図】を見ると，水とうはベンチの上にあり，太陽の光が当たっている。太陽の光が当たることで水とうの中の空気があたためられて体積が増える。すると，中のお茶がその空気に押され，ストローの中を上がってきたと考えられる。会話文2 りんさんの発言を参考に考える。

(3) 図3から，物体とかげの長さの関係を読み取り，それから木の長さを考えるとよい。1mの鉄棒のかげは1.5mであるため，木のかげがトイレのかべにかかっている部分は，地面に落ちていた場合，1.2×1.5＝1.8(m)として考えることに注意する。

② （算数，理科：比，もののかわき方）

重要 (1) まず，洗たく物4500gに使われる水の量を計算する。このとき，単位をgからkgに直すことに注意する。洗たく物4500g＝4.5kgに使用する水は10×4.5＝45(L)なので，それぞれに対応する液体洗ざいの量と粉末洗ざいの量を求めればよい。ここでは，どちらも0.6ぱいでよいことがわかる。

(2) 【実験計画】の手順2と手順3の間に入る手順を考える。風とかわき方の関係について調べたい場合は，せん風機などで一部のタオルに風を当てることが考えられる。干し方とかわき方の関係について調べたい場合は，のばした状態のタオルと折りたたんだ状態のタオルを干して比べることが考えられる。どちらも，調べたい風や干し方の効果を明らかにするために，それ以外の条件を同じにそろえて実験することが重要である。

3 （算数，理科：太陽の動き，組み合わせ，イスの並べ方）

(1) 太陽は東の方角からのぼり，西の方角にしずむ。そのため，午前は東側のカーテンを，午後は西側のカーテンを閉めれば，太陽の光が直接体育館に入ることはない。

(2) 会話文2の先生の発言より，2人で2列のイスを並べるのに2分かかることがわかる。人数を増やせばかかる時間は減り，列を増やせばかかる時間は増えることから，「人数」，「列」，「時間」のうち2つの数を10にそろえたとき，残りの1つの数がいくつになるかを考えればよい。解答例では「時間」を変える場合があげられているが，「人数」を変える場合は「10人」を「2人」に変え，「列」を変える場合は「10列」を「50列」に変えれば正答となる。

やや難 (3) 《条件3》に合うイスの並べ方を考える。東西のかべから5mずつはなすので，イスを並べられる長さは，25−5×2＝15(m)である。24きゃくのイスを並べたときのはばは，0.4×24＝9.6(m)なので，通路の合計のはばは15−9.6＝5.4(m)と考えられる。また，イスの数が24きゃくなので，どのブロックも同じ数にするには，1ブロックあたりのイスの数とブロックの数をかけた数が24になっていればよい。これらの条件を満たすイスの並べ方は，4きゃく×6ブロック，または6きゃく×4ブロックとなる。《条件3》より，「考えられる1ブロックあたりのイスの数をすべて書くこと」とあるので，4きゃくと6きゃくをどちらも書くことに注意する。

── ★ワンポイントアドバイス★ ──

理由や計算の流れを，自分の言葉で順序立てて説明する必要がある。会話文や図にヒントがあるので，わかるところから考えて答えに近づいていこう。図や式を書く問題もあるので，文章だけでなく図や表の書き方も学んでおくとよい。

大切なことはメモしておこうネ！

2022年度
★★★★★★★★★★★★★★★★★★★★★

入 試 問 題

2022
年度

2022年度

佐賀県立中学校入試問題

【適性検査Ⅰ】 （45分）　＜満点：50点（香楠・唐津東）／40点（致遠館・武雄青陵）＞

1　長者町に住むりなさんは，家の近くに新しくできた公園に，お母さんといっしょに遊びに行きました。次の会話文を読んで，あとの(1)～(3)の問いに答えましょう。

> りなさん：お母さん，見て。公園の名前が英語で書かれているよ（【図1】）。「ちょうじゃまち」はローマ字では　 1 　や　 2 　って書き方もできるって習ったよ。
>
> お母さん：そうね。ローマ字には，書き方の種類がいくつかあるわね。りなは，どうして公園の名前がひらがなや英語でも書かれているか分かるかしら。
>
> りなさん：漢字だけだと，伝わらない人もいるからかな。
>
> お母さん：そのとおりよ。みんなにとって分かりやすく，使いやすくするためのくふうを「ユニバーサルデザイン」って言うのよ。例えば，あの水飲み場（次のページの【写真1】）や，テーブルとベンチ（次のページの【写真2】）にもユニバーサルデザインが取り入れられているんだけど，分かるかな。
>
> りなさん：分かった。　あ　は　 い 　ことで　 う 　やすくなるようにしているんだね。
>
> お母さん：よく気づいたわね。そのくふうがあることで，みんなにとって使いやすくなるのがユニバーサルデザインのいいところなのよ。ユニバーサルデザインでは，自分もふくめた多くの人が，より暮らしやすくなるように考えてくふうしていくことが大切なの。
>
> りなさん：ユニバーサルデザインっておもしろいね。私（わたし）も学校でくふうできるところを探（さが）してみよう。

【図1】

ちょうじゃまちこうえん

長者町公園

Chojamachi*Park

＊Park：英語で公園のこと

【写真１】 水飲み場

【写真２】 テーブルとベンチ

(1) 　1　 と 　2　 には「ちょうじゃまち」を Chojamachi 以外の書き方のローマ字で表したものが入ります。あなたならどう書きますか。２種類の書き方で書きましょう。

(2) **会話文**で，お母さんは「ユニバーサルデザインが取り入れられているんだけど，分かるかな」と言っています。【写真１】と【写真２】を見て，ユニバーサルデザインのくふうについて考え，次の《条件１》に合うように書きましょう。

《条件１》

- 解答用紙の 　あ　 には，「水飲み場」か「テーブルとベンチ」のどちらかを選んで書くこと。
- 解答用紙の 　い　 には， 　あ　 で選んだものが，どのようにくふうされているのかを，「～ことで」につながるように１つ書くこと。
- 解答用紙の 　う　 には， 　い　 のくふうがあることで，だれにとってどのように使いやすくなるのかを，「～やすくなるようにしている」につながるように書くこと。

(3) **会話文**で「私も学校でくふうできるところを探してみよう」と言ったりなさんは，「照明のスイッチ」（【図２】）と「学級の道具箱」（【図３】）にくふうできるところがあると考えました。あなたなら，みんなにとってより使いやすくするために，どのようなくふうができると考えますか。次のページの《条件２》に合うように書きましょう。

【図２】 照明のスイッチ

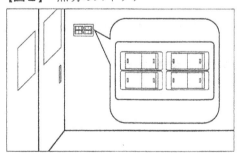

【図３】 学級の道具箱

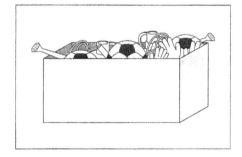

《条件2》

> ・解答用紙のくふうするものには，「照明のスイッチ」か「学級の道具箱」のどちらかを選んで書くこと。
>
> ・解答用紙のくふうには，選んだものの使いにくい点を，どのようにくふうして使いやすくするのかを1文で書くこと。
>
> ・50～60字で書くこと。

2 たいちさんたちは，総合的な学習の時間に環境を守るための取り組みについて話し合っています。次の会話文と【資料1】，【資料2】を読んで，あとの(1)～(3)の問いに答えましょう。

> たいちさん：テレビ番組で，海がプラスチックゴミでよごれているというのを見たよ。
>
> みさきさん：私も見たわ。海をよごすプラスチックゴミを減らすための取り組みとして，2020年7月からレジぶくろが有料化されたよね。
>
> けんたさん：有料化されたことで，レジぶくろをもらう人の気持ちや行動にどれぐらいのえいきょうがあったのかな。
>
> みさきさん：このかささぎ市の調査の結果（【資料1】）を見て。この資料から ＿＿1＿＿ と言えるね。それは， ＿＿2＿＿ からだよ。
>
> けんたさん：なるほどね。
>
> たいちさん：今後は，プラスチック製のスプーンやフォークも有料になっていくみたいだよ。
>
> けんたさん：そうなんだ。じゃあ，わりばしも有料にすればいいんじゃないかな。
>
> たいちさん：確かに，わりばしは木でできているものが多いよね。わりばしをたくさん使うと森林破壊につながるのかな。
>
> みさきさん：これを見て。日本で作られている，間ばつ材を使った木製のわりばしについての資料（次のページの【資料2】）を見つけたよ。
>
> たいちさん：この資料を見ると，木製のわりばしを使うことが森林破壊につながるとは言えないみたいだね。 ＿＿3＿＿ からね。だから，わりばしは有料になっていないのかもしれないね。
>
> けんたさん：レジぶくろのこともわりばしのことも，方法はちがうけど環境を守ることにつながっているんだね。ぼくたちも，できることを考えていかないといけないね。
>
> みさきさん：そうね。私も自分ができる環境を守るための取り組みを考えてみるわ。

【資料1】 かささぎ市の調査の結果（質問1、質問2は同じ人100人が回答）

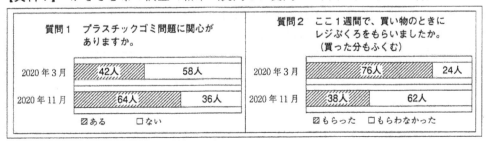

【資料２】 間ばつ材を使った木製のわりばし（日本製）についての資料

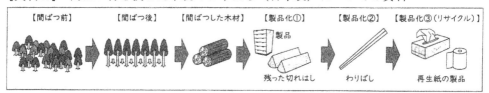

| 【間ばつ前】 | 【間ばつ後】 | 【間ばつした木材】 | 【製品化①】 | 【製品化②】 | 【製品化③（リサイクル）】 |

残った切れはし　　　わりばし　　　再生紙の製品

(1) **会話文で**，みさきさんは「この資料から　1　と言えるね。それは，　2　からだよ」と言っています。あなたなら，どのように考えますか。次の**《条件１》**に合うように書きましょう。

《条件１》

> ・解答用紙の　1　には，「大きなえいきょうがあった」か「あまりえいきょうはなかった」のどちらかを選んで書くこと。
>
> ・解答用紙の　2　には，　1　と考えた理由を，【資料１】の**質問１**と**質問２**の両方のグラフの数値の変化や関わりにふれながら説明すること。
>
> ・　2　は，「それは，」という書き出しに続けて，「～からだよ」につながるように１文で書くこと。

(2) **会話文で**，たいちさんは「この資料を見ると，木製のわりばしを使うことが森林破壊につながるとは言えないみたいだね。　3　からね」と言っています。あなたなら，どのように説明しますか。次の**《条件２》**に合うように書きましょう。

《条件２》

> ・解答用紙の　3　には，木製のわりばしを使うことが森林破壊につながるとは言えない理由を【資料２】から分かることをもとに，「～からね」につながるように，40～60字で書くこと。

(3) みさきさんは【環境を守るための取り組み】として，次の取り組みを考えました。あなたはこれらの取り組みにどのようなよさがあると考えますか。あとの《条件３》に合うように書きましょう。

【環境を守るための取り組み】

> ① 家庭ゴミの分別についてのチラシを作って全校児童に配る。
> ② 穴があいたＴシャツを小さく切って家庭でのそうじに使う。

《条件３》

> ・解答用紙には，【環境を守るための取り組み】の①，②の取り組みにどのようなよさがあるのかを考え，それぞれ40～50字で書くこと。

3　みちるさんたちは，総合的な学習の時間に「私たちのまち，はがくれ市」というテーマで，自分の住んでいる市について調べる活動をしています。次の会話文と【資料1】，【資料2】を読んで，あとの(1)〜(3)の問いに答えましょう。

> みちるさん：図書館で昔の地図と今の地図（【資料1】）を借りてきたわ。
>
> ゆりなさん：これは駅の周りの地図ね。
>
> たくみさん：ぼくの家ははがくれ駅の北西の方にあるよ。わかば中学校の近くだ。
>
> ゆりなさん：昔はこの場所に中学校はなかったんだね。
>
> たくみさん：ぼくの家の周りは，昔はなかった家や店ができたり，　1　や　2　ができたりして，生活が便利になったっておばあちゃんが言っていたよ。
>
> みちるさん：駅の南側にも，最近，家やアパートがたくさんできているね。
>
> ゆりなさん：でも，はがくれ市の人口を調べたら，昔に比べると減っていたよね。
>
> たくみさん：人口が減ったのに，家やアパートが多くなったのはなぜだろう。
>
> みちるさん：インターネットではがくれ市について検索してみたら，はがくれ市の人口統計（【次のページの資料2】）がのっていたよ。
>
> ゆりなさん：これを見ると，はがくれ市は昔と比べて　3　から，人口は減っているのに家やアパートは多くなっているんじゃないかな。
>
> たくみさん：なるほど。そういうことなのか。自分が住んでいる市でも，知らないことがたくさんあるんだね。

【資料1】　昔の地図と今の地図

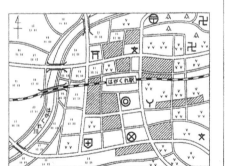
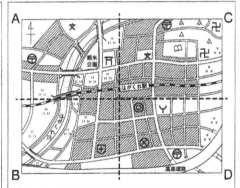

【資料２】　はがくれ市の人口統計

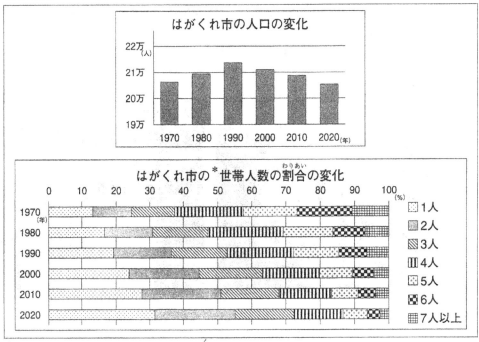

＊世帯：同じ家に住み、いっしょに暮らしている人の集まり。

(1)　**会話文**で、たくみさんは「昔はなかった家や店ができたり、｜ 1 ｜や｜ 2 ｜ができたりして、生活が便利になったっておばあちゃんが言っていた」と言っています。あなたなら、どのような施設ができて便利になったと伝えますか。次の《**条件１**》に合うように書きましょう。

《**条件１**》

> ・解答用紙の**記号**には、たくみさんの家がある地域を、【前のページの**資料１**】の今の地図のＡ～Ｄの中から１つ選び、その記号を書くこと。
>
> ・解答用紙の｜ 1 ｜，｜ 2 ｜には、選んだ地域に昔はなかった施設のうち、できたことで生活が便利になったと考えられるものを「わかば中学校」以外で１つずつ書くこと。

(2)　ゆりなさんは【**資料２**】から、「はがくれ市は昔と比べて｜ 3 ｜から、人口は減っているのに家やアパートは多くなっているんじゃないかな」と言っています。あなたなら、理由をどのように説明しますか。次の《**条件２**》に合うように書きましょう。

《**条件２**》

> ・解答用紙の｜ 3 ｜には、【**資料２**】をもとに、人口は減っているのに家やアパートは多くなっている理由を、「～から」につながるように書くこと。
>
> ・20～30字で書くこと。

(3)　みちるさんがはがくれ市について調べていると、次のページの【**市内で危険な場所**】を見つけました。そこで、先生に相談したところ、先生といっしょに市のホームページから次のページの【**改善してほしいこと**】を伝えることになりました。あなたならどのようなことを伝えますか。

あとの《条件3》に合うように書きましょう。

【市内で危険な場所】

あかね通り　　　　　　　　　れんげ公園の橋

【改善してほしいこと】

> はがくれ市の危険な場所を見つけたので，改善してもらえないでしょうか。場所は，
> ┌─────┐です。┌─────┐と思っています。よろしくお願いします。
> 　　4　　　　　　　　5

《条件3》

> ・解答用紙の ┌4┐ には，【市内で危険な場所】の「あかね通り」か「れんげ公園の橋」の
> 　どちらかを選んで書くこと。
> ・解答用紙の ┌5┐ には，選んだ場所が危険な理由と，どのように改善してもらいたいのか
> 　を，【改善してほしいこと】の「～と思っています」につながるように1文で書くこと。
> ・25～35字で書くこと。

【適性検査Ⅱ】 （45分）　　＜満点：50点（香楠）／60点（致遠館・唐津東・武雄青陵)＞

1　ゆうきさんは，家の庭で育てる野菜についておじいさんと話をしています。次の　会話文1
を読んで(1)の問いに，　会話文2　を読んで(2)，(3)の問いに答えましょう。

会話文1

> おじいさん：この【表】を見れば，野菜ごとに種まきや収かくの時期が分かるよ。これを見て
> 　　　　　　何を育てるか考えてごらん。
> ゆうきさん：大好きなトマトとハクサイを育てたいな。
> おじいさん：いいね。せっかくだから，食べる部分が実の野菜，葉の野菜，根の野菜をそれぞ
> 　　　　　　れ1つ以上は育てるようにしようか。
>
> ゆうきさん：それなら畑を2か所作って，5月　ア　旬にトマトと　イ　を，8月　ウ
> 　　　　　　旬にハクサイと　エ　の種をまいて育てよう。

【表】

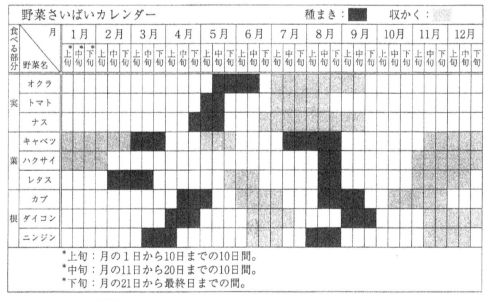

　　*上旬：月の1日から10日までの10日間。
　　*中旬：月の11日から20日までの10日間。
　　*下旬：月の21日から最終日までの間。

(1)　会話文1　の　□　で，ゆうきさんは，種をまく時期と育てる野菜について話しています。あ
なたなら，どの時期にどの野菜の種をまきますか。次の《条件1》に合うように書きましょう。

《条件1》

> ・解答用紙の　ア　と　ウ　には，上，中，下のいずれかを書き，種まきの時期を答えるこ
> 　と。
> ・解答用紙の　イ　と　エ　には，トマトやハクサイと同じ時期に種まきができる野菜名を
> 　トマトとハクサイ以外でそれぞれ1つ書くこと。
> ・5月と8月の2回の種まきを合わせて，食べる部分が実の野菜，葉の野菜，根の野菜がそ
> 　れぞれ1つ以上になるようにすること。

会話文2

おじいさん：倉庫にある木の板で，囲いを作って畑にするよ（【図1】）。

ゆうきさん：木の板は，横の長さがどれも2mで，縦の長さが5cm，6cm，7cmのものが，それぞれ20枚あるけど，どうやって囲いを作ればいいの。

おじいさん：まず，同じ高さの板4枚で，1段の木わく（【図2】）を作るよ。次に，これを何段か積み上げると，囲い（【図3】）になるよ。

【図1】　　　　【図2】　　　　　　　　　　　　【図3】

 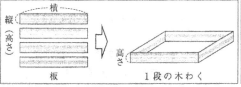 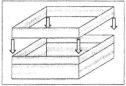

ゆうきさん：時期ごとに，2つの野菜を育てるから，倉庫の板を全部使って同じ高さの囲いを2つ作ろう。どの高さの木わくを何段ずつ積み上げればいいかな。

……………………（木の板の囲いを作って土を入れたあと）……………………

おじいさん：よし，畑に肥料を入れよう。肥料は1m²当たり2kg必要だよ。倉庫に，10Lと15Lの同じ種類の肥料のふくろがいくつか置いてあるから，必要だと思う分だけ取っておいで。重いから気を付けてね。ちなみに肥料10Lは5kgあるよ。

ゆうきさん：2か所の畑に入れるには，15Lが2ふくろあれば足りるかな。

(2) 　会話文2　で，ゆうきさんは，「どの高さの木わくを何段ずつ積み上げればいいかな」と言っています。あなたなら，5cm，6cm，7cmの木わくをそれぞれ何段ずつ積み上げて囲いを作りますか。次の《条件2》に合うように考えて書きましょう。

《条件2》

・板を全部使って，2つの囲いが同じ高さになるように考えること。
・解答用紙の囲い1，囲い2の（　　　）に，数字を書くこと。

(3) 　会話文2　で，ゆうきさんは，肥料を「2か所の畑に入れるには，15Lが2ふくろあれば足りるかな」と言っています。あなたなら，足りるかどうかをどのように考えますか。次の《条件3》に合うように考えて数と言葉で説明しましょう。式を使ってもかまいません。

《条件3》

・ゆうきさんとおじいさんが木の板の囲いで作った2か所の畑に肥料を入れる量として足りるかを考えること。
・解答用紙の①には，「足りる」か「足りない」のどちらかを書くこと。
・解答用紙の②には，①と判断した理由を書くこと。

2 りかさんたちは，図書館祭りのプレゼントについて先生と話をしています。 会話文1 を読んで(1)，(2)の問いに， 会話文2 を読んで(3)の問いに答えましょう。

会話文1

りかさん：図書館祭りに参加してくれた人に，しおり（【図1】）を作ってプレゼントしたいね。

先　　生：いい考えだね。多くの人が参加すると思うから，たくさんのしおりを作ってほしいな。今，画用紙と小さな折り紙とリボンしかないけどいいかな。

そらさん：画用紙を切ってしおりの台紙を作り，折り紙で作ったかざり（【図2】のアとイ）をその台紙にはればいいね。

りかさん：それはいいアイデアね。折り紙を2回折ってから，切り取りましょう。

【図1】
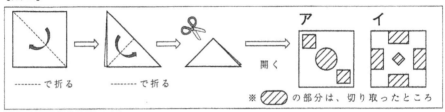
しおりの台紙
折り紙で作ったかざり

【図2】
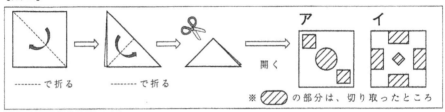
------- で折る　　------- で折る　　開く
ア　　イ
※ の部分は，切り取ったところ

そらさん：この折り紙は，1辺が5.5cmだよ。折り紙で作ったかざりが台紙からはみ出さないようにはった方がきれいだよね。折り紙は，100枚入りだから，台紙も100枚は必要だね。

りかさん：台紙に使う画用紙（【図3】）の大きさは27.2cm，39.3cmで，6枚あるよ。<u>台紙の2つの辺の長さはどれくらいにしたらいいかな。</u>

そらさん：リボンを付けたしおりにするために穴を開けるから，台紙のはしから2cmは空けておかないといけないね（【図4】）。

【図3】
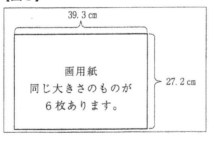
39.3cm
画用紙
同じ大きさのものが
6枚あります。
27.2cm

【図4】
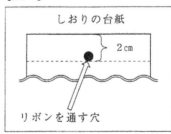
しおりの台紙
2cm
リボンを通す穴

(1) 会話文1 で，「折り紙を2回折ってから，切り取りましょう」と言ったりかさんは，折り紙で【図2】のア，イのかざりを作ることにしました。あなたなら，どちらのかざりを作りますか。次のページの《条件1》に合うように書きましょう。

《条件1》

> ・解答用紙の**選んだかざり**には，**ア**か**イ**のどちらかを選び，その記号を書くこと。
> ・解答用紙の**2回折った折り紙**には，選んだかざりになるように，はさみで切り取る線をかき入れ，切り取る部分に 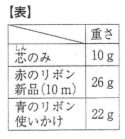 をかくこと。

(2) │**会話文1**│ で，りかさんは，「台紙の2つの辺の長さはどれくらいにしたらいいかな」と言っています。あなたなら，台紙の2つの辺の長さをそれぞれ何cmにしますか。次の《条件2》に合うように台紙の2つの辺の長さを考えて書きましょう。また，その長さにした理由を，数と言葉で説明しましょう。式を使ってもかまいません。

《条件2》

> ・【図3】のような27.2cm，39.3cmの大きさの画用紙を6枚使って，しおりの台紙を100枚以上作ること。すべての台紙は，同じ大ささで作ること。
> ・1辺5.5cmの折り紙のかざりをはったとき（【図1】），台紙からはみ出さないこと。
> ・台紙にリボンを付けるために，【図4】のように，台紙のはしから2cm空けた所に穴を開けるので，その部分には折り紙のかざりをはらないようにすること。
> ・解答用紙の**台紙の辺の長さ**には，長さの単位をcmとして整数で書くこと。

│**会話文2**│

> りかさん：台紙にしおりのかざりをはる作業が終わったね。
> そらさん：しおりにリボンで作った取っ手（【図5】）を結んだら完成だね。
> りかさん：リボンは，同じ種類の色ちがいのものが，黄と赤と青の3巻きあるね。赤は新品で10mあるよ。青は使いかけだよ。黄のリボンは，残り15cmしかなかった。15cmで，取っ手1本分作れるかな。
> そらさん：やっぱりちょっと短いね。ほどけてしまうかもね。
> りかさん：本当だ。もう少し取っ手1本分を長くしたいけど，赤と青のリボンで100本分作れるか心配だね。
> 先　　生：リボンを全部出して調べるのは大変だから，重さを比べて青のリボンの長さを調べてみたらどうかな。

【図5】

取っ手

> そらさん：3つのリボンの重さを調べて，【表】にまとめたよ。
> りかさん：使いかけの青のリボンは，│　**ウ**　│cm残っていることになるね。
> そらさん：取っ手がほどけないようにするためには，1本分の長さをできるだけ長くしたいね。
> りかさん：1本分の長さを│　**エ**　│cmにしても，赤と青のリボンで合わせて100本分作ることができるね。

【表】

	重さ
芯のみ	10 g
赤のリボン 新品（10 m）	26 g
青のリボン 使いかけ	22 g

(3) 会話文2 で，そらさんとりかさんは，赤と青のリボンで，取っ手に使うリボン100本分を作ろうと思い， □ のように考えています。 ウ と エ に当てはまる長さは何cmになりますか。次の《条件3》に合うように書きましょう。

《条件3》

- 解答用紙の ウ には，使いかけの青のリボンの残りの長さを書くこと。
- 解答用紙の エ には，リボンで作ることができる取っ手1本分の長さのうち，いちばん長い長さを書くこと。
- ウ と エ は，どちらも整数で答えること。

3 ひなさんとりくさんは，メダカの世話をしながら話をしています。次の 会話文1 を読んで(1)の問いに， 会話文2 を読んで(2)の問いに， 会話文3 を読んで(3)の問いに答えましょう。

会話文1

ひなさん：水そう（【図1】）の水がよごれてきたから水をかえたいね。

りくさん：全部かえてしまうとメダカによくないみたいだから，全体の半分の水を残して，新しい水を入れることにしよう。

ひなさん：それなら，水そう（【図2】）をかたむけて半分の水を捨てよう（【図3】）。

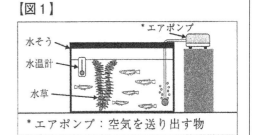

【図1】

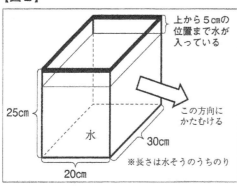

【図2】

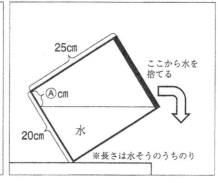

【図3】

(1) 会話文1 で，ひなさんは，「水そう（【図2】）をかたむけて半分の水を捨てよう（【図3】）」と言っています。半分の水を捨てることができるのは，【図3】のⒶの長さが何cmになったときですか。その長さを数字で書きましょう。また，そのようになる理由を，数と言葉で説明しましょう。式を使ってもかまいません。

会話文2

りくさん：メダカのえさがなくなってきたから，買ってこないといけないね。

ひなさん：買わなくても，ミジンコ（【図4】）をつかまえて，えさにしたらいいと思うよ。それに，ミジンコは，簡単に増やすことができるよ。

りくさん：そうなんだ。実際に【実験】をして増やしてみよう。

【図4】

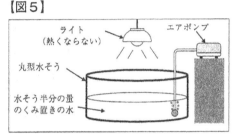

【実験】

手順1　*実験装置（【図5】）を作り，つかまえたミジンコを30ぴき入れる。

手順2　3日間（72時間）そのままにしておく。

［結果］　ミジンコが2倍くらいに増えた。

【図5】

ライト（熱くならない）　エアポンプ
丸型水そう
水そう半分の量のくみ置きの水

りくさん：ミジンコを増やせたけど，同じ時間でもっと増やしたいね。

ひなさん：光の明るさや水の量が関係するのかな。条件を変えて実験してみよう。

りくさん：ぼくはミジンコが増える条件は，　ア　と思うよ。だから，【図5】の実験装置とは別に同じ大きさの丸型水そうを使って，水の量は【図5】と比べて　イ　して，ライトは　ウ　個にして，エアポンプは　エ　個にした実験装置を作ろうかな。そして，ミジンコは30ぴきずつ入れて，2つの実験装置で同時に3日間実験してみようかな。

*実験装置：実験を行うために，いくつかの道具を組み合わせたもの

(2)　会話文2　で，ミジンコを「もっと増やしたい」と考えたりくさんは，実験装置を　□　のように考えました。あなたなら，どのような実験装置を考えますか。あとの《条件1》に合うように書きましょう。

【りくさんの考え】

①　明るさが関係している
②　水の量が関係している

《条件1》

・解答用紙の　ア　には，【りくさんの考え】の①，②のどちらかを選び，その番号を書くこと。

・解答用紙の　イ　には，水の量は【図5】と比べてどのようにしたかが分かるような言葉を使って書くこと。

・解答用紙の　ウ　と　エ　には，数字を書くこと。

会話文3

────────────────（冬のある日）────────────────

ひなさん：そういえば，6月ごろはメダカが卵をよく産んでいたのに，最近は産まなくなった
　　　　　ね。冬にはメダカは卵を産まないのかな。

りくさん：そういえば，図かんに【メダカの*産卵に必要な条件】が書いてあったよ。

　　　　　【メダカの産卵に必要な条件】

　　　　　┌─────────────────────────────────┐
　　　　　│・健康なオスのメダカとメスのメダカがそろっていること　　　　│
　　　　　│・水質がよいこと　　　　　　　　　　　　　　　　　　　　　　│
　　　　　│・水温が18～30℃で安定していること　　　　　　　　　　　　　│
　　　　　│・*日照時間（室内照明でも可）が12時間以上あること　　　　　　│
　　　　　└─────────────────────────────────┘

ひなさん：じゃあ，やっぱり冬にはメダカは卵を産まないんだね。

りくさん：そうかな。冬でもメダカに卵を産ませることができると思うよ。明日，先生に聞い
　　　　　てみようよ。

────────────────（次の日，学校で先生に聞く）────────────────

先　　生：2人が言っていることは，どちらもまちがっていませんよ。

*産卵：卵を産むこと

*日照時間：1日のうちで，太陽の光に照らされている時間

(3)　会話文3　で，先生に「2人が言っていることは，どちらもまちがっていませんよ」と言わ
れたひなさんとりくさんは，その理由を【メダカの産卵に必要な条件】をもとに考えることにし
ました。2人が言っていることは，まちがっていないと言える理由を，次の《条件2》に合うよ
うにそれぞれ書きましょう。

《条件2》

　┌─────────────────────────────────────┐
　│・解答用紙の**ひなさんが言っていることはまちがっていないと言える理由**には，冬にはメダ│
　│　カは卵を産まないと言える理由を書くこと。　　　　　　　　　　　　　　　　　　　　　　│
　│・解答用紙の**りくさんが言っていることはまちがっていないと言える理由**には，冬でもメダ│
　│　カに卵を産ませることができると言える理由を書くこと。　　　　　　　　　　　　　　　　│
　│・どちらの理由も【メダカの産卵に必要な条件】をもとに考えた理由を書くこと。　　　　　　│
　└─────────────────────────────────────┘

2022 年 度

解 答 と 解 説

《2022年度の配点は解答欄に掲載してあります。》

＜適性検査Ⅰ解答例＞ 《学校からの解答例の発表はありません。》

1 (1) 1：Chozyamachi
2：Chojamati

(2) あ：水飲み場

い：台を設置する（ことで）

う：こどもなど身長の低い人でも，水を飲み（やすくなるようにしている）

(3) **くふうするもの**：照明のスイッチ

くふう：どの照明がどのスイッチでつくのか分かりにくいため，文字や点字を使って
照明とスイッチの関係を分かりやすくする。

2 (1) 1：大きなえいきょうがあった（と言えるね）

2：（それは，）レジぶくろが有料化される前後で，プラスチックゴミ問題に関心をもつ
人が22人増え，ここ一週間で買い物のときにレジぶくろをもらった人は38人減っ
た（からだよ）

(2) 3：わりばしは木材で他の製品を作ったときに残った切れはしでつくられ，使った後
は再生紙の製品へとリサイクルされる（からね）

(3) ① 家庭ゴミの分別について児童の関心が高まり，再利用できる資源が増え，ゴミの
量が減るというよさがある。

② 着れなくなったＴシャツを再利用することで，新たに買うそうじ道具を節約でき
るというよさがある。

3 (1) 記号：A

1：郵便局

2：親水公園

(2) 3：大人数の世帯数が減少し，1人，2人の世帯数が増加している（から）

(3) 4：あかね通り

5：明かりがなく，夜道が暗いため，明るくなるよう街灯を設置してほしい（と思って
います）

○配点○〔香楠・唐津東〕

1 (1) 4点 (2) 6点 (3) 7点 　 2 (1) 5点 (2) 6点 (3) 6点

3 (1) 5点 (2) 4点 (3) 7点 　　　計50点

○推定配点○〔致遠館・武雄青陵〕

1 (1) 2点 (2) 5点 (3) 6点 　 2 (1) 4点 (2) 5点 (3) 5点

3 (1) 4点 (2) 3点 (3) 6点 　　　計40点

＜適性検査Ⅰ解説＞

1 （国語，社会：会話文，図の読み取り，ユニバーサルデザイン）

基本

(1) ローマ字では，「ちょ」が「cho」と「tyo」の２通り，「じゃ」が「zya」と「ja」の２通り，「ち」が「ti」と「chi」の２通りに表すことができる。別解として，Chozyamati，Tyojamachi，Tyojamati，Tyozyamachi，Tyozyamatiがある。

(2) どのような人々が水飲み場やテーブル，ベンチを使うか考える。【写真１】では，そばに台があることや，手すりがあることに着目する。【写真２】では，ベンチが短いことに着目する。よって，（あ）でテーブルとベンチを選んだ場合では，（い）ベンチを短くする（ことで），（う）車いすの人でも，みんなと並んで座り（やすくなるようにしている）などの別解が考えられる。

(3) 【図２】の照明のスイッチは，文字や点字がなにも書かれていないことに着目する。使いにくさとして，高い位置にあるということも考えられるが，「私でもできるくふう」であるため，スイッチの高さを変えることはできないということに気づく必要がある。【図３】の学級の道具箱は，道具が整理されていないことに着目する。別解として，いろいろな種類の道具が混ざり，中に入っている物が分かりにくいため，箱に仕切りを入れて道具を種類ごとに分類するというくふうが考えられる。

2 （社会，国語：環境問題，会話文，資料の読み取り）

重要

(1) 【資料１】の調査結果を見て，どのような変化が起きているのか確認する。**質問１**では，ゴミ問題に関心のある人がレジぶくろ有料化前後で22人増えている。**質問２**では，レジ袋をもらった人が38人減っている。この有料化が与えた大きなえいきょうに着目し，《条件１》にそって記述する。

(2) 【資料２】を参考に，《条件２》に注意して，わりばしの使用が森林破壊につながらない理由について考える。間ばつ材製品製造時に残った切れはしを使用していることや，使用後のわりばしはリサイクルされることなどに着目し，記述するとよい。

(3) ①，②それぞれについてどのような利点があるのか考える。①は，チラシを配ることによってゴミの分別への関心が高まり，ゴミが減ったり，リサイクルが進んだりすることが考えられる。②は，再利用することで，雑きんを新たに買う必要がなくなり，節約ができ，ゴミも減らせるということが考えられる。これらを《条件３》にそってまとめる。

やや難 3 （国語，社会：会話文，地図，交通問題）

(1) まず，たくみさんの発言から，たくみさんの家は「はがくれ駅の北西」にあると分かるため，今の地図より，たくみさんの家がある地域はＡと分かる。次に昔の地図と今の地図を見比べると，新しくできた施設は郵便局，学校，親水公園である。ここで，たくみさんの発言から，学校は「わかば中学校」であると考えられるため，《条件１》より，あてはまるのは郵便局，親水公園のふたつとなる。

(2) 【資料２】より，1990年から現在にかけて人口が減少しており，その部分の世帯数の割合の変化に着目すると，５人以上の大人数の世帯数が減少し，１人，２人の世帯数が大きく増加している。このことを《条件２》にそって記述できればよい。

(3) 【市内で危険な場所】より，どの部分が危険になっているか考える。解答のほかにも，あかね通りは人目に付きにくいため，うっそうと生えた木々を整備してほしいことや，あかね通りの車庫から車が出てくるのが分かりにくいため，カーブミラーを設置してほしいこと，れんげ公

園の橋は手すりのすき間から落下してしまいそうなため，手すりをじょうぶなものに変えてほしいことなどが考えられる。

★ワンポイントアドバイス★

会話文や図，表，グラフなどの資料が，各問題を考える上でのヒントになっている。内容を注意深く読み取り，重要なポイントをとらえよう。読み取れる情報と自分の考えを合わせて記述させる問題が多いため，日ごろからニュースなどを見て自分の考えをもつようにしておくとよい。

＜適性検査Ⅱ解答例＞ ≪学校からの解答例の発表はありません。≫

1 (1) ア：（5月）上（旬）

イ：（トマトと）カブ

ウ：（8月）中（旬）

エ：（ハクサイと）キャベツ

(2) 囲い1：（5cm）3（段と6cm）5（段と7cm）0（段）

囲い2：（5cm）2（段と6cm）0（段と7cm）5（段）

(3) ①：足りない

②：畑1か所の面積は1辺2mの正方形の面積と等しいため，2×2＝4（m²）。畑が2つあるので，合わせて8m²。肥料は1m²あたり2kg必要であるため，2か所の畑で必要な肥料は2×8＝16（kg）。10Lの肥料で5kgより，15Lの肥料は5×（15÷10）＝7.5（kg）。15Lが2ふくろだと7.5×2＝15（kg）。よって必要な肥料は15Lでは足りないということが分かる。

2 (1) 選んだかざり：イ

2回折った折り紙：

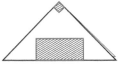

(2) 台紙の辺の長さ：

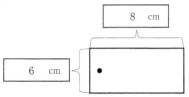

理由：6枚の画用紙で100枚以上の台紙を作るには，画用紙1枚あたり100÷6＝16.6…より，四捨五入して17枚の台紙がとれればよい。画用紙の面積は，27.2×39.3＝1068.96（cm²）。台紙を17枚作ると考えると，1枚あたりの面積は，最大で1068.96÷17＝62.88（cm²）となる。台紙は一辺が5.5cm以上，もう一辺が穴を開けるため7.5cm以上であり，整数である条件を考えると，辺の長さが6cmと8cmで面積が48cm²となる台紙を作るのがよい。

(3) ウ：750（cm）

エ：17（cm）

3 (1) Ⓐの長さ：4（cm）

　　理由：水そうに入っている水の量は，$20×30×(25-5)=12000$（cm³）と求められ，半分の水の量は，6000cm³と分かる。【図3】のようにかたむけるときの水の体積は，$(20-Ⓐ)×25÷2×30=6000$の式で求めることができる。よって計算していくと，$20-Ⓐ=16$となり，$Ⓐ=4$（cm）であることが分かる。

　(2) ア：①

　　イ：（水の量は【図5】と比べて）等しく

　　ウ：（ライトは）2（個）

　　エ：（エアポンプは）1（個）

　(3) **ひなさんが言っていることはまちがっていないと言える理由**

　　　日照時間が短く，水温も18℃以下になってしまうことがある冬には，産卵に必要な条件を満たすことができず，メダカは卵を産めないから。

　　りくさんが言っていることはまちがっていないと言える理由

　　　日照時間を室内照明によって確保し，水温を調節することで，人工的に産卵に必要な条件を整え，冬でもメダカに卵を産ませることができるから。

〇配点〇〔香楠〕

1 (1) 3点 (2) 6点 (3) 6点　　2 (1) 4点 (2) 6点 (3) 6点
3 (1) 6点 (2) 5点 (3) 8点　　　計50点

〇推定配点〇〔致遠館・唐津東・武雄青陵〕

1 (1) 4点 (2) 7点 (3) 7点　　2 (1) 5点 (2) 7点 (3) 7点
3 (1) 7点 (2) 6点 (3) 10点　　　計60点

＜適性検査Ⅱ解説＞

基本 1 （算数：表，体積）

(1) 【表】から《条件1》に合うような組み合わせを考える。解答例のほかにも，5月上旬(または中旬)にトマトとナス，8月中旬(または下旬)にハクサイとカブ(またはニンジン)という組み合わせや，5月上旬にトマトとカブ，8月中旬(または下旬)にハクサイとレタス(またはキャベツ，カブ，ニンジン)の組み合わせ，5月中旬にトマトとナス(またはオクラ)，8月中旬(または下旬)にハクサイとカブ(またはニンジン)の組み合わせなどが考えられる。

(2) 倉庫の板すべてを使って高さが同じようになればよい。木わくをひとつ作るのに4枚の板を使うため，5cm，6cm，7cmの木わくがそれぞれ5段できる。全ての段の高さを合わせると，$5×5+6×5+7×5=90$（cm）となるため，囲い1，囲い2はそれぞれ90cmの半分の45cmであることが分かる。そのため，それぞれ45cmになるように，《条件2》にそって考えるとよい。解答のほかに**囲い1**：（5cm）4（段と6cm）3（段と7cm）1（段），**囲い2**：（5cm）1（段と6cm）2（段と7cm）4（段）や，**囲い1**：（5cm）5（段と6cm）1（段と7cm）2（段），**囲い2**：（5cm）0（段と6cm）4（段と7cm）3（段）とすることもできる。

(3) 《条件3》にそって記述していく。kgとLの単位の違いに注意しながら，②については畑が2か所あるため，2倍になることをわすれずに計算する。

やや難 ② （算数：図形，面積）

(1) 【図2】をもとに折りたたんでいくとどのようになるか過程を考えると分かりやすい。まず**ア**について考える。【図2】の手順を左から①，②，③とする。アの① ，アの② ，アの③ となり，③の図が解答としてあてはまる。次に解答である**イ**について考える。イの① ，イの② ，イの③ となり，③の図が解答としてあてはまる。

(2) 1枚の台紙あたりの必要な面積を計算することで，順序よく解答を導き出すことができる。解答の理由において，最後の辺の長さを決める部分は，面積が62.88cm²以内で，台紙の辺の長さがそれぞれ5.5cm，穴を開けるのに必要な2cmをたした7.5cm以上であればいい。ここで，切り取るときの画用紙と台紙の縦と横の長さに注意する必要がある。また，長さは整数であることにも注意する。別解として，6cm×9cmなども考えられる。

(3) まず**ウ**について考える。【表】より，芯の重さをぬいた赤のリボンは16g，青のリボンは12gあることが分かる。赤のリボン16gで10mあるため，12g分の長さを計算すると，10÷16×12＝7.5(m)となり，単位を変えて750cmである。

次に，**エ**について考える。赤のリボンと青のリボンの長さは合わせて1750cmであることが分かった。100本作るので，1本あたり1750÷100＝17.5となる。最長の値を整数で答えるという条件から，17cmが解答となる。

重要 ③ （算数，理科：体積，メダカの産卵）

(1) 【図3】のように，傾けた場合，水の体積は三角柱の式で求められるということに着目できると，解答を導き出すことができる。

(2) 対照実験を行うことができればよい。対照実験とは，関係していると考える条件のみを変え，それ以外の条件を全く同じものにして行う実験である。よって，**ア**で①を選んだ場合は，【図5】と比べ，ライトのみを増やして実験を行うことで結果が得られる。また，**ア**で②を選んだ場合，【図5】と比べ，水の量のみを変化させて実験を行うことで実験結果が得られる。

(3) 冬に起こりうる変化を考え，産卵に必要な条件を活用することで，2人の意見がそれぞれ正しいといえる理由を考える。

─ ★ワンポイントアドバイス★ ─

与えられた情報を整理して，読み取ったことや自分が考えたことを図や式，言葉を使って説明する問題が多い。ただ答えだけを求めるのではなく，そのように考えた理由や過程を自分なりに説明する習慣をつけておくとよい。答えは1つとは限らないので，視点を変えて考える練習も必要である。

2021年度

★★★★★★★★★★★★★★★★★★★★★

入 試 問 題

2021年度

佐賀県立中学校入試問題

【適性検査Ⅰ】 （45分）　　＜満点：50点（香楠）／40点（致遠館）／60点（唐津東・武雄青陵）＞

1　くすのき小学校の図書館には，自由に意見を伝えることのできる意見箱が置かれています。ともみさんたちは図書委員会で，みんなの意見を生かしてよりよい図書館にするための話し合いを行っています。次の会話文と次のページの【資料1】，【資料2】を読んで，⑴～⑶の問いに答えましょう。

ともみさん：意見箱に出された意見を見ると，図書館のいいところがよく分かるね。それから，改善（かいぜん）してほしいこともあるみたい。

あやかさん：私（わたし）は，図書館のいいところを知らせるために図書委員会だよりの案（【資料1】）を書いてみたよ。まだまだ図書館を利用していない人も多いから，学校のみんなに図書館のいいところを知らせることで，もっと図書館を利用する人を増やしたいと思ったの。

さとしさん：ちょっと見せて。あれ，でもここに書かれている読み聞かせ会のお知らせだと，みんなにきちんと伝わらないんじゃないかな。<u>読み聞かせ会のお知らせにはもっと情報を書き加えた方がいいよ</u>。

あやかさん：なるほど。　1　と　2　が不足しているから，書き加えよう。アドバイスありがとう。

さとしさん：あと，改善してほしいことは先生に伝えた方がいいよね。

かずきさん：先生に伝えるだけじゃなく，図書委員会として改善方法まで提案したいんだ。意見箱に出された意見の中から，異（こと）なる立場からの意見があるものを整理してみたよ（【資料2】）。<u>どちらの立場の人にも分かってもらえるような改善方法を考えよう</u>。

ともみさん：分かったわ。みんなにとって，もっといい図書館になるといいね。

⑴　図書委員会だよりの案（【資料1】）の　ア　には見出しが入ります。あなたならどのような見出しを考えますか。次の《条件1》に合うように書きましょう。

《条件1》

- ・あやかさんの思いが伝わるように書くこと。
- ・「図書館」という言葉を使って書くこと。
- ・「～ましょう」や「～ませんか」などのように，呼（よ）びかける表現を使って書くこと。

⑵　**会話文**で，さとしさんは「読み聞かせ会のお知らせにはもっと情報を書き加えた方がいい」と言っています。あなたなら，どのような情報を書き加えますか。**会話文**の　1　，　2　に合うように，書き加えた方がよい情報を<u>2つ</u>考えて書きましょう。

【資料１】 図書委員会だよりの案

くすのき小学校図書委員会だより

> ［ ア ］

◎図書館のいいところ

・おもしろい本がたくさん！

・しずかでゆっくりすごせます！

・調べ学習にやくだつ資料がたくさん！

◎大人気！読み聞かせ会のお知らせ

次回は２月１２日(金)に読み聞かせ会をします。お楽しみに‼

【資料２】 意見を整理したメモ

① 貸し出し期間をもっと長くしてほしいという意見があるが、借りたい本がいつも貸し出し中でなかなか借りられないという意見もある。

② 静かなのでゆっくり過ごせるという意見があるが、調べ学習の時に話し合いながら本を読みたいという意見もある。

③ 読みたいと思うような本がないからもっと本を増やしてほしいという意見があるが、本が多すぎて探すのが大変だという意見もある。

⑶ **会話文**で，かずきさんは「どちらの立場の人にも分かってもらえるような改善方法を考えよう」と言っています。あなたなら，どのような改善方法を考えますか。次の《条件２》に合うように書きましょう。

《条件２》

・解答用紙の**番号**には，【資料２】の①～③の中から１つ選び，その番号を書くこと。

・解答用紙の**改善方法**には，選んだ番号に対して，どちらの立場の人にも分かってもらえるような方法を考えて書くこと。

・50～70字で書くこと。

[2] はがくれ市に住むひろとさんは，総合的な学習の時間に，環境のことを調べ，食品ロスが大きな問題になっていることを知りました。それをもとに，家族と話をしています。次の会話文と次のページの【資料１】，【資料２】を読んで，⑴～⑶の問いに答えましょう。

> ひろとさん：本当なら食べられるのに捨てられてしまう食品を「食品ロス」っていうんだね。日本では，それが１年間で一人あたり48kgにもなるって勉強したよ。
>
> お 母 さん：ちょうど１月のはがくれ市の広報誌には，市が行った食品ロスに関する調査結果（【資料１】）が公表されていたわよ。はがくれ市では，まだ食品ロスをなくす努力が足りないようね。
>
> ひろとさん：そうだね。資料から ［　　　　　］ ということが分かるからね。
>
> お 姉 さん：まだ食べられるのに捨てられてしまうなんて，もったいないわね。どんな理由で捨てられているのかしら。

ひろとさん：広報誌には食品が捨てられている理由ものっていたよ。調理された後の食べ残し
が一番多いけど，食品を使い切れずに捨てるのも多いことが分かるね。

お 姉 さん：食べ残しをしないこと以外にも，食品を使い切れずに捨てることがないように何
か取り組む必要があるわね。

ひろとさん：ぼくもそう思う。食品を使い切れずに捨てた理由（【資料2】）ものっていたから，
食品ロスを減らすためにどんな取り組みができるか考えてみるよ。

お 母 さん：一人一人が，何かできることを考えて取り組んでいくといいわね。ところで，学
校では何か取り組みを始めているの。

ひろとさん：まだなんだ。でも，ぼくの学校での食品ロスといえば，給食の食べ残しだと思う
んだ。今度，調べたことをしょうかいする発表会があるから，そこで学校のみん
なに，＊パネルを使って，給食の食べ残しをしないように呼びかけるつもりだよ。

＊パネル：展示のために写真やポスターなどをはったうすい板。

【資料1】 はがくれ市の調査結果

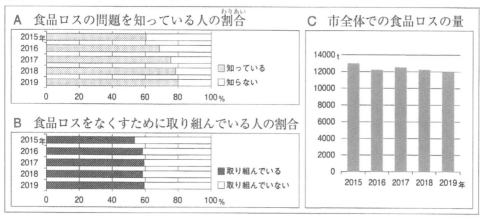

(1) **会話文**の ⬚ には，ひろとさんが，直前のお母さんの意見に賛成する理由が入ります。あな
たなら，どのような理由を考えますか。次の《条件1》に合うように書きましょう。

《条件1》

・解答用紙の**記号**には，お母さんの意見に賛成する理由のもとにするグラフを，【資料1】
のA～Cの中から2つ選び，その記号を書くこと。

・解答用紙の**理由**には，選んだグラフから読み取れることをもとに，お母さんの意見に賛成
する理由を「～ということが分かるからね。」につながるように1文で書くこと。

(2) ひろとさんは，【資料2】を見て，「食品ロスを
減らすためにどんな取り組みができるか考えて
みるよ」と言っています。あなたなら，食品ロス
を減らすために，どのような場面でどのような
ことに取り組みますか。次のページの《条件2》
に合うように書きましょう。

【資料2】 食品を使い切れずに捨てた理由

・カビが生えてしまったから。
・くさってしまったから。
・多く買いすぎてしまったから。
・食品があることを忘れていたから。
・期限が切れていたから。

《条件2》

> ・食品を買った後の取り組みを考えること。
> ・解答用紙の**場面**には，【資料2】から具体的な場面を考え，「～するときには」につながるように書くこと。
> ・解答用紙の**取り組み**には，**場面**の解答「～するときには」からつながるように，どのようなことに取り組むかを書くこと。

(3) ひろとさんは，「学校のみんなに，パネルを使って，給食の食べ残しをしないように呼びかけるつもりだよ」と言っています。発表会では，説得力のあるメッセージを伝えるために，右の**【図】**のパネルと，下の**ア**か**イ**のどちらか1枚のパネルを使います。あなたなら，どのようなメッセージを考えますか。あとの《条件3》に合うように書きましょう。

【図】 給食の食べ残しを表すパネル

ア たくさんの生産者の働く姿を表すパネル

イ 日本で1年間に出る食品ロスの量を表すパネル

612万トン

→国民1人あたり
毎日茶わん1ぱい分の量

《条件3》

> ・解答用紙の**パネル**には，**ア**か**イ**のパネルのどちらかを選び，その記号を書くこと。
> ・解答用紙の**メッセージ**には，【図】と選んだパネルをもとに，メッセージを考え，「給食の食べ残しをしないようにしましょう。」につながるように書くこと。
> ・70～80字で書くこと。

3 ゆきさんとりかさんは，かささぎ町で毎年秋に行われているスケッチ大会について話しています。次の会話文と次のページの【資料1】，【資料2】を読んで，(1)，(2)の問いに答えましょう。

> ゆきさん：かささぎ町スケッチ大会，楽しみだね。りかさんは，去年も参加したんだよね。今年は何をかくのか決めているの。
> りかさん：去年のスケッチ大会を思い出して，かきたいものとその特ちょうをまとめたメモ（【資料1】）を見て考えようと思っているんだ。どれも，私が考えるかささぎ町らしいものだよ。
> ゆきさん：かきたいものが4つあるんだね。
> りかさん：うん。そうなの。それで，私がかきたいものを2つ以上入れてかけそうな場所を，会場図に書きこんでみたんだ（【資料2】）。

ゆきさん：なるほど。そうすると，| 1 | の場所から東の方角を向いてかくのがいいかな。
| 2 | からね。

りかさん：たしかに，その場所がいいかもしれないね。

【資料1】　りかさんがかきたいものとその特ちょうをまとめたメモ

・商店街
　　商店街の屋根は*ステンドグラス風になっていて，西側が新しく，近い場所で見ると色あ
ざやかに見えた。

・クスノキ
　　千年前からあると言われている大きな木で，はく力があった。緑の葉がとてもきれいだっ
た。

・パン屋
　　大きな建物で，かべに赤いレンガが使われていておしゃれだった。看板がパンの形になっ
ていて，外でも食べられるようになっていた。

・イチョウ並木
　　*遊歩道に沿ってイチョウの木々が並べて植えられていて，紅葉が美しかった。イチョウ
の葉が道にも落ちていて，周りが黄色でいっぱいだった。

*ステンドグラス：色のついたガラスを組み合わせて絵や模様を表したもの

*遊歩道：散歩のために作られた，車が通らない道

【資料2】　りかさんが，かきたいものを2つ以上入れてかけそうな場所Ⓐ～Ⓒを示した会場図

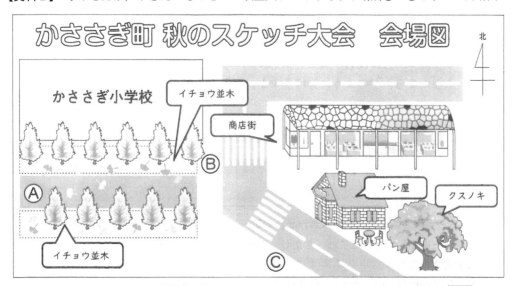

(1)　**会話文**で，ゆきさんは「| 1 | の場所から東の方角を向いてかくのがいいかな。| 2 | からね」
と言っています。あなたなら，Ⓐ～Ⓒのうちのどの場所でかきますか。また，その場所を選ぶの
はなぜですか。次のページの《**条件1**》に合うように書きましょう。

《条件1》

・解答用紙の □1□ には，前のページの【資料2】のⒶ～Ⓒの中から1つ選び，その記号を書くこと。

・解答用紙の □2□ には，□1□ の場所を選んだ理由を，「～からね」につながるように30～40字で書くこと。ただし，前のページの【資料1】をもとに，りかさんがかきたいものを2つ以上選び，かきたいものの特ちょうを入れ，どのような景色がかけるかについて書くこと。

⑵　ゆきさんは，【かささぎ町スケッチ大会の入選作品】の作品展を見に行きました。作品展では，4つの作品が2つのグループに分けられており，**ア**と**イ**のグループは「建物がかかれている絵」，**ウ**と**エ**のグループは「自然がかかれている絵」としょうかいされていました。ゆきさんは，このしょうかいを見て，画面の構成やかき方の工夫に注目すると，これ以外のグループにも分けられると考えました。あなたなら，どのように分けますか。あとの《条件2》に合うように書きましょう。

【かささぎ町スケッチ大会の入選作品】

《条件2》

・【かささぎ町スケッチ大会の入選作品】の**ア**～**エ**の作品を2つずつ選び，「**グループ1**」と「**グループ2**」に分けること。ただし，**ア**と**イ**のグループ，**ウ**と**エ**のグループ以外の分け方を考えること。

・解答用紙の**作品**には，グループ分けした作品の記号を書くこと。

・解答用紙の**共通する特ちょう**には，グループごとに共通する画面の構成やかき方の工夫を，それぞれ「～という特ちょう」につながるように10～20字で書くこと。

【適性検査Ⅱ】（45分）　　＜満点：50点（香楠）／60点（致遠館・唐津東・武雄青陵）＞

1　たくやさんとあおいさんは，「スポーツ大会」の計画を立てて，「スポーツ大会」を行うことになりました。次の 会話文1 を読んで(1)の問いに答え，次のページの 会話文2 を読んで(2)の問いに答えましょう。

会話文1

> たくやさん：「スポーツ大会」では，クラス対こうのバスケットボールの試合をして，おうちの人に見に来てもらおうよ。その後に，おうちの人といっしょに玉入れをしたいね。全体で45分で終わるように【計画】を考えてみたよ。
>
> **【計画】**
>
> | はじめの言葉 | ルールの説明 | バスケットボールの試合 第1試合　1組　対　2組 第2試合　2組　対　3組 第3試合　1組　対　3組 | 休けい | バスケットボールの試合 第4試合　1組　対　2組 第5試合　2組　対　3組 第6試合　1組　対　3組 | 玉入れ | 先生の話 | おわりの言葉 |
> |---|---|---|---|---|---|---|---|
> | 1分 | 3分 | 第1試合〜第3試合の時間 5分ずつ | 3分 | 第4試合〜第6試合の時間 5分ずつ | 4分 | 2分 | 1分 |
>
> あおいさん：この【計画】だと，「準備運動」と「成績発表」が入っていないよ。あと，「休けい」は，他のクラスが試合をしているときに少し休めるから短くてもいいのではないかな。
>
> たくやさん：そうだね。3分の「準備運動」と，2分の「成績発表」を入れよう。「休けい」は2分にして，もう一度計画を考えてみるね。

(1)　たくやさんは，【計画】に「準備運動」と「成績発表」の2つを入れ，休けい時間を短くした【新しい計画】を考えます。あなたなら，バスケットボールの試合の「第1試合〜第3試合の時間」と「第4試合〜第6試合の時間」を何分ずつにしますか。あとの《条件1》に合うように書きましょう。

【新しい計画】

はじめの言葉	ルールの説明	準備運動	バスケットボールの試合 第1試合　1組　対　2組 第2試合　2組　対　3組 第3試合　1組　対　3組	休けい	バスケットボールの試合 第4試合　1組　対　2組 第5試合　2組　対　3組 第6試合　1組　対　3組	玉入れ	成績発表	先生の話	おわりの言葉
1分	3分	3分	第1試合〜第3試合の時間 （　　）分ずつ	2分	第4試合〜第6試合の時間 （　　）分ずつ	4分	2分	2分	1分

《条件1》

> ・【新しい計画】は，全体で40分以上45分以下にすること。
>
> ・試合の時間は3分以上とし，整数で表すこと。試合ごとのクラスが入れかわる時間は考えなくてよい。
>
> ・第1試合〜第3試合の3試合はそれぞれ同じ時間とし，第4試合〜第6試合の3試合もそれぞれ同じ時間として考えること。ただし，「第1試合〜第3試合の時間」と「第4試合〜第6試合の時間」は同じでも，ちがってもよい。

会話文２

………………………（「スポーツ大会」当日，玉入れを行う前）………………………

たくやさん：今のところ【新しい計画】にした「スポーツ大会」は，時間通りに進んでいるね。
次は，玉入れ（【図】）だね。参加する人数が分かったよ（【表１】）。クラスの人
数に少し差があるね。

【図】

棒の先につけた
かごの中に玉を
投げ入れる競技。

【表１】　参加する人数

	児童（人）	おうちの人（人）
１組	22	18
２組	20	20
３組	20	16

あおいさん：時間は４分あるから【玉入れのルール】の説明をした後に，玉入れをしようね。

【玉入れのルール】

・【表１】の全員が参加する。

・どのクラスも，それぞれ１つのかごを使い，自分のクラスのかごに玉を入れる。

・３クラスとも同時に始め，同時に終わる。

・終わったときに，かごに入った玉の数を数える。児童が入れても，おうちの人が入れて
も，１つを１点とする。

………………………（玉入れを行う）………………………

たくやさん：玉入れの結果が出たよ（【表２】）。これで玉入れ
の順位を決めると，２組は点数が低いから３位
で，１組と３組が１位だね。

あおいさん：点数だけで順位を決めると，参加した人数がクラ
スによってちがうから不公平にならないかな。
私（わたし）は，参加した人数と点数を考えた上で順位を決
めると，なぜその順位になるのか，みんなが分
かってくれると思うよ。

【表２】　玉入れの結果

	点数（点）
１組	117
２組	116
３組	117

(2)　会話文２　で，あおいさんは，「参加した人数と点数を考えた上で順位を決めると，なぜその
順位になるのか，みんなが分かってくれる」と言っています。あおいさんが言ったことをもとに
して，玉入れの順位を決め，その順位になる理由を，数や言葉を使って説明しましょう。式を
使ってもかまいません。

2　しんさんとお父さんは，家の中でジュースを飲みながら話をしています。次の会話文を読んで，
(1)，(2)の問いに答えましょう。

しんさん：お父さん，このジュース，冷たくておいしいね。でも，どうしてコップの外側に水
てきがつくのかな。

お父さん：その水てきは，コップのまわりにある空気中の水蒸気（すいじょうき），冷たいコップで冷やされ

て水に変わったものだよ。水蒸気が水に変わるのは，温度としつ度に関係があるんだよ。

しんさん：温度って言葉は分かるけど，しつ度ってよく分からないな。天気予報で聞いたことがあるけど。

お父さん：しつ度は，空気中に水蒸気がどのくらいふくまれているのかを割合（わりあい）で示したものだよ。単位は％を使うんだ。天気予報で，「今日の天気は雨で，しつ度は高くなるでしょう」というように言われることがあるよね。雨の日には空気中に水蒸気が多くなるから，しつ度が高くなるんだ。

しんさん：そうなんだ。部屋の温度やしつ度が高くなったり低くなったりしたら，コップへの水てきのつきやすさはどう変わるかを調べてみたいな。

(1) **会話文**の「部屋の温度やしつ度が高くなったり低くなったりしたら，コップへの水てきのつきやすさはどう変わるか」を調べるために，しんさんは，次の【実験】を行いました。【実験】の［結果］から分かることを，あとの《条件1》に合うように書きましょう。

【実験】

手順1　部屋の温度と部屋のしつ度を，【図1】の温度としつ度をはかる道具ではかって記録する。

手順2　【図2】のように，部屋の温度と同じ温度の水を半分まで入れた金属のコップと，小さな氷，温度計を準備する。

手順3　コップに小さな氷を入れ，コップを横に軽くふって，水の温度を下げる。

手順4　氷がとけたときに，コップの外側に水てきがついていなければ，水てきがつくまで手順3をくり返す。

手順5　水てきがつき始めたときの水の温度を，【図2】の温度計を水の中に入れ，はかって記録する。

手順6　手順1～手順5を1日1回同じ時刻（じこく）に，3日間行う。

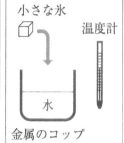

【図1】　温度　しつ度

【図2】　小さな氷　温度計　水　金属のコップ

［結果］

	1日目	2日目	3日目
部屋の温度（℃）	25	20	25
部屋のしつ度（％）	45	55	55
水てきがつき始めたときの水の温度（℃）	12	11	15

《条件1》

・解答用紙の**比べる結果**には，【実験】の［結果］の中から，1日目，2日目，3日目のい

ずれかを2つ選び,「～日目」につながるように数字を書くこと。
・解答用紙の**分かること**には,選んだ2つの日の結果を比べることで,部屋の温度や部屋のしつ度と水てきがつき始めたときの水の温度の関係が分かるように書くこと。

② 【実験】を終えた後,しんさんは,自分の家に【いろいろなつくりのコップ】が4種類あることを発見しました。つくりがちがうと水てきのつきやすさがちがうのではないかと考えたしんさんは,【予想】を立てました。また,その【予想】を確かめるために,【いろいろなつくりのコップ】のうち2つを使って【実験計画】を立てて,お父さんに相談することにしました。あなたなら,どのような【予想】を立て,どのような【実験計画】にしますか。あとの《条件2》に合うように書きましょう。

【いろいろなつくりのコップ】

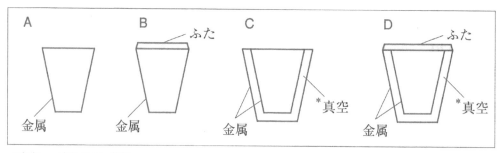

*真空……空気がない状態

【予想】

コップの中の水を冷やしたときに, ア コップの方が, イ コップより,水てきがつきやすい。

【実験計画】

手順1 ウ と エ のコップに,部屋の温度と同じ温度の水を同じ量だけ入れる。
手順2 2つのコップに,同じ量の氷を同時に入れて,ふたがあるコップはふたをする。2つのコップを同じはやさで横に軽くふって,中の水を冷やす。

[ぼくの【予想】が正しかったときの結果]
　 オ のコップの外側に,先に水てきがつく。

《条件2》

・アとイには,「ふたがある」「ふたがない」「真空の部分がある」「真空の部分がない」の中から,それぞれ1つを選んで書くこと。
・ウ～オには,【いろいろなつくりのコップ】のA～Dの記号を1つずつ書くこと。同じ記号を何回使ってもよい。

3　さきさんは，お父さんとサイコロを作ることにしました。次の 会話文１ を読んで⑴の問い
に答え， 会話文２ を読んで⑵の問いに答えましょう。

会話文１

さきさん：サイコロ（【図１】）を２個作るために，厚紙に【サイコロの展開図】をかいてみた
　　　　　よ。
お父さん：工夫してかけているね。でも，立方体のサイコロは面が６つなのに，それぞれの展
　　　　　開図で面が７つ以上あるみたいだよ。
さきさん：本当だ。それぞれ不要な面を決めなきゃいけないね。
お父さん：サイコロを組み立てたときの数字を下書きしておくと，こういうまちがいもなくな
　　　　　るんじゃないかな。サイコロは平行な面どうしの数の合計が７になる必要があるか
　　　　　ら，鉛筆で数字を下書きしておくと分かりやすいと思うよ。1と2だけお父さんが
　　　　　書いておくから，残りの面に数字を正しく書いてごらん。
さきさん：やってみるね。

【図１】　　　　【サイコロの展開図】

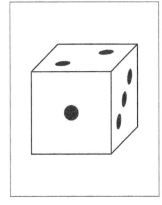 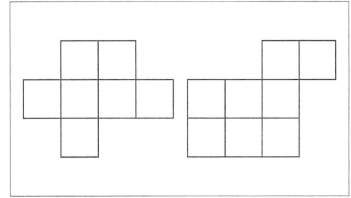

⑴　 会話文１ で，「1と2だけお父さんが書いておくから，残りの面に数字を正しく書いてごら
ん」と言われたさきさんは，立方体のサイコロが２個できるように【サイコロの展開図】で不要
な面を決めて「×」を書き，それ以外の面に数字を書くことにしました。あなたなら，どのよう
に「×」と数字を書きますか。次の《条件１》に合うように，解答用紙の【サイコロの展開図】
に書きましょう。

《条件１》

・サイコロの展開図として不要な面には，「×」と書くこと。
・組み立てたとき，サイコロの平行な面どうしの数の合計が７となるように，それぞれの面
　の数字を決めること。
・サイコロの1と2となる面には，それぞれ数字の「1」と「2」がすでに書かれているの
　で，残りの面にそれぞれ「3」～「6」の数字を書くこと。

会話文2

さきさん：サイコロにかかれている【デザイン】は，ほとんどのサイコロで同じだね。どのように決められているのかな。

【デザイン】

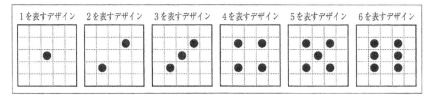

お父さん：数が大きくなるにつれて●の数が1個ずつ増えていくけど，必ず点対称になるようにデザインが決められているみたいだね。

さきさん：それと，デザインはすべて線対称にもなっているね。デザインによって，6みたいに対称の軸が2本しかかけないものと，4みたいに対称の軸が4本かけるものがありそうね（【図2】）。

【図2】

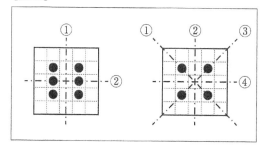

お父さん：そうだね。【デザイン】を参考にしたら，7以上の数のサイコロが作れそうだね。

さきさん：それはいい考えだね。【デザイン】にそれぞれ●を6個ずつかき加えたら，7〜12を表すデザインになりそうだよ。偶数のデザインを私が考えるから，残りはお父さんにお願いしてもいいかな。

お父さん：もちろんいいとも。

(2) 　会話文2　で，「【デザイン】を参考にしたら，7以上の数のサイコロが作れそう」と言われたさきさんは，8，10，12を表すデザインを考えることにしました。次の《条件2》に合うようなデザインを考え，解答用紙に合わせて●をかきましょう。

《条件2》

・すべての数が，点対称となるデザインにすること。

・すべての数が，線対称となるデザインにすること。ただし，対称の軸は少なくとも2本かけるようにし，対称の軸を4本かけるものは必ずそのデザインにすること。

・解答用紙に●をかくときは，縦横5マスずつに区切ってあるマスの中にかくこと。

・解答用紙には，2，4，6個の●がすでにかかれているので，それぞれ6個ずつ●をかき加えることで8，10，12を表すデザインにすること。

4 めいさんは，お母さんと野菜の種をまいて育てることにしました。次の 会話文1 を読んで
(1)の問いに答え， 会話文2 を読んで(2)の問いに答えましょう。

会話文1

めいさん：種を直接畑にまかずに，一度ポリポット（【図1】）にまいて，
　　　　　発芽してから畑に植えかえるのはどうして。

お母さん：持ち運ぶことができるポリポットにまく方がよいのは，植物
　　　　　の発芽の条件が関係しているよ。

めいさん：そうか。ポリポットと畑では，使う土や肥料は同じだけど，
　　　　　持ち運ぶことができると，　　　　　からね。

【図1】
ポリポット 

(1) 会話文1 の 　　　 には，めいさんがお母さんの「持ち運ぶことができるポリポットにまく方
がよいのは，植物の発芽の条件が関係しているよ」という話を聞いて，持ち運ぶことができる方
がよいと考えた理由が入ります。あなたが考えた理由を書きましょう。

会話文2

めいさん：発芽したからそろそろ畑に植えかえようよ。

お母さん：そうだね。ポリポットを畑に持って行って植えかえようか。それから，この黒いマ
　　　　　ルチシート（【図2】）も持って行こうね。

めいさん：黒いマルチシートはどう使うの。

お母さん：畑の土にかぶせて，野菜を植える場所には穴
　　　　　を開けて使うよ（【図2の◌】）。黒いマルチ
　　　　　シートをかぶせた部分では，雑草が育ちにく
　　　　　くなるし，土がかわきにくくなるよ。

めいさん：そうなんだ。じゃあ，黒いマルチシートには
　　　　　【2つのはたらき】があるのかな。

【図2】
黒いマルチシート

穴を開けて野菜を植える

【2つのはたらき】

① 黒いマルチシートをかぶせた部分では，土に日光が当たらない。
② 黒いマルチシートをかぶせた部分では，土にしみこんだ水が蒸発してもにげにくい。

(2) 会話文2 で，「黒いマルチシートには【2つのはたらき】がある」と考えためいさんは，調
べて確かめようとしています。あなたなら，どちらを調べてみたいですか。 会話文2 の【2つ
のはたらき】の①，②のどちらかを選び，その番号を書きましょう。また，選んだ番号のはたら
きを調べる方法を，次の《条件》に合うように書きましょう。図を使ってもかまいません。

《条件》

・黒いマルチシートがあるときとないときで比べるような方法にすること。
・黒いマルチシート以外の道具を使ってもよい。

MEMO

大切なことはメモしておこうネ！

2021 年 度

解 答 と 解 説

《2021年度の配点は解答欄に掲載してあります。》

＜適性検査Ⅰ解答例＞ ≪学校からの解答例の発表はありません。≫

1 (1) もっと図書館を使ってみませんか
(2) 1：時間　　2：場所
(3) 番号：①
改善方法：予約制度を作り，その本を予約した人が順番に借りられるようにするとともに，予約されていない本は貸し出し期間を1週間延長できるようにする。

2 (1) 記号：A・B
理由：食品ロスの問題を知っている人の割合は年々増えているのに，食品ロスをなくすために取り組んでいる人の割合はあまり変化しておらず，食品ロスをなくすための取り組みはあまり広がっていない（ということが分かるからね。）
(2) 場面：買い物を一度にたくさん（するときには）
取り組み：期限内に食べきれなさそうなものを小分けにして冷凍する。
(3) パネル：ア
メッセージ：私たちにおいしい給食を届けるために，たくさんの方が苦労と工夫を積み重ねて米や野菜などの食材を作ってくれています。生産者の方々に感謝の気持ちをもって，（給食の食べ残しをしないようにしましょう。）

3 (1) 1：Ⓒ
2：はく力のあるクスノキを見ながらおしゃれなパン屋の外で食事をする風景がかける（からね）
(2) ＜グループ1＞
作品：ア・ウ
共通する特ちょう：正面から大きくかいてはく力を出している（という特ちょう）
＜グループ2＞
作品：イ・エ
共通する特ちょう：遠近法でおく行きや立体感を出している（という特ちょう）

○配点○〔香楠〕
1 (1) 4点 (2) 4点 (3) 8点　　2 (1) 6点 (2) 6点 (3) 6点
3 (1) 6点 (2) 10点　　　計50点
○推定配点○〔致遠館〕
1 (1) 3点 (2) 3点 (3) 6点　　2 (1) 5点 (2) 5点 (3) 5点
3 (1) 5点 (2) 8点　　　計40点

○推定配点○〔唐津東・武雄青陵〕

1 (1) 5点 (2) 5点 (3) 10点　　2 (1) 7点 (2) 7点 (3) 7点

3 (1) 7点 (2) 12点　　　　計60点

＜適性検査Ⅰ解説＞

1 （国語：話し合い，案内文）

基本

(1) 会話文からあやかさんの思いを読み取ると，「もっと図書館を利用する人を増やしたい」とあるので，この部分を条件にしたがって「もっと図書館を利用しましょう」「もっと図書館を使いませんか」などのようにまとめる。

(2) 読み聞かせ会に参加したい人の立場に立って考える。【資料1】には読み聞かせ会の日付は書かれているが，いつ，どこに行けば読み聞かせ会に参加できるのかが書かれていないため，情報が不足している。

(3) 異なる2つの立場の両方に対しての改善方法を考える。片方の意見にかたよりすぎないように注意する。②，③を選んだ場合の解答例は以下の通りである。

　② 静かに本を読みたい人のためのスペースと，話し合いをしたい人のためのスペースを作り，2つのスペースの間のきょりをできるだけはなす。

　③ 本のリクエストを受け付けて毎月5冊新しい本を増やすとともに，どこにどのような分野の本があるか分かるように館内マップを作り，壁にはる。

重要 2 （社会，国語：食品ロス，資料の読み取り，意見文）

(1) 「食品ロスをなくす努力が足りない」というお母さんの発言を具体的に示す情報を【資料1】から見つける。Aからは，食品ロスの問題を知っている人の割合が約20％上昇したこと，Bからは，食品ロスをなくすために取り組んでいる人の割合が大きく変化していないこと，Cからは，市全体での食品ロスの量がほぼ横ばいであることが読み取れる。食品ロスの問題について知っている人が増えれば，食品ロスをなくす取り組みがより多くの人に広がり，その結果食品ロスの量が減少すると期待されるが，実際にはそのような効果は出ていないのである。《条件1》にしたがって書き，選んでいない資料から読み取れる内容を書かないように注意する。AとCを選んだ場合の解答例は以下の通りである。

　　「食品ロスの問題を知っている人の割合は年々増えているけれど，市全体での食品ロスの量はあまり変化しておらず，食品ロスをなくすための取り組みにはあまりつながっていない（ということが分かるからね。）」

　食品ロスをなくす取り組みが不十分であるということに注目してBとCを選んだ場合，解答例は以下の通りである。

　　「2015年から2019年にかけて，食品ロスをなくすために取り組んでいる人の割合や，市全体での食品ロスの量にはほとんど変化がない（ということが分かるからね。）」

(2) 【資料2】を参考に，《条件2》にそって，食品を買った後にできる食品ロスを減らす取り組みを考える。解答例以外にも，「食品があることを忘れていた」という理由に対しては，「買ったものを冷蔵庫に収納（するときには）買った日と食品の期限を紙に書いて冷蔵庫にはっておく」などの取り組みも考えられる。

(3) 選んだパネルを使って伝えられるメッセージを考える。アからは，給食を食べることができるのは，食材を作ってくれるたくさんの生産者のおかげであるというメッセージが考えられる。

イからは，食品ロスという問題を解決するために，一人一人にできることがあるというメッセージが考えられる。発表会で呼びかけるメッセージなので，「です」「ます」などのていねいな言葉で書く。

3　(社会，国語：地図の読み取り，理由の説明，絵の構成)
(1)　【資料2】の地図を参考に，Ⓐ～Ⓒの場所から東を向いたときに見えるものを読み取り，見えるものの特ちょうを示しながら簡潔(かんけつ)にまとめる。
　　　Ⓐからは近くにイチョウ並木，遠くに商店街とパン屋が見える。Ⓑからは商店街とパン屋，Ⓒからはパン屋とクスノキが見える。Ⓐ，Ⓑを選んだ場合の解答例は以下の通りである。
　　　　Ⓐ　あたり一面の美しいイチョウ並木と，商店街とパン屋の色あざやかな様子がかける(からね)
　　　　Ⓑ　商店街のステンドグラス風の屋根と，パン屋の赤いかべが色あざやかな様子がかける(からね)
(2)　**ア・ウ**はどちらも1つのものを正面からとらえ，画面いっぱいに大きくかいている。一方，**イ・エ**は遠くのものを小さくかいたり，おくに行くにつれ道のはばがだんだんとせまくなるようにかいたりしていることで，おく行きや立体感が生まれている。字数制限があるので重要なポイントを簡潔にまとめる。線でりんかくをかいているかどうかに注目して，**ア・エ／イ・ウ**に分けられるという考えもある。

　　　─★ワンポイントアドバイス★─
　　会話文や図，表，グラフなどの資料が各問題を考える上でのヒントになっている。
　　内容を注意深く読み取り，重要なポイントをとらえよう。字数は短いものも長い
　　ものもあるので，問題に応じて情報の取捨選択が求められる。

<適性検査Ⅱ解答例>　≪学校からの解答例の発表はありません。≫

1　(1)　第1試合～第3試合の時間：4(分ずつ)
　　　　第4試合～第6試合の時間：5(分ずつ)
　　(2)　順位　1位：3(組)　　2位：1(組)　　3位：2(組)
　　　　理由：1人あたりの点数が多いクラスから順に順位をつけた。3クラスについて参加
　　　　　　　人数と点数をもとに1人あたりの点数を求めると，
　　　　　　　1組：117÷(22+18)=2.925(点)
　　　　　　　2組：116÷(20+20)=2.9(点)
　　　　　　　3組：117÷(20+16)=3.25(点)
　　　　　　　となるから，3組，1組，2組の順になる。

2　(1)　比べる結果：2(日目)・3(日目)
　　　　分かること：部屋のしつ度が同じとき，部屋の温度が高いほど，水てきがつき始めた
　　　　　　　　　　ときの水の温度が高い。
　　(2)　ア：真空の部分がない　　イ：真空の部分がある
　　　　ウ：A　　エ：C　　オ：A

③ (1)

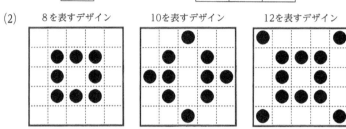

(2)
8を表すデザイン　　　10を表すデザイン　　　12を表すデザイン

④ (1) 場所を移動させることによって発芽に適した温度を保つことができる(からね。)

(2) 番号：②

方法：同じ大きさのポリポットを2つ用意し，その中に同じ量の土を入れ，同じ量の水をしみ込ませる。片方のポリポットには表面に黒いマルチシートをかぶせ，もう片方は何もかぶせず，日当たりのよい場所に並べて置いておく。10分ごとに土の表面の様子を観察し，どちらが早く土の表面がかわくか調べる。

○配点○〔香楠〕
① (1) 6点 (2) 7点　　② (1) 7点 (2) 6点　　③ (1) 6点 (2) 6点
④ (1) 6点 (2) 6点　　　計50点

○推定配点○〔致遠館・唐津東・武雄青陵〕
① (1) 7点 (2) 8点　　② (1) 8点 (2) 7点　　③ (1) 7点 (2) 8点
④ (1) 7点 (2) 8点　　　計60点

＜適性検査Ⅱ解説＞

① （算数：計画・順位決め・比べかた）

(1) 【新しい計画】から試合以外にかかる時間を求めると，1+3+3+2+4+2+2+1=18(分)である。【新しい計画】は，全体で40分以上45分以下だから，第1試合から第6試合までの6試合を行うのに使える時間は，40−18=22，45−18=27より，22分以上27分以下である。第1試合〜第3試合の3試合，第4試合〜第6試合の3試合の時間はそれぞれ同じだから，第1試合の時間と第4試合の時間の合計を考えて，22÷3=7$\frac{1}{3}$，27÷3=9より7$\frac{1}{3}$分以上9分以下となる。試合時間は整数だから，第1試合の時間と第4試合の時間の合計は8分または9分である。したがって，たして8または9になる2つの数の組み合わせを答えればよい。ただし，試合時間はなるべく同じになった方がよいと考えられるので，「どちらも4分ずつ」または「4分ずつと5分ずつ」のいずれかの組み合わせがよいだろう。

(2) 【表1】【表2】から，1組と3組は同じ点数だが参加人数が1組の方が4人多いことが分かる。人数が異なるクラスの点数どうしを同じ基準で比べるには，1人あたりの点数を比べるとよい。

それぞれのクラスについて式を立て，1人あたりの点数を求める。計算ミスのないように正確に計算する。

　3クラスとも参加人数が同じだった場合の点数を考えて比べてもよい。3組の参加人数は36人で，1組・2組の$\frac{36}{40}=\frac{9}{10}$だから，もし3組の参加人数が40人いた場合には，点数は$\frac{40}{36}=\frac{10}{9}$（倍）になると考えることができる。その場合の3組の点数は$117\times\frac{10}{9}=130$（点）となるから，この場合も順位は上から3組，1組，2組の順に決まる。

2 （理科：水の状態の変化，実験結果の考察）

(1)　実験結果を比べるときには，条件が1つだけちがうものどうしを比べるので，部屋の温度が同じでしつ度が異なる1日目と3日目，または部屋のしつ度が同じで温度が異なる2日目と3日目の結果を比べる。

　部屋の温度が同じ1日目と3日目を比べると，部屋のしつ度が高い3日目の方が，水てきがつき始めたときの水の温度も高い。一方，部屋のしつ度が同じ2日目と3日目を比べると，部屋の温度が高い3日目の方が，水てきがつき始めた水の温度も高い。

(2)　金属は熱を伝えやすい性質をもっているので，真空の部分がないコップの中に氷を入れると，コップの外側の温度は下がる。しかし，真空の部分があるコップでは，コップの内側と外側の間に熱を伝える金属や空気がないので，コップの外側の温度があまり下がらない。(1)で考えたことと，お父さんの「その水てきは，コップのまわりにある空気中の水蒸気が，冷たいコップで冷やされて水に変わったものだよ」という言葉に着目すると，コップの外側が冷たくない場合には水てきがつきにくいと考えられる。したがって，真空の部分がないコップの方が，真空の部分があるコップより，水てきがつきやすいと考えられる。コップのつくりは真空の部分があるかどうかだけがちがうものを選ぶので，AとCを選ぶ。オには真空の部分がないAがあてはまる。

　(1)より，部屋の温度が同じとき，部屋のしつ度が高くなるとコップに水てきがつきやすくなる。コップにふたがない場合，コップの中の水は蒸発してコップの外に出ていくので，コップのまわりのしつ度が上がる。一方，コップにふたがある場合，コップの中の水が出ていくことはないのでコップのまわりのしつ度は変わらない。したがって，ふたがないコップの方が，ふたがあるコップに比べて水てきがつきやすいと考えられる。ふたがあるかどうかだけがちがう2つのコップを選ぶので，AとBを選び，オにはふたがないAがあてはまる。なお，真空の部分があるコップは水てきがつきにくいので，CとDの組み合わせは適さない。

重要 3 （算数：サイコロの展開図・対称な図形）

(1)　【図1】と《条件1》をもとにサイコロの展開図に数字を書き入れる。サイコロの平行な面どうしの数の合計は7だから，1と6，2と5，3と4の面どうしがそれぞれ平行である。

　まず展開図①（右図）について考える。ウの面は【図1】の3の面と平行な面であるから，ウの面には4，ウと平行なオの面には3が入る。また，1の面と平行なエの面に6が入る。2と平行な面には5が入るが，アとイのいずれも2の面と平行になるのでアとイの一方に5を，残った面に×を書き入れる。したがって5と×が解答例と入れ替わっていても正答である。

展開図①

　同様に展開図②について考えると，まずクの面が【図1】の3の面にあたる。また，2の面と平行なキの面に5が入る。クと平行になる面はカとケの2つあるので，どちらかに4が入る。カに4が入ると考えると，残ったケ，コ，サのどの面も1の面と平行になる。ケに4が入ると考えると，残った3つの面のうち組み立てて1の面と平行になるのはコの面なので，コに6が入る。解答例以外には以下の3通りの答えがある。

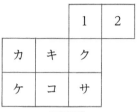

展開図②

		1	2
4	5	3	
×	6	×	

		1	2
4	5	3	
6	×	×	

		1	2
×	5	3	
4	6	×	

(2)　＜8を表すデザイン＞　すでにかかれている2つの●と点対称（たいしょう）な位置に●をかき入れると4を表すデザインと同じになるので，4を表すデザインに4つの●をかきたせばよい。対称の軸は4本かける。

　＜10を表すデザイン＞　8を表すデザインに2つの●をかきたせばよい。対称の軸は4本かけないので，対称の軸が2本になるようにかき入れる。

　＜12を表すデザイン＞　すでにかかれている6つの●と点対称な位置に●をかき入れると，解答例の8を表すデザインと同じになるので，そこに4つの●をかきたせばよい。対称の軸は4本かける。

　解答例以外にも以下のような解答が考えられる。

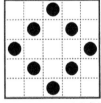

8を表すデザイン

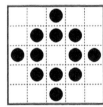

10を表すデザイン　　　　12を表すデザイン

4　（理科：植物の発芽，黒いマルチシートのはたらき，実験の方法）

(1)　植物の発芽の条件は水，空気，発芽に適した温度の3つである。このうち，「持ち運びできる」ことによって畑よりも満たしやすくなる条件を考えればよい。暖かい日や昼間には屋外に出し，寒い日や夜間には室内に入れておくなどすると，畑に直接種をまく場合と比べて，発芽に適した温度を保ちやすくなることが思い浮かぶ。

(2)　①については，黒いマルチシートが日光をさえぎることを確かめられればよい。例えば，「日光がさえぎられて当たらない部分にはかげができる」「日かげは日なたより地面があたたまりにくい」ということを利用すると，以下のような解答が考えられる。

　　2本の温度計を用意し，日当たりのよい地面にななめにさす。温度計がささる部分に小さく穴をあけた黒いマルチシートを1枚用意し，片方の温度計のまわりの地面にかぶせる。温度計に直接日光が当たらないようにおおいをかぶせる。液だめの部分に軽く土をかけ，両方の温度計で温度を読み取る。1時間後に再び温度を読み取り，どれくらい温度が上がったかを比べる。

②については，黒いマルチシートをかぶせた場合とかぶせていない場合での土のかわきやすさを比べるとよい。使う道具や量を具体的に書き，黒いマルチシートがあるかどうか以外の条件を変えないことに注意する。

─ ★ワンポイントアドバイス★ ─

与えられた情報を整理して，読み取ったことや自分が考えたことを図や式，言葉を使って説明する問題が多い。ただ答えだけを求めるのではなく，そのように考えた理由を自分なりに説明する習慣をつけておくとよいだろう。読んだだけで理解できるように，具体的に，ていねいに説明することが重要だ。答えは１つとは限らないので，他の考え方や方法はないか，視点を変えて考える練習をしておこう。

大切なことはメモしておこうネ！

2020年度

★★★★★★★★★★★★★★★★★★★★★★

入 試 問 題

2020年度

佐賀県立中学校入試問題

【適性検査Ⅰ】 （45分） ＜満点：50点（香楠）／40点（致遠館）／60点（唐津東・武雄青陵）＞

1 りくさんたちは授業で，2020年に開かれる東京オリンピック・*パラリンピックについて学習しています。そこで，りくさんたちが住んでいる佐賀県が*ホストタウンになっている国の特色を調べました。次の 会話文1 と【資料1】，【資料2】を読んで⑴の問いに答え， 会話文2 と【資料3】を読んで⑵の問いに答えましょう。

（【資料2】， 会話文2 ，【資料3】は次のページにあります。）

*パラリンピック：障がいのある人が出場できる世界的な競技大会

*ホストタウン　：大会に参加する国の選手や関係者の事前合宿を受け入れたり，交流会などを行ったりして，おたがいの文化などの交流をはかる県や市町村のこと

会話文1

りくさん：佐賀県はたくさんの国のホストタウンになっていたね。

みかさん：佐賀県にたくさんの海外の選手が来るのね。

りくさん：その人たちに佐賀県のことを知ってもらいたいな。温泉や吉野ヶ里遺跡とか。

みかさん：そうね。他にも，海苔やみかん……いろいろあるね。

先　　生：いいアイデアですね。みんなで，調べた国の特色（【資料1】）に関わりのある佐賀県のことを知ってもらう取り組みを考えてみませんか。これは，先生が考えた取り組み（次のページの【資料2】）です。参考にしてみてください。

【資料1】 調べた国の特色

国　名	特　色
フィンランド	・たくさんの乳牛が飼われており牛乳の消費量が多い ・多くの家庭にサウナがある ・夏は1日中太陽がしずまない白夜が続く
タイ	・稲作がさかんで主食はお米 ・めん料理もよく食べる ・絹織物を使ったあざやかな民族衣装が有名
ニュージーランド	・羊の数が人口より多く羊毛の生産がさかん ・海に囲まれていて魚や貝などをよく食べる ・キウイフルーツのさいばいがさかん

【資料２】　先生が考えた取り組み

国　　名	フィンランド
取り組み	佐賀県内の温泉に案内して、サウナと温泉のちがいや似ているところを発見してもらい、佐賀県の温泉のすばらしさを知ってもらう。
理　　由	フィンランドでは多くの家庭にサウナがあり、サウナに親しんでいると思うので、佐賀県の温泉にも興味をもってもらえると思うから。

⑴　先生は、「佐賀県のことを知ってもらう取り組みを考えてみませんか」と言っています。あなたが考える「佐賀県のことを知ってもらう取り組み」を、【資料２】を参考に、次の《条件１》に合うように書きましょう。

《条件１》

・国名には、あなたが取り組みを考える国を前のページの【資料１】から１つ選んで国名を書くこと。

・取り組みには、あなたが考えた「佐賀県のことを知ってもらう取り組み」を、特産物、食べ物などを取り上げてくわしく書くこと。また、その取り組みで佐賀県のどのようなことを知ってほしいのかも書くこと。

・先生が考えた取り組みとは別の取り組みを考えて書くこと。

・理由には、なぜその取り組みとしたのか、その理由を書くこと。ただし、【資料１】の選んだ国の特色と関わりをもたせて書くこと。

会話文２

先　　　生：	各国の選手団の代表の方が、２月に私(わたし)たちの学校に来てくれることになりました。代表の方に事前に伝えておきたいことはありますか。
あおいさん：	私は佐賀県がホストタウンになっている国の特色を調べたときに、各国の２月の平均気温と季節の特ちょう（【資料３】）が書いてある本を見つけて、それぞれの国でちがいがあることを知りました。佐賀県は季節が冬で、２月の平均気温は６℃くらいなので、代表の方にどのような服を用意して、佐賀県に来てほしいかを事前に伝えたらいいと思います。
先　　　生：	そうですね。そうすれば、代表の方も安心して来ることができますね。

【資料３】　各国の２月の平均気温と季節の特ちょう

国　　名	フィンランド	タイ	ニュージーランド
*２月の平均気温	－６℃	29℃	17℃
季節の特ちょう	四季はあるが、１年中気温が低く、日本と比べて寒い。２月は平均気温が１年で最も低い。	１年中気温が高く、季節による気温の変化が少ない。１年を通じて20℃を下回らず、日本と比べて暑い。	四季はあるが、１年を通じて暖(あたた)かい。季節は日本と逆である。

＊２月の平均気温は各国のある都市のもの

⑵　あなたなら選手団の代表の方に「どのような服を用意して，佐賀県に来てほしい」と考えますか。次の《条件2》に合うように書きましょう。

《条件2》

・国名には，あなたが服の用意を伝える国を前のページの【資料3】から1つ選んで国名を書くこと。ただし，⑴で選んだ国とちがう国を選んでもよい。

・伝えることは，前のページの　会話文2　と【資料3】をもとに2文で書くこと。1文目には「どのような服を用意して，佐賀に来てほしい」かを書くこと。2文目には1文目に書いたことの理由を，佐賀県と選んだ国の2月の平均気温や季節の特ちょうを比べて書くこと。

2　まりこさんたちは，総合的な学習の時間で，「かささぎ地区に残したいもの」として地区の『秋祭り』についてグループで調べ，発表することになりました。そのことについて，まりこさんはグループの代表として公民館の館長さんと話をしています。次の会話文と【資料1】，次のページの【資料2】を読んで，⑴～⑶の問いに答えましょう。

> まりこさん：かささぎ地区の『秋祭り』について教えてください。
>
> 館長さん：まりこさんたちが『秋祭り』に興味をもって調べてくれるのはうれしいな。去年の『秋祭り』で作ったこのリーフレット（【資料1】）は参考になると思うよ。この地区の『秋祭り』は全国的にもめずらしいところがあるから，ぜひ多くの人たちに知ってもらえるといいな。
>
> まりこさん：6年生のみんなに『秋祭り』のいいところを伝える発表を考えてみます。
>
> 館長さん：そうだね。みんなが『秋祭り』に興味をもってくれるように発表してね。ところで，『秋祭り』がしょうかいされたときの新聞記事のグラフ（【資料2】）を見てごらん。このグラフを見ると，『秋祭り』の今後がとても心配でもあるんだ。まりこさんはどう思いますか。
>
> まりこさん：今後の『秋祭り』にえいきょうがありそうですね。学校で6年生のみんなに私の考えを伝えたいと思います。

【資料1】　リーフレット（一部分）

『秋祭り』の歴史	『秋祭り』の特色
1910年　『秋祭り』が始まる	・みこしをかついだり、おどりをおどったりする
1912年　衣装と笛、たいこが作られ、おどりが始まる	・おどりの音楽は、笛とたいこで演奏され、速い部分とおそい部分で構成されている
1920年　みこしが作られる	・笛は、かささぎ地区の竹を使用している
2000年　県の代表として『秋祭り』のおどりを海外でひろうする	・おどりは3種類あり、おどる人はさまざまな色が使われた衣装を着ておどる
2010年　新聞で、『秋祭り』がしょうかいされる	・みこしの重さは500キログラムあり、20人以上のかつぐ人が必要である

【資料2】 新聞記事のグラフ

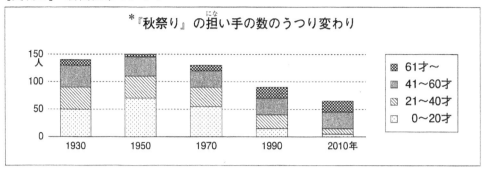

*『秋祭り』の担い手：笛などを演奏する人，みこしをかつぐ人，おどりをおどる人などのこと

(1) 「6年生のみんなに『秋祭り』のいいところを伝える発表」をするために，あなたならどのような発表原こうを考えますか。次の《条件1》に合うように書きましょう。

《条件1》

・6年生のみんなに伝えたいことを【資料1】の『秋祭り』の歴史と『秋祭り』の特色の両方から取り上げ，つながりをもたせて書くこと。

・伝えたいことについて「はく力」，「音色」，「はなやか」の言葉の中から1つ選び，その言葉を使って『秋祭り』のよさを書くこと。

・6年生のみんなに説明するように，ていねいな言葉づかいで書くこと。

・80〜100字で書くこと。

(2) 前のページの会話文で，館長さんは「みんなが『秋祭り』に興味をもってくれるように発表してね」と言っています。そこで，まりこさんは発表の中で動画を見せることにしました。あなたなら，次の①，②のどちらの動画を選びますか。その番号を書きましょう。また，選んだ理由を20〜40字で書きましょう。

```
①担い手へのインタビュー
②祭りの様子
```

(3) 会話文で，まりこさんは「今後の『秋祭り』にえいきょうがありそうですね。学校で6年生のみんなに私の考えを伝えたいと思います」と言っています。あなたなら『秋祭り』へのえいきょうをどのように考えて伝えますか。次の《条件2》に合うように書きましょう。

《条件2》

・「1950年と比べて，2010年は〜」という書き出しに続けて書くこと。

・【資料2】のグラフから分かる変化を取り上げ，今後の『秋祭り』にどのようにえいきょうするかを書くこと。

・6年生のみんなに説明するように，ていねいな言葉づかいで書くこと。

・50〜70字で書くこと。

3 たくやさんたち4人は、「くすのき商店街子どもフェスタ」というイベントに行く計画を立て、参加しました。次の【お知らせのチラシ】とあとの会話文を読んで、(1)、(2)の問いに答えましょう。

【お知らせのチラシ】

第2回 くすのき商店街子どもフェスタ のお知らせ

○日時：令和2年2月2日(日) 午前10時～午後2時

○場所：くすのき商店街・中央公園

○参加費：無料

　ただし、「お仕事体験」と「カレーコーナー」ではチケットが必要です。

　参加者にはチケットを5枚配布します。

○チケット配布場所：公民館

○お仕事体験 [午前10時から正午まで]

場所	内容	チケット	定員	持ち帰り
A	ペットショップ（動物のお世話）	1枚	制限なし	なし
B	花屋（花束作り）	2枚	先着40名	あり
C	本屋（ブックカバー作り）	1枚	先着40名	あり
D	カフェ（オリジナルドリンク作り）	2枚	先着40名	なし
E	印刷屋（オリジナル名刺作り）	2枚	制限なし	あり

○カレーコーナー [正午から]　場所：中央公園　チケット：2枚

○商店街子ども会議 [午後1時から]　場所：子どもフェスタ本部

　来年の「くすのき商店街子どもフェスタ」をよりよくするためのアイデアを考えてみませんか。だれでも参加できますよ。

《くすのき商店街案内図》

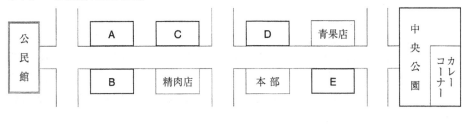

たくやさん：「子どもフェスタ」の参加者はチケットが５枚もらえて，それを使うんだね。せっかくだから，チケットを残らず全部使うように計画を立てたいな。

まなみさん：12時からのカレーコーナーには行きたいね。

あかりさん：お昼はみんなでカレーだね。持ち帰れるものも１つは作りたいし，むだに歩きたくないね。

まなみさん：待ち合わせは10時に公民館だったよね。去年行った友達に聞いたら，先着順になっている体験はあっという間に定員になったみたいよ。先着順のところは行くとしても１つにして，行く順番も考えた方がいいね。

たくやさん：そうだね。みんなの意見をうまく取り入れた計画にしたいね。

けんたさん：ぼくは ア に行ってから イ に行くという計画を考えてみたよ。そうすれば ウ からね。

たくやさん：なるほど。その組み合わせならいいね。どうしてその順番にしたの。

けんたさん：それは エ と思うからだよ。

たくやさん：そうか。よく考えられたいい計画だね。じゃあ，当日はその２つに行くことにしよう。お昼ごはんを食べたあとはどうしようか。

まなみさん：１時から「商店街子ども会議」があるんだって。来年の「子どもフェスタ」をよりよくするためのアイデアを出し合う会議みたいよ。

あかりさん：おもしろそうね。私も何か考えてみたいな。

けんたさん：じゃあ，みんなで会議に参加してみよう。

(1) たくやさんは「みんなの意見をうまく取り入れた計画にしたい」と言っています。あなたならどのように計画しますか。次の《条件１》に合うように書きましょう。

《条件１》

・ ア ， イ には，前のページの【お知らせのチラシ】のＡ～Ｅの中からそれぞれ１つずつ選び，その記号を書くこと。

・ ウ には，その２つの組み合わせにした理由を「～からね。」につながるようにくわしく書くこと。

・ エ には，順番を決めた理由を「～と思うからだよ。」につながるようにくわしく書くこと。

(2) ４人が参加した「商店街子ども会議」では，来年の「くすのき商店街子どもフェスタ」を「子どもフェスタのねらい」にもっと近づけるための話し合いを行いました。そこで出た【参加者の意見】に対して，あなたならどのような【アイデア】を考えますか。【商店街子ども会議の資料】を読んで，あとの《条件２》に合うように書きましょう。

【商店街子ども会議の資料】

○子どもフェスタのねらい

「くすのき商店街子どもフェスタ」は、たくさんの子どもたちに商店街に来てほしいという思いから始まったイベントです。このイベントを通して、商店街のお店のよさについて知ってほしいです。また、働くことに興味をもち、将来に役立ててほしいと考えています。

【参加者の意見】

 ① お店の人がどのような思いで仕事をしているのかを知りたい

 ② ふだん、お店に行くだけでは分からないような仕事内容を知りたい

【アイデア】

①の意見に対する【アイデア】

私は ［ オ ］ というアイデアを考えました。そうすれば、お店の人がどのような思いで仕事をしているのかを知ることができるので、［ カ ］ というよさが生まれると考えました。

②の意見に対する【アイデア】

私は ［ オ ］ というアイデアを考えました。そうすれば、ふだん、お店に行くだけでは分からないような仕事内容を知ることができるので、［ カ ］ というよさが生まれると考えました。

《条件2》

・番号には，【参加者の意見】の①，②のどちらかを選び，その番号を書くこと。

・［ オ ］には，選んだ意見に対して，イベントをよりよくするアイデアとその方法を，30～50字で「～というアイデア」につながるように書くこと。

・［ カ ］には，そのアイデアからどのようなよさが生まれるかを，25～40字で「～というよさ」につながるように書くこと。

【適性検査Ⅱ】 （45分）　　＜満点：50点（香楠）／60点（致遠館・唐津東・武雄青陵）＞

1　たかしさんとなおこさんは，洗たく物の色によるかわきやすさのちがいをテーマにした自由研究に取り組んでいます。次の 会話文１ を読んで(1)の問いに答え， 会話文２ を読んで(2)の問いに答えましょう。

会話文１

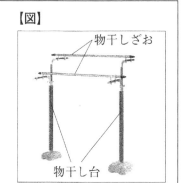

たかしさん：太陽の光が当たる場所に洗たく物を並べて干して実験しようと思うんだ。物干し台と物干しざお（【図】）の他にどんな準備が必要かな。

なおこさん：気温が関係するかもしれないから，棒温度計があるといいね。

たかしさん：そうだね。洗たく物といっしょに，棒温度計も物干しざおにつるしておくと，便利かもしれないね。

なおこさん：いい考えだけど，【気温をはかるための条件】に合うように棒温度計を使わないといけないから，気をつけようね。

　【気温をはかるための条件】

　　条件１　地面から1.2m～1.5mの高さではかる
　　条件２　風通しのよいところではかる
　　条件３　棒温度計に太陽の光が直接当たらないようにしてはかる

たかしさん：分かった。それなら，物干し台と物干しざおを庭の太陽の光が当たる風通しのよい場所に置いて，棒温度計を地面から1.2m～1.5mの高さになるようにつるさないといけないね。他に何が必要かな。

なおこさん：身近なものでおおいを作って棒温度計に取り付けたらよさそうね。

たかしさん：実際に作ってみるよ。

(1)　たかしさんは，牛乳パックで３種類のおおいを作りましたが，【気温をはかるための条件】に合っていないものがいくつかあることに気づきました。そのうちの１つを次の**ア～ウ**から選び，記号を書きましょう。また，そう考えた理由を【気温をはかるための条件】をもとに書きましょう。

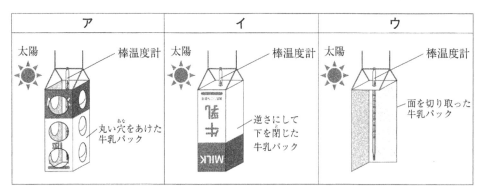

会話文2

たかしさん：晴れた日に行った【実験】をまとめてみたよ。	

【実験】

手順1　布の種類と大きさが同じで重さが70gの，白色と黒色のタオルを1枚ずつ用意し，水にぬらす。

手順2　ぬらしたタオルをしぼり，どちらの重さも200gになるようにする。

手順3　しぼったタオルを，太陽の光が当たる場所に置いた物干しざおに同じ高さになるように干して，10分ごとにそれぞれの重さをはかり，タオルがかわいて70gにもどるまでの時間をはかる。

［結果］

タオルがかわくまでに，白色のタオルは230分かかり，黒色のタオルは150分かかった。

たかしさん：【実験】の［結果］から，色がこいタオルの方がかわきやすいことが分かったね。

なおこさん：ちょっと待って。それを言うには，いろいろ確かめないといけないよ。太陽の光が当たる場所に干した白色のタオルと黒色のタオルしか比べていないからね。最初に行った【実験】を参考にして【実験2】をやってみたらどうかな。

【実験2】

① 【実験】で使ったタオルと布の種類，大きさ，重さが同じ灰色，白色，黒色のタオルを1枚ずつ用意して，太陽の光が当たる場所に干して，かわくまでの時間をはかる。

② 【実験】で使ったタオルと同じ白色と黒色のタオルを1枚ずつ用意して，太陽の光が当たらない場所に干して，かわくまでの時間をはかる。

⑵　たかしさんとなおこさんは【実験2】の①と②を実験することにしました。【実験2】の①と②は，それぞれ，最初に行った【実験】から何をどのように変えたことで，どのようなことが確かめられるようになりましたか。【実験2】の①，②のどちらかを選び，次の《条件》に合うように書きましょう。

《条件》

・番号には，選んだ実験の番号を書くこと。

・変えたことには，選んだ実験について，最初に行った【実験】から何をどのように変えたかが分かるように書くこと。

・確かめられることには，選んだ実験で確かめられることを書くこと。ただし，「タオルがかわくまでの時間」という言葉を使い，「～かどうか。」につながるように書くこと。

2 たろうさんたちは，体育の授業で行っているサッカーについて話をしています。次の会話文を読んで，(1)，(2)の問いに答えましょう。

> たろうさん：これまでの授業で，たくさん試合をしてきたね。ひなたさんのチームは，合計すると何点取ったの。
>
> ひなたさん：6試合して20点取ったよ。たろうさんのチームは何点取ったの。
>
> たろうさん：8試合して25点取ったよ。そのうち，ぼくは10点取っているよ。
>
> ひなたさん：すごいね。私は9点だったよ。たろうさんの方が点数を多く取っているから，たろうさんが*MVP候補だね。
>
> みなとさん：そうだね。でも，この結果で比べても，ひなたさんがMVP候補という考え方もあるよ。
>
> ひなたさん：ところで，この前からやっているリーグ戦では，どのチームも他のチームと1回ずつ試合をし，その結果で順位を決めるようになっているね。
>
> みなとさん：【リーグ戦の対戦表】と次のページの【順位決定のルール】を見ると，たろうさんのAチームはCチームと並んで2位だね。残りあと1試合ずつになったけど，もう優勝できないのかな。
>
> たろうさん：そんなことないよ。Aチームが次の試合に勝てば，BチームとCチームの試合の結果によっては，Aチームだけが優勝できるよ。

*MVP候補：最も活やくし，チームの役に立っている選手に選ばれそうな人

【リーグ戦の対戦表】

		対戦する相手			勝った数	引き分けた数	負けた数	得点の合計	失点の合計
	A	B	C	D					
Aチーム		△ 2対2	△ 3対3		0	2	0	5	5
Bチーム	△ 2対2			○ 6対4	1	1	0	8	6
Cチーム	△ 3対3			△ 4対4	0	2	0	7	7
Dチーム		× 4対6	△ 4対4		0	1	1	8	10

［対戦表の見方］

・○は勝ち，△は引き分け，×は負けを表しています。

・例えば、対戦表の ☐ は、BチームがDチームに6対4で勝ったことを表しています。

(1)　前のページの**会話文**で，みなとさんは，「<u>この結果で比べても，ひなたさんがMVP候補という</u><u>考え方もある</u>」と言っています。みなとさんの考え方はどのようなものですか。数と言葉で説明しましょう。式を使ってもかまいません。

(2)　会話文で，たろうさんが「<u>Aチームが次の試合に勝てば，BチームとCチームの試合の結果に</u><u>よっては，Aチームだけが優勝できる</u>」と言っています。Aチームだけが優勝できる条件はいくつかあります。前のページの**【リーグ戦の対戦表】**と**【順位決定のルール】**をもとにAチームだけが優勝する条件を1つ書きましょう。また，そのときのAチーム対Dチーム，Bチーム対Cチームの試合結果の得点例を書きましょう。

【順位決定のルール】

①　試合で勝った数がいちばん多いチームを優勝とする。

②　試合で勝った数が同じ場合は，引き分けた数が多いチームを上の順位とする。

③　引き分けた数も同じ場合は，（得点の合計）－（失点の合計）が大きいチームを上の順位とする。

④　（得点の合計）－（失点の合計）も同じ場合は，同じ順位とする。

3　ひろしさんは，**【ピラミッド模型の説明書】**を見ながら，ピラミッド模型についてお父さんと話をしています。次の**【ピラミッド模型の説明書】**と　会話文1　を読んで(1)の問いに答え，次のページの　会話文2　を読んで(2)の問いに答えましょう。

【ピラミッド模型の説明書】

《入っているもの》
・直方体のブロック（3cm×3cm×2cm）200個
《作り方》（3段の場合）
①　いちばん下の段は，縦も横もブロックが3個ずつになるように並べます。（中にもブロックを入れます）
②　2段目は，縦も横もブロックが2個ずつになるように上にのせます。
③　いちばん上の段に，ブロックを1個のせます。これで，3段のピラミッドの完成です。
※他にもいろいろな段のピラミッド模型を作ることができます。

※この向きになるように置きます。

①

②
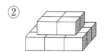

③
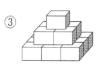

会話文1

お父さん：**【ピラミッド模型の説明書】**を見ると，いろいろな段のピラミッド模型を作ることができるみたいだよ。

ひろしさん：本当だね。<u>200個のブロックを全部使って，4段以上のピラミッド模型</u>をいくつか作ってみようかな。

> お父さん：それは，おもしろそうだね。ピラミッド模型のいちばん下の段に使うブロックの
> 数を手がかりにするといいね。

(1) 　会話文1　の「200個のブロックを全部使って，4段以上のピラミッド模型」をいくつか作るため
に，ひろしさんはピラミッド模型のいちばん下の段に使うブロックの数を調べ，【表】にまと
めました。あとの《条件》に合うようにピラミッド模型を作るとき，何段のピラミッド模型をそ
れぞれいくつ作ることができますか。考えられる段と数の組み合わせのうち，1つを解答用紙に
合わせて書きましょう。

【表】

ピラミッド模型の段（段）	1	2	3	4	5	6	7
いちばん下の段に使うブロックの数（個）	1	4	9	16	25	36	49

《条件》

> ・200個のブロックを残らず全部使うこと。
> ・4段のピラミッド模型を1つ以上作り，残ったブロックを使って5段以上のピラミッド模
> 型を作ること。
> ・同じ段のピラミッド模型をいくつ作ってもよい。

会話文2

> ひろしさん：本物のピラミッドもピラミッド模型と同じように作
> られているんだろうね。大きいだろうな。
> お父さん：エジプトにある世界一高いピラミッドは，高さが約
> 140mで，正方形をした底面の1辺の長さ（【図】の
> A）は約210mもあるみたいだよ。
> ひろしさん：それはすごいね。そのピラミッドの底面（【図】）の
> 広さは，ぼくの小学校の校庭よりも広いのかな。
> お父さん：どうだろうね。まず，ひろしの小学校の校庭の広さを調べて，比べてみるといい
> ね。
> ‥‥‥‥‥‥‥‥‥‥‥‥‥‥‥‥‥‥（数日後）‥‥‥‥‥‥‥‥‥‥‥‥‥‥‥‥‥‥
> ひろしさん：お父さん。調べてみたら，世界一高いピラミッドの底面の広さは，ぼくの小学校
> の校庭より広いことが分かったよ。ぼくの小学校の校庭の約6つ分の広さもある
> みたいだよ。

【図】

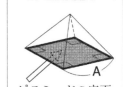

ピラミッドの底面

(2) 　会話文2　で，ひろしさんは，世界一高いピラミッドが「ぼくの小学校の校庭の約6つ分の広
さもあるみたいだよ」と言っています。世界一高いピラミッドの底面の広さが，ひろしさんの小

学校の校庭の約6つ分になることを，数と言葉で説明しましょう。式や図を使ってもかまいません。

【ひろしさんの小学校の図】

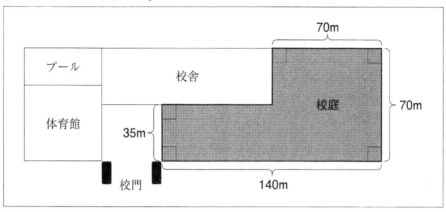

4　あすかさんは，家族でキャンプに行き，そこでパン作りにチャレンジしました。そのときのことをお姉さんと話しています。次の会話文を読んで，(1)，(2)の問いに答えましょう。

あすかさん：パンを作るには，まず材料を混ぜ，こねてパン生地を作るんだよね。それをしばらく置いておくと，材料の中のイースト菌のはたらきでパン生地がふくらむんだったね。でも，この前のキャンプのときは，いくら待ってもふくらまなかったね。なぜ，ふくらまなかったのかな。

お姉さん：キャンプの日は気温が5℃で，寒かったことが原因じゃないかなと思うよ。

あすかさん：イースト菌のはたらきは，温度のちがいで変わるのかな。実験してみようよ。

・・・・・・・・・・・・・・・・・・・・・・・・・・（実験後）・・・・・・・・・・・・・・・・・・・・・・・・・・

お姉さん：同じ量のパン生地をコップに入れ（【図】），ふたをして，温度を5℃，20℃，35℃，50℃に保った場所に置いていたら，【グラフ】のようにパン生地の高さが変化したよ。

【図】　　　　【グラフ】

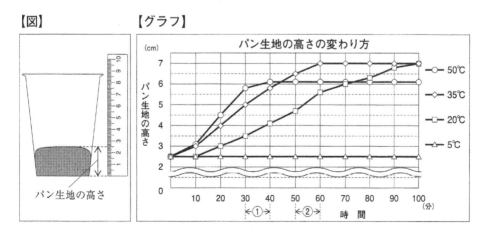

お姉さん：35℃のところに置いていた生地は，最初から60分くらいまで高さが高くなり続け，そのあとは，変わらなくなったね。このことから，イースト菌はしばらく活発にはたらき続けていたけど，と中からはたらかなかったことが分かるね。

あすかさん： なるほどね。 ア のところに置いていた生地は， イ 。このことから，イースト菌は ウ ことが分かるね。

(1) **会話文の** ▢ で，あすかさんは前のページの【グラフ】から分かったことを言っています。5℃，20℃のどちらかを選び，直前のお姉さんの言葉を参考にして《条件》に合うように，解答用紙に合わせて書きましょう。

《条件》 イ には，パン生地の高さが，時間とともにどう変わったかを書くこと。

(2) 【グラフ】の中の①（30〜40分の間），②（50〜60分の間）で，イースト菌が最も活発にはたらいているのは，それぞれ何℃のところに置かれたものですか。①，②のどちらかを選び，その番号と温度を書きましょう。また，そのように考えた理由を説明しましょう。

2020 年 度

解 答 と 解 説

《2020年度の配点は解答欄に掲載してあります。》

＜適性検査Ⅰ解答例＞《学校からの解答例の発表はありません。》

1 (1) 国名：ニュージーランド

取り組み：佐賀県の特産物である海苔の養殖場に案内して海苔がつくられる手順を理解してもらったり，食堂などに来てもらって食べ方やおいしさを知ってもらったりする。

理由：ニュージーランドの人は魚や貝に親しみがあるので，海苔にも興味を持ってもらえて，佐賀県独自の食文化や海産物の新しいみ力を知ってもらえると思うから。

(2) 国名：タイ

伝えること：コートやセーターなどとても暖かい服を用意して，佐賀県に来てほしい。2月の平均気温はタイが29℃なのに対して佐賀県は6℃ととても寒く，さらに一年を通して暑いタイでは経験したことのない寒さだと思われるから。

2 (1) 1910年に始まった「秋祭り」では，おどりが行われます。音楽は笛とたいこで演奏され，笛はかささぎ地区の竹が使われます。おどりは三種類あり，おどる人の色とりどりの衣装もあって，とてもはなやかです。

(2) 番号：②

理由：みこしやおどりの様子は多くの人が興味をもち実際に見てみたいと感じると思うから。

(3) 祭りの担い手はほぼ半分で，とくに40才以下の担い手の数が大変少なくなっています。将来，祭りが続けられるかどうかにえいきょうすると思います。

3 (1) ア：C

イ：E

ウ：カレーを食べる分を入れるとチケットを全て使い切ることができるし，持ち帰るものも作れる

エ：公民館・C・Eの順に行くと，カレーコーナーまで引き返すことなく歩けるからむだがないし，Cは先着順になっている体験だから先に行った方がいい

(2) 番号：②

オ：実際にはん売などの接客や，こんぽうなどの軽作業，ものづくりの手伝いなどを行う体験会

カ：働くことへの興味がわき，将来やりたいことの選たくしを広げられる

○配点○〔香楠〕

① (1) 8点 (2) 6点 ② (1) 8点 (2) 5点 (3) 7点

③ (1) 8点 (2) 8点 計50点

○推定配点○〔致遠館〕

① (1) 6点 (2) 5点 ② (1) 6点 (2) 4点 (3) 5点

③ (1) 7点 (2) 7点 計40点

○推定配点○〔唐津東・武雄青陵〕

① (1) 9点 (2) 7点 ② (1) 10点 (2) 7点 (3) 9点

③ (1) 9点 (2) 9点 計60点

＜適性検査Ⅰ解説＞

重要 ① (社会，国語：地域の特徴，比較，説明，作文)

(1) 会話文１の内容や自分の知っている佐賀県の特色と関連付けられそうな国を資料1から選ぶ。ニュージーランド以外の国を選んだ場合の解答例は以下の通りである。

○フィンランドを選んだ場合，

　取り組み：佐賀県内の温泉に案内し入浴後に飲む牛乳のおいしさを伝え，温泉という文化のよさを伝える。

　理由：フィンランドでは牛乳の消費量が多いので身近なものだと考えられる。そのため温泉と牛乳を関連付ければ，温泉に興味をもってもらえると思うから。

○タイを選んだ場合

　取り組み：吉野ヶ里遺跡から発くつされた服を実際に見てもらって，タイの民族衣装とのちがいなどを発見してもらい，佐賀県の文化のすばらしさを知ってもらう。

　理由：タイは絹織物を使ったあざやかな民族衣装が有名であり，それとはちがった異国の文化とのちがいに興味をもってもらえると思うから。

(2) 佐賀県の季節や2月の平均気温の特ちょうは会話文２の下から4行目に書いてある。これと資料３の各国の気候を比かくし，適切な服装を示せばよい。タイ以外の国を選んだ場合の解答例は以下の通りである。

○フィンランドを選んだ場合

　2月のフィンランドにいるときよりも少しうす手の服装を用意して，佐賀県に来てほしい。2月の平均気温はフィンランドが-6℃に対して佐賀県は6℃なので，あまり分厚い服を着てしまうと逆に暑く感じてしまう可能性がある。

○ニュージーランドを選んだ場合

　ニュージーランドにおける8月ごろの服装を用意して，佐賀県に来てほしい。佐賀県とニュージーランドでは季節が逆なので，ニュージーランドで2月に着る夏の服を持ってきてしまうと冬の佐賀県では寒いと感じると思われるから。

② (社会，国語：伝統文化，作文，意見文)

(1) 条件１をよく読むこと。歴史と特色両方から取り上げるとあるのでどちらが欠けても正解にはならない。指定語句の「はく力」，「音色」，「はなやか」という言葉は，例えばそれぞれ「みこし」，「音楽」，「おどり」と関連付けることができる。適切な使い方であれば例に挙げた使い方以外でも正解だが，2つ使ってよいとは書いていないので使用するのは１つだけにする。また，「ていねいな言葉づかいで書くこと」とあるので「である」や「だ」ではなく，「です」や「ます」で

文を終わらせる必要がある。

(2) 動画を見せることで「6年生のみんな」にどのような効果が表れるかを書く。①を選んだ場合の解答例は以下の通りである。

理由：担い手の大変さや努力，情熱などを感じられ「秋祭り」への興味を深められると思うから。

(3) 書き出しには1950年と2010年を比較した文を続けなければならない。グラフからは全体の担い手の数がおよそ半分に減ったこと，40才以下の担い手の数が激減したことなどがわかるので，これを「変化」として書く。「今後のえいきょう」は文化や技術を受けつぐことができない，祭りを続けられないかもしれないなどの内容にする。また，(1)と同様に文の最後を「です」「ます」で終わらせる。

やや難 ▶ ③ （総合問題：資料の読み取り，条件の整理，組み合わせ，意見文）

(1) たくやさんたちの会話文から計画をたてる上での条件を見つける。「チケット5枚を使い切ること」「カレーコーナーに行くこと」「持ち帰れるものを1つ以上作ること」「公民館に集合しむだに歩かないようにすること」「先着順の体験は1つ以下にして順番に気をつけること」が条件である。

まず組み合わせについて考える。カレーコーナーにはチケットが2枚必要なため，合計3枚のチケットを使う体験の組み合わせを考える。この組み合わせは「AとB，D，Eのどれか」か「CとB，D，Eのどれか」である。次に持ち帰りのある体験が1つ以上必要なので，B，C，Eのどれかは入れなければならない。これより残る組み合わせは「AとB」「AとE」「CとB」「CとE」の4通りにしぼられる。そして，先着順の体験は1つ以下にしなければならないので，「CとB」の組み合わせは外される。よって，考えられる組み合わせは「AとB」「AとE」「CとE」の3通りである。

あとは順番を考えればよい。先着順の体験を先に訪れ，さらにカレーコーナー側から公民館側に引き返すようなルートを外せばよい。これより「B→A」「A→E」「C→E」が正解だとわかる。この3つのうちのどれかを答えにすればよい。

(2) 【商店街子ども会議の資料】から子どもフェスタのねらいを読みとる。「商店街のお店のよさについて知ってもらう」「働くことに興味をもち，将来に役立ててほしい」という2つのねらいが読み取れるのでこれを解答に活用する。①を選んだ場合の解答例は以下の通りである。

オ：お店の人がお話をする会を開き，お店の工夫や思い入れ，お店をはじめたきっかけなどを聞く

カ：商店街のお店のいいところやそのお店への愛着が深まり，商店街にいきたいと思える

── ★ワンポイントアドバイス★ ──

ある程度限定されたはん囲内で，自分で考えて解く問題が多いので，条件をしっかり確認したうえで何を書くべきか考えよう。字数も自由なものが多いので，時間配分にも注意が必要だ。

＜適性検査Ⅱ解答例＞ ≪学校からの解答例の発表はありません。≫

1 (1) 記号：イ
理由：下を閉じてしまっていてどこからも風が入らないので，条件２の「風通しのよいところではかる」を満たしていないから。

(2) 記号：①
変えたこと：白色，黒色のタオルに灰色のタオルを加えてかわく時間をはかったこと。
確かめられること：タオルがかわくまでの時間は色がこいタオルのほうが短い

2 (1) それぞれのチームの合計点のうち１人で何点取ったかの割合で比べるとひなたさんがMVP候補になる。それぞれのチーム内の得点の割合を比べると，

$$（たろうさん）:（ひなたさん）=\frac{10}{25}:\frac{9}{20}=\frac{40}{100}:\frac{45}{100}=40:45=8:9$$

となるので，ひなたさんの方がよりチームの役に立っていると考えることができ，MVP候補という考え方になる。

(2) 条件：AチームがDチームに勝ちCチームがBチームに勝つことと，Aチームが（得点の合計）−（失点の合計）でCチームを上回る試合結果であることがAチームだけ優勝できる条件である。
試合結果の得点例：Aチーム対Dチーム…２対０　　Bチーム対Cチーム…０対１

3 (1) ４段が３つと５段が２つ
(2) まず，ピラミッドの底面の広さを求める。底面は１辺の長さが約210mの正方形なので，面積は210×210＝44100より約44100m²である。

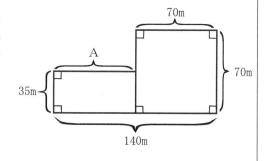

次に，校庭の広さを求める。右の図のように校庭を２つの四角形に分けて考える。図中のAの長さは140−70＝70より70mであるので，これより校庭の広さは

35×70＋70×70＝2450＋4900＝7350で7350m²ということがわかる。

最後にピラミッドの底面の広さと校庭の広さを比べると，44100÷7350＝6となるので，ピラミッドの底面の広さはひろしさんの小学校の校庭の約６つ分になるといえる。

4 (1) ア：20℃
イ：最初から10分くらいまで高くならず，10分を過ぎると高さが高くなり続けたね
ウ：最初ははたらかないけれど，と中から活発にはたらき続けた

(2) 番号：②
温度：20℃
理由：グラフから，５℃のところと50℃のところに置かれたパン生地は高さが変わらないのでイースト菌がはたらいていないことがわかり，35℃のところに置かれたパン生地は約0.5cm高くなり，20℃のところに置かれたパン生地は約1cm高くなっていることがわかるので，20℃のところに置かれたパン生地が一番高くな

ったといえるから。

○配点○〔香楠〕
1 (1) 5点 (2) 6点　2 (1) 6点 (2) 8点　3 (1) 7点 (2) 7点
4 (1) 5点 (2) 6点　　計50点
○推定配点○〔致遠館・唐津東・武雄青陵〕
1 (1) 6点 (2) 7点　2 (1) 7点 (2) 9点　3 (1) 8点 (2) 8点
4 (1) 7点 (2) 8点　　計60点

＜適性検査Ⅱ解説＞

1 （理科：気温のはかりかた・日光の性質）

(1) ア～ウの中で条件に合っているのはウのみ。ウは太陽側の面を残して他の面が切り取られているので太陽の光が直接当たらず風通しもよいので条件を満たしているといえる。アを選んだ場合の解答例は以下の通りである。

理由：太陽の光が当たる側にも丸い穴が開いているので太陽の光が直接棒温度計に当たってしまうかもしれないから。

(2) 実験1と実験2を比かくして何を変えているのか確かめる。「確かめられること」には「変えたこと」に書いたことをふまえ、指定された言葉を必ず用いて書く。②を選んだ場合の解答例は以下の通りである。

変えたこと：干す場所を日光が当たる場所から当たらない場所に変えた。

確かめられること：タオルがかわくまでの時間が色によってちがうのは、太陽の光を集めやすい色があるため

2 （算数：比かく・条件と計算）

(1) 何点取ったかだけではたろうさんとひなたさんのどちらが優れているか決められないというのがみなとさんの考えである。各チームで試合数や総得点数がちがうのでそこに注目する。解答例に示した答え以外にも1試合あたりにとった点数を比べるなどの考え方がある。

やや難 (2) 【リーグ戦の対戦表】を見てわかる現在の各チームの成績と【順位決定のルール】をよく見比べる。AチームがDチームに勝ったとしてもBチームがCチームに勝ってしまった場合、ルール①よりAチームは優勝できない。BがCに負けた場合は解答例に記した通りである。B対Cが引き分けの場合、Aチームの(得点の合計)－(失点の合計)が3以上であればよい。そして、どの場合でもそれぞれの条件を満たす「試合結果の得点例」を答えとすればよい。

3 （算数：数の規則性・面積）

やや難 (1) まず、4段のピラミッドを作るときブロックを何個使うのか考える。1＋4＋9＋16＝30より30個必要だとわかる。次に、4段のピラミッドを1，2，3，……と作ったとき、残りのブロックは何個になるのか表を用いて考える。

4段ピラミッドの数(①)	1	2	3	4	5	6
①で使うブロックの数	30	60	90	120	150	180
残りのブロックの数	170	140	110	80	50	20

　この表を用いて，残りのブロックの数をぴったり使って作れるピラミッドを探す。5段のピラミッドは55個ブロックを使うが4段ピラミッドを3つ作ったときの残りのブロックの数を見ると110とあり，ちょうど5段ピラミッドを2つ作れることがわかる。ほかに，7段のピラミッドは140個のブロックを使うので，4段が2つと7段が1つも正解。

(2)　小学校の校庭の広さをどのように求めるかがポイントである。解答例に記した以外の求め方として，縦70m横140mの長方形から縦35m横70mの長方形を引いた面積を求めるなどの方法がある。あとはピラミッドの底面の広さがひろしさんの小学校の校庭の約6つ分，つまり6倍であることを示せばよい。

4　(理科：空気や水から受ける力)

(1)　グラフをよく見て適切な言葉を入れる。直前のお姉さんの言葉から，高さが高くなるほどイースト菌は活発にはたらくことがわかるのでそれを利用する。5℃を選んだ場合の解答例は以下の通りである。

　　　イ：時間がたってもパン生地の高さは変化しない
　　　ウ：5℃でははたらかない

(2)　グラフを見て問題文で指定された時間内で一番高さが高くなった温度を解答する。グラフの目盛りから大体の高さを割り出す，グラフの傾きが急なものを探すなどの方法をとると比かくしやすい。①を選んだ場合の解答例は以下の通りである。

　　　温度：35℃
　　　理由：35℃のところに置いたときの高さのグラフが①の時間の中で一番傾きが急だったため。

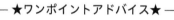

　　　★ワンポイントアドバイス★

　答えだけを書くのではなく，図や文を使って説明をともなう問題がよく出題されている。問題文やグラフ・表をよく読み取り，あたえられた情報をよく考えてていねいにわかりやすい文章を書くことを心がけよう。また答えが1つに決まっていない問題も多く見られるため，自分で考える力をつけることも重要だね。

2019年度

★★★★★★★★★★★★★★★★★★★★★★

入 試 問 題

2019年度

佐賀県立中学校入試問題

【適性検査Ⅰ】（45分）　＜満点：50点（香楠）／ 40点（致遠館）／ 60点（唐津東・武雄青陵）＞

1　まさやさんとあきこさんは，委員会活動で給食のことについて全校児童に知ってもらうための取り組みを行うことになりました。次の 会話文 と【資料１】，【資料２】を読んで，あとの(1)～(3)について考えましょう。

会話文

> まさやさん：昨日（きのう），ぼくたちの給食に関わる人にインタビューをしてきたよ。給食のこんだてを考える人や調理をする人の願い（【資料１】）がよく分かったから，全校のみんなにも知ってほしいな。
>
> あきこさん：私（わたし）たちのことを考えて作ってもらっているのよね。みんなに知ってもらうだけではなくて，給食のこんだてを考える人や調理をする人の願いを実現するために，委員会活動でできることを考えましょう。
>
> まさやさん：そうだね。他にはどのような取り組みができるかな。
>
> あきこさん：私のおばあさんから，「子供（こども）のころ，給食の＊脱脂粉乳（だっしふんにゅう）が飲みにくかった」という話を聞いたの。だから，学校給食の歴史（【資料２】（次ページ））を調べて，学校給食の移り変わりについて＊パネルにまとめて展示（てんじ）したいな。
>
> まさやさん：いい考えだね。ぼくは，来月の委員会だよりで，「給食のこんだてのよさを家庭でも生かしてみよう」と呼びかけようかな。

＊脱脂粉乳（にゅうしぼうぶん）：牛乳の乳脂肪分と水分を取り除（のぞ）いて粉末にしたもの。お湯でとかして飲む。

＊パネル　　：展示のために文章などを書いたうすい板。

【資料１】　給食のこんだてを考える人や調理をする人の願い

> ア　給食に使われている食べ物の栄養について興味をもってほしい。
>
> イ　給食を運んだり，つぎ分けたりするときは，衛生面に気をつけてほしい。

(1)　会話文 で，あきこさんは「給食のこんだてを考える人や調理をする人の願いを実現するため」に全校児童に向けて委員会活動でできることを考えています。あなたなら，どのような活動を考えますか。次の《条件１》に合うように書きましょう。

《条件１》　・【資料１】のアかイのどちらかを選び，その記号を書くこと。

　　　　　　・選んだ願いを実現するために，全校児童に向けて行う活動を具体的に書くこと。

(2)　あきこさんは，【資料２】から分かった「学校給食の移り変わり」を３つ見つけて，パネルに１枚（まい）ずつまとめました（【資料３】（次ページ））。パネル１は「給食の拡大」についてまとめたものです。あなたなら，残りの２枚をどのようにまとめますか。次のページの《条件２》に合うように書きましょう。

【資料２】　学校給食の歴史

年 （出来事）	１食分のこんだて例		
	主食	飲み物	おかず
1946 （関東地方で学校給食が開始される。）		脱脂粉乳	・トマトシチュー
1952 （学校給食が全国の小学校に拡大される。）	パン		・くじらあげ（くじらの肉をあげたもの） ・せん切りキャベツ
1964		牛乳	・ソーセージあげ ・サラダ ・プリン
1976	パンまたはご飯		・カレー ・野菜のごまあえ ・みかんゼリー

【資料３】

パネル１

［　給食の拡大　］

関東地方から始まった給食が、1952年に全国の小学校に広がった。

パネル２

［　見出し２　］

本文２

パネル３

［　見出し３　］

本文３

《条件２》　・【資料２】から分かることを書くこと。
　　　　　・パネル１を参考にして，パネル２，パネル３の見出しと本文をそれぞれ書くこと。
　　　　　・見出しは，本文の内容に合わせて<u>７字以内</u>で書くこと。

(3)　まさやさんは，昨日の給食のこんだて（【資料４】）をもとにして，「<u>給食のこんだてのよさを家庭でも生かしてみよう</u>」と呼びかける記事を，委員会だより（【資料５】）に書くことにしました。あなたなら，どのような記事を書きますか。次の《条件３》に合うように書きましょう。
《条件３》　・【資料４】から分かる給食のこんだてのよさを１つ挙げて，それを生かしたい理由が伝わるように書くこと。

【資料４】　昨日の給食のこんだて

・ご飯
・佐賀県産野菜のサラダ
・佐賀県産豚肉のしょうが焼き
・だごじる（大根、さといも、小麦粉などを使った、佐賀県に伝わる料理）
・牛乳

【資料５】　委員会だより

委員会だより

給食のこんだてのよさを家庭でも生かしてみませんか

呼びかける記事

・記事の終わりは「～ましょう」や「～ませんか」のように呼びかける表現で書くこと。

・<u>45～60字</u>で書くこと。

2 みさきさんの家に，アメリカからやってきた高校生のレイラさんがホームステイをしています。みさきさんとお母さんは，レイラさんのためにできることについて話をしています。次の会話文を読んで，あとの(1)～(3)について考えましょう。

みさきさん：今度の節分にレイラさんと豆まきをしたいと思って【絵】を見せたら，レイラさんが「どうして【おに】さんは豆を投げられているの」って，びっくりしていたよ。

【絵】

【おに】

お 母 さん：それなら，豆まきについて調べて，<u>おにが豆を投げられている理由</u>を説明すると，レイラさんにも分かると思うわ。

みさきさん：そうね，調べてみるね。レイラさんは日本にとても興味があるんだよ。日本語の読み書きも，もっと<ruby>上手<rt>じょうず</rt></ruby>になりたいと言っていたよ。

お 母 さん：<u>外国のことを学ぶと，自分の国のことについてもよく分かるのよ。</u>

みさきさん：そうなんだ。<ruby>私<rt>わたし</rt></ruby>もいつか外国でホームステイをしたいから，レイラさんの話す英語をもっと分かるようになりたいな。

お 母 さん：それなら，<u>レイラさんが生活の中で日本語の読み書きを学ぶことができて，あなたの英語の勉強にも役立つ方法</u>を考えてごらん。

(1) みさきさんは，豆まきについて調べた【メモ】をもとに，「おにが豆を投げられている理由」を豆まきにこめられた願いも加えて，【説明】することにしました。あなたなら，どのような内容を伝えますか。あとの《条件1》に合うように書きましょう。

【メモ】

・豆には，悪いものを追い出す力があると考えられていた。

・豆まきのあとに，自分の年の数の豆を食べる。

・病気のようなよくないことは，おにが引きおこすものだと考えられていた。

・豆まきのかけ声は，「おには外，福は内」。

【説明】

おにが豆を投げられている理由は，｜　　　　　　　あ　　　　　　　｜。
つまり，豆まきには｜　　　　い　　　　｜という願いがこめられています。

《条件1》 ・【メモ】の中から必要な情報を選び，選んだ情報をもとに考えること。

・｜あ｜には，おにが豆を投げられている理由を書くこと。

・｜い｜には，豆まきにこめられた願いを，「～という願い」につながっていくように書くこと。

(2) 会話文で，お母さんは「<u>外国のことを学ぶと，自分の国のことについてもよく分かる</u>」と言っ

ています。あなたなら，外国のことを学ぶと自分の国のことについてもよく分かる理由をどのように考えますか。あなたが考えた理由を書きましょう。

(3) 会話文で，お母さんは「<u>レイラさんが生活の中で日本語の読み書きを学ぶことができて，あなたの英語の勉強にも役立つ方法</u>」を考えるように言っています。あなたなら，どのような方法を考えますか。次の《条件2》に合うように書きましょう。

《条件2》　・みさきさんとレイラさんが，交流しながらおたがいの国の言葉を学び合う方法を1つ書くこと。

　　　　　・あなたが考えた方法が，みさきさんとレイラさんにとって，それぞれどのように役立つのかを具体的に説明すること。

3　なるみさんとたけしさんは，ことわざについて調べてまとめた【表】をもとに，学習発表会で全校児童に発表をすることになりました。次の【表】と｜会話文｜を読んで，あとの(1)，(2)について考えましょう。

【表】

記号	こ と わ ざ	意　　　　味
ア	三人寄ればもんじゅの知恵_{ちえ}	1人では難_{むずか}しいことも、みんなで集まって考えるとよい考えが出るということ。
イ	備えあればうれいなし	ふだんから準備をしておけば、いざというときでも心配がないということ。
ウ	石の上にも三年	がまん強く続けていれば、いつか必ず成功するということ。

｜会話文｜

　なるみさん：私_{わたし}は，【表】のことわざから1つ選んで，そのことわざと同じような意味の言葉を考えてきたよ。「アリの角砂糖運び_{かくざとう}」という言葉なの。この言葉に合うようにかいた【イラスト】（次ページ）を使って，発表をしようと思っているわ。

　たけしさん：おもしろいね。この言葉は，【表】のどのことわざと同じような意味なのかな。

　なるみさん：｜　①　｜と同じような意味だよ。この【イラスト】で説明したいのは，｜　　②　　｜ということだよ。

　たけしさん：なるほど，よく分かったよ。ぼくが考えてきたのは，<u>ことわざを知らない1年生や2年生にもことわざの意味が分かるような発表</u>だよ。

(1) ｜会話文｜の｜①｜と｜②｜で，なるみさんは，自分で考えた「アリの角砂糖運び」という言葉の説明をしています。あなたなら，どのような説明をしますか。次の《条件1》に合うように書きましょう。

《条件1》　・｜①｜には，あなたが「アリの角砂糖運び」と同じような意味だと考えることわざを，【表】のア～ウから1つ選び，選んだ記号を書くこと。

　　　　　・｜②｜には，【イラスト】の中にある「アリの家」，「山」，「道」，「季節」の4つの言葉の中か

ら<u>2つ</u>を使って，選んだことわざの意味と合うように説明を書くこと。

・ ② は，「～ということだよ」につながっていくように書くこと。

(2) 会話文 で，たけしさんは「<u>ことわざを知らない1年生や2年生にもことわざの意味が分かるような発表</u>」を考えてきたと言っています。あなたなら，どのような発表を考えますか。次の《条件2》に合うように書きましょう。

《条件2》 ・なるみさんが考えた方法とは別の方法を考えて書くこと。

・あなたが考えた発表の方法によって，ことわざを知らない1年生や2年生にもことわざの意味が分かるようになる理由を入れて説明を書くこと。

【イラスト】

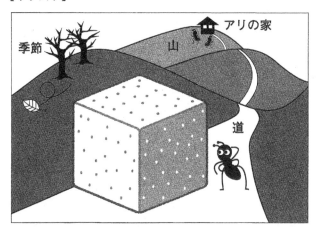

【適性検査Ⅱ】（45分）　＜満点：50点（香楠）／　60点（致遠館・唐津東・武雄青陵）＞

1　冬のある日に，なおみさんとお母さんはアイスクリームを買って帰りました。次の 会話文1 ～ 会話文3 を読んで，あとの(1), (2)について考えましょう。

会話文1

> なおみさん：家に着くまでに，アイスクリームがとけないか心配だな。
> お 母 さん：それなら，毛糸のマフラーで包んでおくといいよ。
> なおみさん：マフラーで包んだら，逆にアイスクリームが早くとけそう。
> お 母 さん：そんなことないよ。家に帰ってから実験で確かめてごらん。
> なおみさん：分かった。アイスクリームの代わりに氷を使って確かめてみるね。

会話文2

> なおみさん：このような【実験の計画】を立てたんだけど，どうかな。
>
> 　　　　　　【実験の計画】
>
> > 　準備するもの：氷2個，毛糸のマフラー，ストップウォッチ，はかり
> > 　手順1：部屋のエアコンの温度を20℃
> > 　　　　　に設定する。
> > 　手順2：1個の氷は毛糸のマフラーで
> > 　　　　　包み，もう1個の氷はそのまま
> > 　　　　　テーブルの上に置く（【図】）。
> > 　手順3：30分後に，とけ残った氷の重さ
> > 　　　　　を比べる。
>
> 【図】
>
>
>
> お 母 さん：実験は，すばやくしないといけないね。それに，3回ぐらい同じ実験をくり返すといいよ。他にも，正確な実験にするために気をつけないといけないことがあるから，考えてごらん。

会話文3

> お 母 さん：実験の結果はどうだった。
> なおみさん：毛糸のマフラーで包んだ氷の方が重かったよ。お母さんの言うとおり，マフラーで包んだ方がとけにくかったね。
> お 母 さん：氷に熱が伝わると，氷が温まってとけてしまうの。氷をマフラーで包むと，毛糸のすき間に空気があることで，氷に熱が伝わりにくくなるから，氷がとけにくくなるのよ。マフラーの代わりに新聞紙を使って，アイスクリームをとけにくくすることもできるのよ。

(1)　 会話文2 で，お母さんは「他にも，正確な実験にするために気をつけないといけないことが

<u>ある</u>」と言っています。気をつけることを具体的に書きましょう。また，その理由を書きましょう。

(2) 会話文3 で，お母さんは「新聞紙を使って，アイスクリームをとけにくくすることもできる」と言っています。アイスクリームをとけにくくするために，あなたなら新聞紙を使ったどのような方法を考えますか。 会話文3 の内容をもとに考え，具体的な方法を書きましょう。また，その方法でアイスクリームがとけにくくなる理由を書きましょう。

2 次の土曜日に，たろうさんとお父さんは，Ｂ駅前で行われるお祭りのパレードを見に行くことにしました。次の 会話文1 と 会話文2 を読んで，あとの(1)，(2)について考えましょう。

会話文1

> たろうさん：家からバス停までは自転車で行くから，自転車の点検をしたよ。自転車には【歯車】がついているんだね（【図】）。
>
> お父さん：そうだよ。ペダルを前にこいで【前の歯車】が回転すると，チェーンでつながっている【後ろの歯車】が回転して，後ろのタイヤも回転するんだよ。
>
> たろうさん：なるほど。よく見ると，【前の歯車】の歯の数は25枚，【後ろの歯車】の歯の数は10枚あるね。
>
> お父さん：歯車の歯の数が前後でちがうと，どうなるのか考えてごらん。
>
> たろうさん：歯車の歯の数が前後でちがうと，<u>ペダルをこぐ回数と後ろのタイヤの回転数にちがいが出てくる</u>よね。つまり，ぼくの自転車だと　　　　　　。

【注意】　ペダルを1回こぐと，【前の歯車】は1回転することとします。また，【後ろの歯車】が1回転すると，後ろのタイヤも1回転することとします。

【歯車】

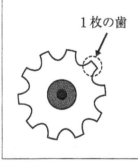

1枚の歯

【図】

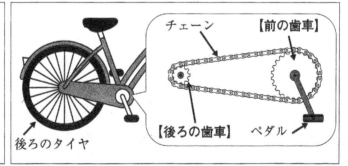

チェーン　【前の歯車】

後ろのタイヤ　【後ろの歯車】　ペダル

会話文2

> お父さん：バス停からＡ駅まではバスで，Ａ駅からＢ駅までは電車で行くよ。
>
> たろうさん：お祭りのパレードは19時30分に始まるから，<u>18時から19時の間にＢ駅にとう着したいね。</u>
>
> お父さん：【バス停からＢ駅までの道のり】（次ページ）と【乗り物に関するメモ】（次ページ）を作ったから，お祭りのパレードに間に合うような計画を立ててごらん。
>
> たろうさん：分かったよ。バスでＡ駅にとう着してから電車で出発するまで，30分以上待たなくて済むように考えてみるね。

【バス停からB駅までの道のり】

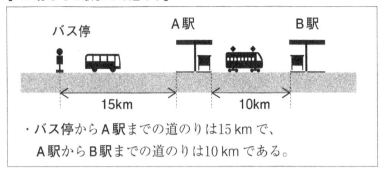

・バス停からA駅までの道のりは15 km で、
　A駅からB駅までの道のりは10 km である。

【乗り物に関するメモ】

> ・バス停からA駅に行くバスは，朝の6時10分から30分おきにバス停を発車し，23時10分に最
> 　後のバスが発車する。
> 　バスの速さは時速45㎞である。
> ・A駅からB駅に行く電車は，朝の6時5分から20分おきにA駅を発車し，23時5分に最後の
> 　電車が発車する。
> 　電車の速さは時速60㎞である。
> ・A駅では，バスを降りてから電車に乗るための移動に3分かかる。

(1) 　会話文1 　の 　　　　 には，たろうさんが「ペダルをこぐ回数と後ろのタイヤの回転数にちがい
　が出てくる」と気づいて考えたことが入ります。　　　　 に入る文を次の①，②のどちらかを選び，
　その番号を書きましょう。そして，選んだ文の（　　　）に入る言葉が，「多くなる」と「少なく
　なる」のどちらなのかを書きましょう。また，その理由を，あとの［注意すること］に合うよう
　に書きましょう。

> ① 　ペダルをこぐ回数と比べて，後ろのタイヤの回転数が（　　　　　　　　　　）よね
> ② 　後ろのタイヤの回転数と比べて，ペダルをこぐ回数が（　　　　　　　　　　）よね

［注意すること］
　　・【前の歯車】の歯の数と【後ろの歯車】の歯の数を比べた割合を用いること。

(2) 　会話文2 　で，たろうさんは「18時から19時の間にB駅にとう着したい」と言っています。そ
　のためには，バス停とA駅をそれぞれ何時何分に発車するバスと電車に乗ればよいでしょうか。
　　会話文2 　と【バス停からB駅までの道のり】と【乗り物に関するメモ】をもとに考えて書き
　ましょう。

3　ふみやさんは，パンフレットなどについている2次元コードについて，お母さんと話をしていま
す。次の 　会話文1 　と 　会話文2 　を読んで，あとの(1)，(2)について考えましょう。
　会話文1

> お母さん：【2次元コード】（次ページ）には，方眼を白と黒にぬり分けた模様の中に情報が
> 　　　　　　入れてあるのよ。

ふみやさん：携帯電話などの機械で情報を読み取るんだよね。ななめに
　　　　　　 しても読み取れるのかな。

お 母 さん：だいじょうぶよ。【2次元コード】の3つの角に【図1】の
　　　　　　 ような目印があって，【図1】のアとイの長さの比は1：3
　　　　　　 になっているのよ。【図2】のようにななめになっても，A
　　　　　　 とBの長さの比は1：3になるから，機械は，これが目印だと分かるのよ。

ふみやさん：そうか，AとBの長さを測らなくても分かるね。[　　　　]。

【2次元コード】

【図1】　　　　　　　　【図2】

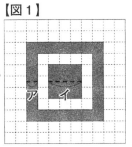

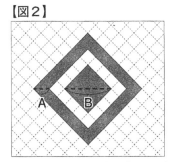

【注意】【図1】と【図2】の方眼の1目は，どちらも同じ長さです。

会話文2

ふみやさん：情報は【2次元コード】の目印以外の部分に入れてあるんだね。

お 母 さん：機械が読み取れるように文字を模様にしてあるのよ。お母さんも，【図3】のよ
　　　　　　 うに4マスの正方形を使って，五十音の「あ行」から「な行」までのひらがなの
　　　　　　 表し方を考えてつくってみたわ。ローマ字のように，「行」と「段」を組み合わ
　　　　　　 せて表すのよ。

ふみやさん：お母さんの表し方には，きまりがあるみたいだね。それなら，ぼくの名前を表せ
　　　　　　 るように，「は行」，「ま行」，「や行」の行の表し方のきまりを，お母さんの表し
　　　　　　 方を参考にして自分で考えてつくってみるよ。

【図3】

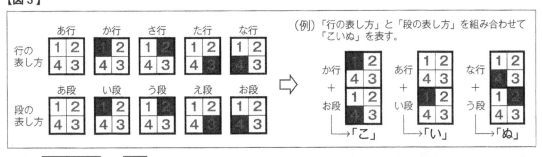

(1)　会話文1　の　　　には，【図2】のAとBの長さの比が1：3である説明が入ります。あな
　　たなら，「長さを測って比を計算する」以外の方法で，どのように説明しますか。その説明を書
　　きましょう。必要があれば，図を使って説明してもかまいません。

(2)　会話文2　で，ふみやさんは「は行」，「ま行」，「や行」の「行の表し方のきまりを，お母さん

の表し方を参考にして」自分で考えてつくることにしました。あなたなら,「ふみや」をどのように表しますか。次の《条件》に合うように,あとの①,②を考えましょう。

《条件》

> ・「は行」,「ま行」,「や行」の行の表し方は,4マスのうち,2マスを黒くぬりつぶす。
> ・段の表し方は,【図3】を使う。

① 「は行」,「ま行」,「や行」の行の表し方の説明を,きまりが分かるように書きましょう。

② ①で考えた「は行」,「ま行」,「や行」の行の表し方に従って,解答用紙の【「ふみや」の表し方】にかきましょう。

【「ふみや」の表し方】

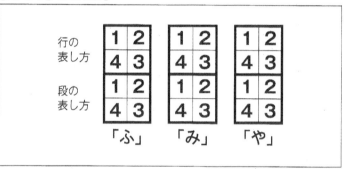

4 ひろしさんは,木から落ちる葉っぱと木の実を見て,お父さんと話をしています。次の会話文を読んで,あとの(1),(2)について考えましょう。

> ひろしさん:木の実よりも葉っぱの方が軽いから,落ちる速さがおそいのかな。
> お 父 さん:重さで落ちる速さがちがうわけではないんだ。【実験】で確かめよう。
>
> > 【実験】
> >
> > > 準備するもの　ティッシュペーパー(【図1】)
> > > 手順　1枚のティッシュペーパーを広げたものと丸めたものを,1mの高さから同時にゆかに落とす。
> > >
> > > [結果]
> > > 広げたティッシュペーパーは,丸めたティッシュペーパーよりもおくれてゆかに着いた。
>
> ひろしさん:本当だ。ティッシュペーパーを広げた方が落ちる速さはおそかったよ。
> お 父 さん:ティッシュペーパーを広げると,空気からの力を受けやすくなるんだよ。プールの中を歩くと,水から受ける力で動きをじゃまされるように,空気からも動きをじゃまされるような力を受けるんだよ。

(1) ひろしさんは,【実験】の[結果]から次の【予想】を立てました。あなたなら,この【予想】を確かめるためにどのような実験を考えますか。その実験の説明を,使うものや手順が分かるよ

うに書きましょう。また，あなたの考えた実験の結果がどうなるかを書きましょう。ただし，「広げた紙と丸めた紙を同時に落とす」以外の実験を考えましょう。

【予想】 空気を受ける面積が広いほど，空気から受ける力は大きくなる。

⑵ ひろしさんは，平泳ぎをするときの手が「水から受ける力」についてまとめました。次の【資料】はその一部です。あなたなら，どのようにまとめますか。【資料】の①，②のどちらかを選び，その番号を書きましょう。そして，ア には「大きく」と「小さく」のどちらかを書きましょう。また，イ には，その理由を書きましょう。

【資料】

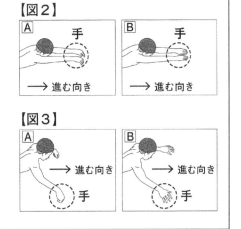

① うでをのばすとき，手の形を【図2】のAにするよりもBにした方が，手が水から受ける力は ア なります。それは イ からです。そのため，前に進みやすくなります。

② 水をかき分けるとき，手の形を【図3】のAにするよりもBにした方が，手が水から受ける力は ア なります。それは イ からです。そのため，前に進みやすくなります。

大切なことはメモしておこうネ！

2019 年 度

解 答 と 解 説

《2019年度の配点は解答欄に掲載してあります。》

＜適性検査Ⅰ解答例＞ 《学校からの解答例の発表はありません。》

1 (1) 記号：ア
活動：週に1回，その日のこんだてに使われている食べ物の栄養についてくわしく調べて，1枚の紙にまとめ，それを全校児童に配る。

(2) 見出し2：主食の変化
本文2：1952年に，それまではなかった主食が出るようになった。そのときは，パンだけだったが，1976年にご飯も出るようになった。

見出し3：飲み物の変化
本文3：はじめは脱脂粉乳だったが，1964年に牛乳になった。

(3) 給食では佐賀県産の野菜や肉がたくさん使われています。家庭でも地元の新鮮な食材を使って，調理をしてみませんか。

2 (1) あ：病気のようなよくないことを引きおこすおにを，悪いものを追い出す力のある豆で追い出そうとしているからです
い：悪いものを自分や自分の周りから追い出すことで，健康で幸せに暮らしたい（という願い）

(2) 外国のことを学ぶと，外国と自分の国の共通点やことなる点が分かるので，自分の国の特ちょうを知ることができるから。

(3) 方法：レイラさんが日本語で日記を書き，それをみさきさんが見ながら，レイラさんに英語で説明してもらう。
説明：レイラさんは日本語で日記を書き，おかしい表現や分からない言葉をみさきさんに見てもらうことで，日本語の読み書きを学ぶことができる。みさきさんは，レイラさんにその日記の内容を英語で説明してもらうことで，英語を聞きとる力や，表現のしかたなどを学ぶことができる。

3 (1)① ア
② アリ1匹では，山の上にあるアリの家まで角砂糖を運ぶことはできないが，3匹で協力すれば，家まで運ぶことができる（ということだよ。）

(2) 発表の方法：紙しばいで物語を通してことわざの意味を伝える。
説明：ことわざは難しい言葉が使われ短くまとまっているので，1，2年生には分かりづらい。そのため，絵とやさしい言葉でことわざの表す状きょうを説明すれば，絵本のように理解してもらえると考えた。

○配点○〔香楠〕
1 (1) 4点　(2) 6点　(3) 8点　　2 (1) 7点　　(2) 3点　　(3) 6点
3 (1) 8点　(2) 8点　　　計50点
○推定配点○〔致遠館〕

1 (1) 3点 (2) 5点 (3) 6点 2 (1) 5点 (2) 2点 (3) 5点
3 (1) 7点 (2) 7点 計40点
○推定配点○〔唐津東・武雄青陵〕
1 (1) 6点 (2) 7点 (3) 9点 2 (1) 8点 (2) 5点 (3) 7点
3 (1) 9点 (2) 9点 計60点

＜適性検査Ⅰ解説＞

重要 1 （総合問題：食育，地産地消，説明，作文）

(1) 条件に「全校児童に向けて行う活動」とあることに注意する。解答例のほかにも，校内放送やポスターを使って，栄養について知らせたり，衛生面を気をつけるように呼びかけたりすることなどが考えられる。

(2) パネル1を参考に，【資料2】の表にある具体的な年も交えながら本文を書くとよい。解答例にはないが，おかずの品数が増えたことや使われる食材の種類が増えたことをパネルにまとめてもよい。

(3) 地元の食材を使うとよい点は，新鮮な食材を食べられること，地域の農業の活性化につながること，食材の運ぱんきょりが短いため環境にやさしいことなどが考えられる。そのほかの給食のこんだてのよさとしては，佐賀に伝わる料理を入れることで伝統文化を伝えている点や，料理のバランスがとれている点も考えられる。

字数が限られるなかで，生かしたい理由まで入れなければならないので，まとめ方に注意が必要である。

2 （社会，国語：伝統文化，作文，意見文）

(1) **あ：**【メモ】から豆に力があると考えられていたこと，おにが悪いことを引きおこすと考えられていたことが分かるので，これらを使っておにが豆を投げられている理由をまとめる。
い：豆にこめられた願いは，豆まきのかけ声や，豆まきの後に自分の年の数の豆を食べることから推測する。

(2) 自分の国のことにしかふれていないと，自分の国の文化や慣習の特ちょうに気がつきにくいことがある。外国のことにふれて初めてその特ちょうに気づき，改めて自分の国のことをよく知ることができると考えられる。

(3) レイラさんは日本語の読み書きを，みさきさんはレイラさんの話す英語をもっと分かりたいと思っていることに着目する。レイラさんが日本語を読んだり書いたりする機会をもち，みさきさんが英語を学ぶ機会を持てる方法を考える。

3 （国語：ことわざ）

(1) 【イラスト】を参考に，説明をまとめやすいものを選ぶ。イやウを選んだ場合は次のようなことが書いてあればよい。
イを選んだ場合
アリの家に角砂糖(かくざとう)を運んでおけば，季節が変わって食べ物が少なくなっても心配がない(ということだよ。)
ウを選んだ場合
少しずつしか進めなくても長い道をがまん強く運んでいけば，いつかアリの家まで角砂糖を

運べる（ということだよ。）

(2) なぜ1，2年生にはことわざが分かりづらいのかを考え，それを改善できる方法を書く。解答例のほかにも，絵にかいたり，劇をして見せたりすることなどが考えられる。

★ワンポイントアドバイス★

ある程度限定された範囲内で，自分で考えて解く問題が多いので，条件をしっかり確認したうえで何を書くべきか考えよう。字数も自由なものが多いので，時間配分にも注意が必要だ。

＜適性検査Ⅱ解答例＞ 《学校からの解答例の発表はありません。》

1 (1) 気をつけること：氷の重さと形状をすべて同じにすること。

理由：実験前の氷の重さがことなると，実験後の氷の重さにちがいが生じ，形状がことなると，とけ方にもちがいが生じる。これでは，マフラーによる氷のとけ方のちがいを比較することができなくなってしまうため。

(2) 方法：新聞紙を何枚か重ねてアイスクリームを包む方法。

理由：新聞紙を何枚か重ねることで新聞紙と新聞紙のすき間に空気の層ができる。この空気の層によって，外からの熱がアイスクリームに伝わりにくくなるから。

2 (1) 番号：① 言葉：多くなる

理由：前の歯車の歯と後ろの歯車の歯が動く速度は同じである。ペダルをこいで前の歯車が一回転する間に，後ろの歯車は25÷10＝2.5（回転）するため，ペダルをこぐ回数と比べて後ろのタイヤの回転数は多くなる。

(2) バスの時刻：17（時）40（分） 電車の時刻：18（時）5（分）

3 (1) 方眼紙は対角線の長さもすべて等しいため，対角線が何マス分あるのかを考える。Aは1マス分，Bは3マス分なので，AとBの長さの比は1：3だとわかる。

(2)① 「は行」は1と2，「ま行」は1と3，「や行」は1と4をそれぞれ黒くぬりつぶす。

②

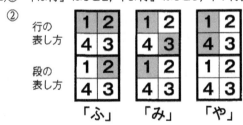

4 (1) 実験の説明：同じ重さで大きさのことなるボールを2つ用意して，同じ高さから同時に手をはなして下に落とす。

結果：大きいボールのほうが小さいボールよりも落ちる速さはおそかった。

(2) 番号：①

ア：小さく

イ：手の形が進む向きと平行であるため，水を受ける面積が小さくなる

○配点○〔香楠〕

1 (1) 5点　(2) 7点　　2 (1) 6点　(2) 6点　　3 (1) 6点　(2) 8点

4 (1) 7点　(2) 5点　　計50点

○推定配点○〔致遠館・唐津東・武雄青陵〕

1 (1) 6点　(2) 9点　　2 (1) 7点　(2) 7点　　3 (1) 7点　(2) 9点

4 (1) 9点　(2) 6点　　計60点

＜適性検査Ⅱ解説＞

1 （理科：氷のとけ方の実験）

(1) この実験は，氷をマフラーで包むことで氷のとけ方にちがいが生じるかどうかを調べることが目的であるため，それ以外の原因によるとけ方のちがいをできるだけ取り除く必要がある。解答例では，氷の条件に注目し，氷の重さと形状を一定にすることを示した。これ以外にも，室温を一定にすることや氷を置く場所を同じにすること，30分間を正確に測ることなどがあげられる。

(2) まず，**会話文3**から，マフラーで包むとなぜ氷がとけにくくなったのかを読み取る。お母さんのセリフから，マフラーの毛糸のすき間に空気があり，この空気が熱を伝わりにくくするということが分かる。ポイントは「毛糸のすき間の空気」であり，新聞紙を用いて「すき間の空気」を作るには，どのようにすればよいかを考えるとよい。新聞紙を何枚も重ねれば，新聞紙どうしのすき間に空気を作ることができ，この空気によって外の熱が氷に伝わりにくくなる。このような内容をわかりやすくまとめる。

基本 2 （算数：自転車の歯車・道のりと乗り物）

(1) 歯の数が多いほど回転数は少なくなり，歯の数が少ないほど回転数は多くなる。ペダルを1回こぐと，前の歯車が1回転するため，25枚の歯が回転する。前の歯車と後ろの歯車の歯が動く速度は等しいが，後ろの歯車の歯の数は10枚であるため，前の歯車が1回転する間に後ろの歯車は25÷10＝2.5(回転)することになる。よって，ペダルをこぐ回数と比べて，後ろのタイヤの回転数が多くなる。

番号の②を選んだ場合は，後ろの歯車が1回転する間に前の歯車は10÷25＝0.4(回転)することになるため，後ろのタイヤの回転数と比べて，ペダルをこぐ回数が少なくなるという内容を書けばよい。

どちらの番号を選んだとしても，10枚と25枚という歯の数のちがいから割合を出し，タイヤとペダルの回転数を比較することが求められる。

(2) まず，バスと電車それぞれのかかる時間を求める。バスは，時速45kmでバス停からA駅までの15kmを走るので，かかる時間は15(km)÷45(km)×60(分)＝20(分)，電車は，時速60kmでA駅からB駅までの10kmを走るので，かかる時間は10(km)÷60(km)×60(分)＝10(分)である。

B駅に18時～19時の間にとう着する電車は，A駅を18時5分，18時25分，18時45分に出発する3本である。これより前にA駅にとう着し，A駅で30分以上待たなくてすむようなバスは，バス停を17時40分，18時10分に出発する2つである。バス停を17時40分に出発するバスに乗った場合，A駅には18時にとう着し，移動時間は3分であるので，A駅を18時5分に出発する電車に乗ることができる。また，バス停を18時10分に出発するバスに乗った場合，A駅には18時30

分にとう着するため，A駅を18時45分に出発する電車に乗れば，18時55分にB駅にとう着することができる。2つのパターンのうちどちらかを解答とすればよい。

3 （算数：2次元コードの読みとりと規則性）

(1)　方眼紙の特ちょうを利用する。方眼のマスは縦と横だけではなくて対角線の長さもすべて等しい。【図2】のAとBは方眼の対角線であり，対角線が何マス分あるかを数えることで長さの比を求めることができる。

(2)　【図3】を利用して規則を自分で考える問題。「あ行」〜「な行」と同じにならないように決めていく。「1」は必ずぬり，「は行」は「2」を，「ま行」は「3」を，「や行」は「4」をぬる。②は①で考えた規則に沿ってマスをぬる。ほかには，右の図のように，「は行」は「1」と「2」を，「ま行」は「2」と「3」を，「や行」は「3」と「4」をぬって表す方法もある。

4 （理科：空気や水から受ける力）

(1)　解答例では，ボールを用いた実験を示した。ほかには，同じかさを2本用意し，1つはとじたまま，もう1つはひらいて同じ高さから同時に手をはなして下に落とす方法などがある。ひらいたかさの方がおそく地面に着く。ここでは，空気を受ける面積のちがいによる，空気から受ける力の大きさのちがいを確かめることが目的であるため，実験に用いる物体の重さは同じにすることがポイントである。

(2)　①を選んだ場合，進む向きに対して手の形がどのようになっているかを読み取り，手が水を受ける面積のちがいを考える。Aは進む向きに対して手が垂直であるが，Bは進む向きに対して手が平行であるため，水を受ける面積が小さくなる。よって，Bのほうが水を受ける力は小さくなる。

　　②を選んだ場合，水をかく手の表面積のちがいから，水から受ける力を考える。手を広げたBのほうが水を押す手の表面積は大きくなるため，水から受ける力は大きくなる。よって，②を選んだ場合の解答は以下のようになる。

番号：②　　ア：大きく　　　イ：手を広げているため，水を押す手の表面積が大きくなる

★ワンポイントアドバイス★

答えだけを書くのではなく，図や文を使って説明を伴う問題が頻出している。問題文をよく読み取り，与えられた情報や身のまわりの現象をよく考えて，ていねいに分かりやすい文章を書くことを心がけよう。また答えが1つに決まっていない問題も多く見られるため，自分で考える力をつけることも重要である。

大切なことはメモしておこうネ！

平成30年度

入 試 問 題

30
年
度

平成30年度

佐賀県立中学校入試問題

【**適性検査Ⅰ**】（45分）　　＜満点：50点（香楠）／ 40点（致遠館）／ 60点（唐津東・武雄青陵）＞

1　まみさんは，図書室でおもしろい絵や写真（【資料１】）がのっている本を見つけました。まみさんとおさむさんは，その本を見ながら話をしています。下の　会話文　を読んで，あとの(1)～(3)について考えましょう。

【資料１】

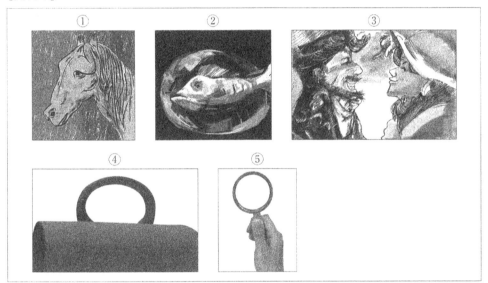

会話文

　　まみ さん：①は何の絵かわかるかな。

　　おさむさん：①の絵は馬の絵に見えるけど，絵を時計の針が回る向きに90°回転すると，カエルの絵に見えるね。この絵は２通りの見方ができるんだね。

　　まみ さん：②と③の絵も，２通りの見方ができるよ。

　　おさむさん：分かった。　ア　は　　イ　　。

　　まみ さん：④と⑤は何の写真か分かるかな。

　　おさむさん：④はバッグで，⑤は虫めがねだと思う。

　　まみ さん：実はどちらの写真もコップなのよ。

　　おさむさん：本当だ。同じ１枚の絵や写真でも，視点を変えるとちがって見えるからおもしろいね。

　　まみ さん：そうなのよ。わたしはこの本から，視点を変えると気づかなかったことが見えてくるということを教えられたわ。

　　おさむさん：なるほど。そういえば，ぼくが「せっかちで何事も早く終えないと気がすまない

ところを直したい。」って言ったら，友達から「時間を大切にできるということ
だよ。だから，学級の話し合いで，意見が分かれて時間がかかっているときも，
おさむさんがいるとすばやく要点を整理してくれるから，短い時間でまとまりや
すくなっていると思うよ。」って，ぼくの良さを教えてもらえてうれしかったな。
視点を変えることで，友達の良さを見つけることもできるんだね。

⑴ 　会話文 　で，おさむさんは，【資料１】の②か③のどちらかの絵について「２通りの見方がで
きる」ことを，「　ア　は　イ　」と説明しています。あなたなら②と③のどちらについて説
明しますか。　ア　には，【資料１】の②か③のどちらかを選び，選んだ番号を書きましょう。ま
た，　イ　には，　ア　で選んだ絵がどのような絵に見えるのか，その説明を会話文を参考にして
解答らんに合うように書きましょう。

⑵ 　会話文 　で，まみさんは「実はどちらの写真もコップ」だと言っています。一つのコップが，
バッグや虫めがねに見えるのは，コップをどのように写した写真だからでしょうか。その説明を
書きましょう。

⑶ 　次の【資料２】は，まみさんの友達の，ゆうこさん，ひろとさん，かずこさんが，それぞれ直
したいと思っている自分の性格です。それらは，　会話文 　にあるように「視点を変えること」
で良さとしてみることができます。３人の中から１人を選んでその名前を書き，その人の良さと
して教えるために話す言葉を，あとの《条件》に合わせて書きましょう。ただし，解答するとき
は，あとの〔注意すること〕に従いましょう。

【資料２】

ゆうこさん
・小さなことにこだわったり気になったりする性格だから，
　１つのことをやりとげるのに時間がかかる。

ひろとさん
・がんこで，言い出すと聞かない性格だから，
　自分が一度やると決めたことを変えることができない。

かずこさん
・はずかしがり屋でおとなしい性格だから，
　自分の意見を話すことが苦手で，相手の話を聞いていることの方が多い。

《条件》
・視点を変えることで，直したいところがどのような良さになるか書くこと。
　また，その良さを学校生活のどのような場面でどのように生かせるのか，具体的に書くこと。
・80字〜100字で，話すように書くこと。

〔注意すること〕
・左からつめて，横書きにすること。

2 たみこさんは，総合的な学習の時間に「かささぎ町を元気にする取り組み」を調べることになりました。そこで，その取り組みをしている江口さんにインタビューをすることになりました。次の会話文を読んで，あとの(1)～(3)について考えましょう。

たみこさん：江口さんはどのような取り組みをされているのですか。

江口さん：空き家を*改装して「かささぎ*カフェ」を作る計画を立てています。このカフェでは，定年退職後に仕事をしていない60才以上の方に店員をお願いする予定です。2つの資料（【資料1】，【資料2】）から，かささぎ町では [   ] ことが分かります。そこで，このような取り組みが必要だと考えたのです。

たみこさん：「かささぎカフェ」は，町民のための取り組みなんですね。

江口さん：はい。年れいや障がいにかかわらず，だれもが利用できるように改装したいと考えています。また，軽い食事をするだけでなく，町民の思いを実現させる活動ができるように，町民の交流のための部屋を作りたいと考え，町民の方にアンケートをとりました（【資料3】）。たみこさんも「かささぎカフェ」活用のアイデアを出してみませんか。

---

*改装 ……建物の屋根やかべ，部屋の内部を作りかえること。

*カフェ……コーヒーを飲んだり，サンドイッチなどの軽い食事ができたりする店。

【資料1】 かささぎ町の年代別人口（平成27年）　【資料2】 空き家の割合

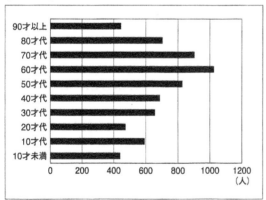
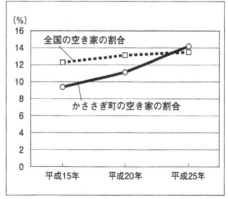

（全国の空き家の割合は、総務省統計局の調査による）

【資料3】 町民の思い

小学生	・行事や遊びを楽しみたい。 ・大人の役に立つことをしたい。
地域の人	・地域の伝統行事の準備や受けつぐ機会がほしい。 ・地域の人たちどうしのつながりをもてる場所がほしい。
お年寄り	・人との関わりをもちたい。 ・だれかの役に立ちたい。

(1) 前ページの会話文の ☐ には，江口さんが「このような取り組みが必要だと考えた」理由の説明が入ります。あなたなら，どのような説明をしますか。前ページの【資料1】と【資料2】をもとにして，「～ことが分かります。」につながるように書きましょう。

(2) 前ページの【資料4】は「かささぎカフェ」に改装する家の中の様子です。「年れいや障がいにかかわらず，だれもが利用できる」場所にするために，あなたなら，【資料4】の中の「どこ」を「どのように」改装するかを書きましょう。また，その改装によってだれもが利用できるようになる理由を書きましょう。

【資料4】 改装する家の中の様子

(3) 会話文で江口さんは，「町民の思いを実現させる活動ができるように，町民の交流のための部屋を作りたい」と言っています。江口さんは，【資料3】の町民の思いを実現するために，次の【資料5】の①か②のどちらかの部屋を作り，町民が交流する活動を計画しようと考えています。あなたなら，①と②のどちらを選びますか。選んだ番号を書きましょう。また，その部屋を使ったどのような活動を計画しますか。その説明をあとの《条件》に合わせて書きましょう。

【資料5】 かささぎカフェに作る部屋

> ① 絵本や地域の歴史などの本を集めた図書室
> ② 竹や木などを使って工作ができる工作室

《条件》

・だれとだれが交流する活動なのか，【資料3】の「小学生」，「地域の人」，「お年寄り」から2つ選んで書くこと。

・その活動によって，上で選んだ人たちの思いが，それぞれどのように実現するのかが分かるように，計画する活動の説明を書くこと。

3 たいちさんとさちこさんは，放送委員です。手ぶくろの落とし物が届けられたので，そのことを知らせるために全校放送をすることになりました。次の会話文を読んで，あとの(1)～(3)について考えましょう。

> たいちさん：山本先生が，今朝この手ぶくろ（次のページ【図1】）を拾って，放送室に持ってきてくれたよ。
>
> さちこさん：これと似た手ぶくろを持っている人は，何人もいるわ。
>
> たいちさん：それなら，手ぶくろの特ちょうをくわしく説明しないと，持ち主が見つからない

かもしれないね。

さちこさん：自分の物だと気づいた人は，職員室に取りに行くように連絡しましょう。

たいちさん：さっそく，放送原稿（【資料】）を書いて全校放送をしよう。

【図1】　手ぶくろ

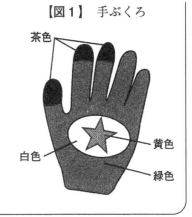

茶色

黄色

白色

緑色

【資料】　落とし物のお知らせの放送原稿

落とし物のお知らせをします。

　　いつ　　　　　　　　落ちていた場所　　　　　　落とし物の種類

（　　　　　　　　），（　　　　　　　　　　）に，（　　　　　　　　　　）の

落とし物がありました。

　落とし物の特ちょう

[　　　　　　　　　　　　　　　　　　　　　　　　　　　　　　　　]

　　　　　　　　　　　取りに行く場所

心当たりのある人は、（　　　　　　　　　　　）まで取りに来てください。

⑴　たいちさんとさちこさんは，【資料】を使って，全校放送をするための原稿を書いているときに，山本先生にたずねなければならないことが１つあることに気づきました。あなたなら，山本先生にどのようなことをたずねますか。山本先生にたずねるときに<u>ふさわしい言い方</u>で書きましょう。

⑵　たいちさんは，「手ぶくろの特ちょうをくわしく説明しないと，持ち主が見つからないかもしれない」と言っています。あなたなら，【資料】の「落とし物の特ちょう」にどのような説明を書きますか。【図1】を見て，次の《条件１》に合わせて書きましょう。ただし，解答するときは，あとの〔注意すること〕に従いましょう。

《条件１》

　・聞き手に分かりやすいように２文に分けて，放送で話すように書くこと。

　・手ぶくろの特ちょうは，できるだけくわしく書くこと。

　・<u>２文を合わせて50～60字</u>で書くこと。

〔注意すること〕

　・左からつめて，横書きにすること。

⑶　児童会では，これまでに届けられた落とし物を入れた箱を設置することにしました（【図2】）。そして，「ふきだし」を付けて，落とし物をなくすために児童一人一人に取り組んでほしいことを呼びかけることにしました。

　あなたなら，どのようなことを「ふきだし」に書きますか。次の《条件2》に合わせて2つ書きましょう。

《条件2》

・児童一人一人に取り組んでほしいことを，落とし物が呼びかけているように書くこと。

・2つの「ふきだし」には，それぞれちがった内容を書くこと。

・それぞれ15字以内で書くこと。

【図2】　落とし物を入れた箱

【適性検査Ⅱ】 （45分）　＜満点：50点（香楠）／ 60点（致遠館・唐津東・武雄青陵）＞

1　夏のある日，めいさんは，お兄さんといっしょにウキクサと水
　草をとりに行き，メダカを飼っている水そうに入れました。10日
　後，その水そうをながめながら，お兄さんと話をしています。
　　次の会話文を読んで，あとの(1)，(2)について考えましょう。

めいさん：水面にういているウキクサ（【図1】）は，どういう
　　　　　しくみでういているのかな。それに，ひっくり返っ
　　　　　たウキクサは1株（かぶ）もないよ。

お兄さん：ウキクサがういているのは，葉のようなものの中に
　　　　　空気が入っていて，うきわのような役割（やくわり）をしている
　　　　　からなんだよ。

めいさん：それなら，ひっくり返らないのは，根のおかげかな。
　　　　　それにしても，ウキクサがたくさんふえたね。

お兄さん：水の中の水草（【図2】）もだいぶのびてきたよ。

めいさん：水草の成長にも，他の植物と同じように「温度」，「日
　　　　　光」，「肥料」のような条件が関係しているのかな。
　　　　　これら3つの条件を変えて確かめてみよう。次の
　　　　　【表】のようにコップA〜Dを準備すればいいかな。

【図1】　1株の
　　　　　ウキクサ

葉のようなもの
根

【表】

コップ	A	B	C	D
水の温度（℃）	30	25	25	30
日光	あり	なし	あり	なし
肥料	あり	あり	あり	なし

【図2】　水草

お兄さん：コップAとコップCを比べると「水の温度」と成長との関係について，コップBと
　　　　　コップCを比べると「日光」と成長との関係について調べることができるね。だけ
　　　　　ど，コップDが今のままでは「肥料」と成長との関係について調べることができな
　　　　　いね。3つの条件と成長との関係をすべて調べるためには，コップDの条件を変え
　　　　　て「肥料」と成長との関係を調べる必要があるよね。

めいさん：分かった，考えてみるね。

---

(1)　めいさんは，「ひっくり返らないのは，根のおかげ」であることを確かめるために，次のページ
　の［実験］を行いました。［実験］の【結果】から分かることを書きましょう。また，ウキクサ
　がひっくり返らないことから，根はどのような役割をしていると考えられますか。考えられるこ
　とを書きましょう。

[実験]

手順1　ウキクサを20株準備し，そのうち10株の根をすべて取り除く。

手順2　根があるウキクサと根を取り除いたウキクサを，それぞれ1株ずつ裏返し（【図3】）にして水面にうかべる。

手順3　5秒後に，おもてが上になっているかどうか調べる。

手順4　手順2，3を他のウキクサを使って，計10回行う。

【図3】　裏返しにしたウキクサ

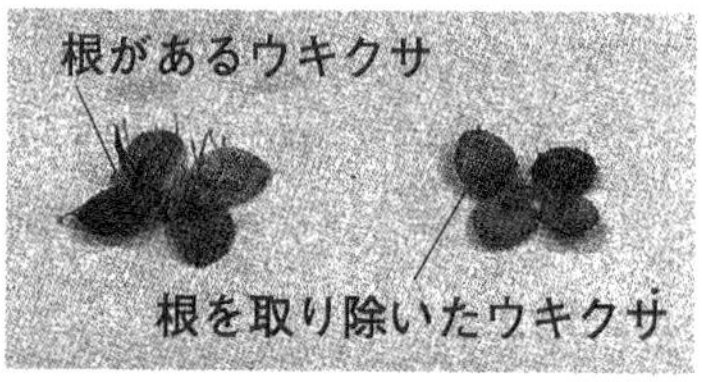

根があるウキクサ

根を取り除いたウキクサ

【結果】

回数	1回	2回	3回	4回	5回	6回	7回	8回	9回	10回
根があるウキクサ	○	○	○	○	○	○	○	×	○	○
根を取り除いたウキクサ	×	×	×	○	×	×	○	×	×	×

※5秒後におもてが上になっている場合を○、裏返しのままになっている場合を×で表している。

(2)　会話文で，お兄さんは「3つの条件と成長との関係をすべて調べるためには，コップDの条件を変えて「肥料」と成長との関係を調べる必要があるよね」と言っています。コップDと比べるコップをコップA～Cから選んで，その記号を書きましょう。また，コップDの条件をどのようにするかを書きましょう。

2　はなこさんは，家族のために料理をつくろうと考えました。そこで，お母さんと料理について話をしています。

次の 会話文1 と 会話文2 を読んで，あとの(1)，(2)について考えましょう。

会話文1

はなこさん：お母さんが大好きなカレーライスをつくるよ。

お母さん：でも，食べ過ぎに気をつけないとね。カロリーという言葉を知っているかな。

はなこさん：食品に表示してあるよね。この前お店で買ったチョコレートには，571kcal（キロカロリー）と表示されていたわ（【図】）。あれは何を表すのかな。

お母さん：食品にふくまれる，体を動かすためなどのエネルギーの量を表すのよ。お母さんだったら，1日あたり2000キロカロリーぐらいが適当だから，カレーライス1食あたりのエネルギーは，660～700キロカロリーにしてほしいな。

はなこさん：それなら，材料にふくまれるエネルギー（次のページの【資料】）を考えて，カレーライスをつくってみるね。

【図】

栄養成分表示（100g当り）

エネルギー	571 kcal
たんぱく質	8.8 g
脂　　質	36.2 g
炭水化物	52.5 g
ナトリウム	63 mg

【資料】

材料		1食あたりの分量（g）	100gあたりの エネルギー（キロカロリー）
ごはん		210～250	170
肉（牛もも肉）		30～ 50	240
カレールー （その他サラダ油等をふくむ）		20	560
野菜	たまねぎ	60	40
	にんじん	40	40
	じゃがいも	60	80

会話文2

はなこさん：カレーライスができたよ。次は，どんな料理をつくろうかな。

お 母 さん：不足しがちなビタミンＣを多くとり入れた料理をつくったらどうかしら。

はなこさん：それなら，キャベツやレタスを使ってサラダをつくるよ。

お 母 さん：サラダに使うソースは，ビタミンＣがたくさんふくまれているレモンの果汁_{かじゅう}を入れてつくるといいわ。しょうゆ50mLに対してレモンの果汁を30mL入れてつくってね。ここに，しょうゆが150mLとレモンの果汁が100mLあるから使ってね。

(1) 会話文1 で，はなこさんはカレーライスをつくるとき，カレールーと野菜の分量は変えずに，ごはんと肉の分量でエネルギーを調節することにしました。次の《条件》に合うようにごはんと肉の分量を書きましょう。また，そのときにできるカレーライス1食あたりのエネルギーが何キロカロリーになるかを書きましょう。なお，カレーライス1食あたりのカレールーと野菜のエネルギーの量を計算すると，合わせて200キロカロリーになります。

《条件》

・カレーライス1食あたりのエネルギーが660キロカロリー以上700キロカロリー以下になるように，ごはんと肉の分量を決める。

・カレーライス1食あたりの材料の分量は，【資料】をもとにする。

・1食あたりのごはんの分量は，210g，230g，250gの中から選ぶ。

・1食あたりの肉の分量は，30g，40g，50gの中から選ぶ。

(2) はなこさんは，サラダに使うソースをつくりましたが，「しょうゆ50mLに対してレモンの果汁を30mL」入れるところを，「しょうゆ30mLにレモンの果汁を50mL」入れてしまいました。「しょうゆ50mLに対してレモンの果汁30mL」の割合_{わりあい}にするには，しょうゆとレモンの果汁をそれぞれあと何mL加えるとよいかを書きましょう。

3 お母さんが，立方体の箱に入ったケーキを買ってきました。次の
会話文1 と 会話文2 を読んで，あとの(1)，(2)について考えま
しょう。

会話文1

お 母 さ ん：たろうの好きな【ケーキ】を買ってきたわよ。3等分してお父さんといっしょに
食べましょう。

たろうさん：この【ケーキ】は円柱の形をしていて，ものさしで測ると高さも底面の直径も12
㎝だね。

お 母 さ ん：それなら，ものさしで高さを4㎝ずつ測って印をつけ，印をつけたところから水
平にナイフで切るといいわね（【お母さんの分け方】）。

たろうさん：いい考えだね。でも，ぼくは他の分け方をいくつか思いついたよ。

【ケーキ】   【お母さんの分け方】

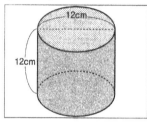   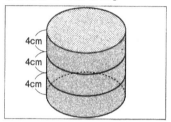

会話文2

たろうさん：この箱は1辺が15㎝の立方体で，1つの面にだけ【お
店のマーク】がついているよ。何か遊びに使えそうだ
ね。

お 母 さ ん：こんな遊びはどうかな。次のページの【スタートと
ゴールの図】のように，【お店のマーク】のついてい
る面が「アの向き」になるように箱をスタートに置い
て，ゴールまでマス目の上を転がすのよ。ゴールでも【お店のマーク】のついて
いる面がスタートのときと同じ「アの向き」になるようにするには，箱をどのよ
うに転がせばいいか分かるかな。

たろうさん：転がし方のルールを教えて。

お 母 さ ん：転がせるのは，次のページの（例）のように「アの向き」か「イの向き」だけね。
すべらせたり，それ以外の向きへ転がしたりしてはだめよ。

【お店のマーク】

【スタートとゴールの図】

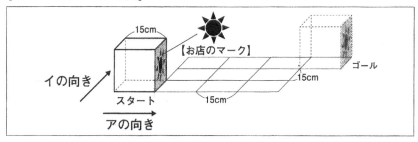

(例)　転がし方のルール

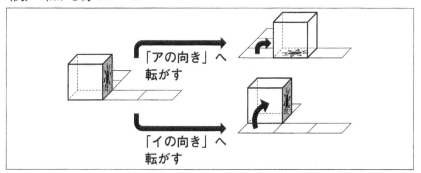

(1) ┃会話文1┃で，たろうさんは「他の分け方をいくつか思いついた」と言っています。あなたなら，右の《道具》を1つ以上使ってどのように3等分しますか。次の《条件》に合わせて，その分け方を2つかきましょう。

　ただし，《道具》はすべて十分に洗って使うものとします。また，【ケーキ】は何回切ってもよいものとします。

《道具》

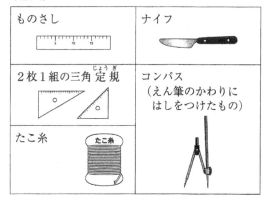

ものさし	ナイフ
2枚1組の三角定規	コンパス（えん筆のかわりにはしをつけたもの）
たこ糸	

《条件》

・解答用紙の【説明】には，┃会話文1┃でお母さんが言った「ものさしで高さを4cmずつ測って印をつけ，印をつけたところから水平にナイフで切る」のように，使う道具，長さや角度が分かるように言葉と数字を使って説明する。

・解答用紙の【図】には，【説明】の内容が分かるように分け方を示す線をかく。

(2) ┃会話文2┃で，お母さんは「ゴールでも【お店のマーク】のついている面がスタートのときと同じ「アの向き」になるようにするには，箱をどのように転がせばいいか分かるかな」と言っています。あなたなら，どのような道順で転がしますか。解答用紙の点線を，転がす道順に線でなぞってかきましょう。

4 冬のある日，そうたさんは，正午に窓から入る日光の当たり方が，夏とちがうことに気づきました。

　次の会話文を読んで，あとの(1)，(2)について考えましょう。

> そうたさん：夏と冬で，日光の当たり方がちがうのはなぜだろう。
>
> お父さん：それは太陽の高さが関係しているんだよ。太陽の高さは，太陽を見上げたときの角度で表すんだ。正午に太陽を見上げたときの角度を，月ごとに【表】にまとめたから見てごらん。
>
> 　　【表】　正午に太陽を見上げたときの角度（1か月の平均）
>
> | 月 | 1月 | 2月 | 3月 | 4月 | 5月 | 6月 | 7月 | 8月 | 9月 | 10月 | 11月 | 12月 |
> |---|---|---|---|---|---|---|---|---|---|---|---|---|
> | 角度 | 36° | 44° | 55° | 67° | 76° | 80° | 78° | 70° | 59° | 48° | 38° | 34° |
>
> （2016年　国立天文台より）
>
> そうたさん：そうか。【表】と【部屋を横から見た図】をもとに考えると，　ア　のは，　イ　。
>
> お父さん：よく分かったね。他にも，北を0°，東を90°として日の出の方位を角度で表すこともできるよ（【図1】）。
>
> そうたさん：なるほど，ぼくの部屋（【図2】）から日の出を見ようとすると，夏休みと冬休みでは，日の出の見える窓がちがうことが分かるね。

【部屋を横から見た図】

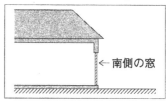

←南側の窓

【図1】　日の出の方位

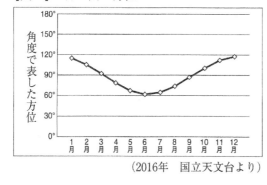

（2016年　国立天文台より）

【図2】　部屋を上から見た図

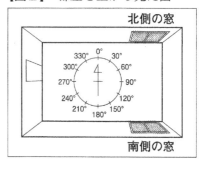

北側の窓

南側の窓

(1)　会話文の　ア　に入る文を下の①，②のどちらか選んでその番号を書き，選んだ文の（　）にあてはまる月が何月かを書きましょう。また，　イ　に入る理由を書きましょう。

> ①　（　　）の正午に，部屋のゆかに日光の直接当たる部分が最も少ない
>
> ②　（　　）の正午に，部屋の最もおくまで日光が直接当たる

(2)　そうたさんは，部屋の窓から見える日の出について，会話文で「夏休みと冬休みでは，日の出の見える窓がちがう」と言っています。夏休みか冬休みのどちらかを選んで書き，そのときの日の出の見える窓が，**北側の窓**と**南側の窓**のどちらなのかを書きましょう。また，【図1】と【図2】をもとに，そう考えた理由を書きましょう。

平 成 30 年 度

解 答 と 解 説

《平成30年度の配点は解答欄に掲載してあります。》

＜適性検査Ⅰ解答例＞《学校からの解答例の発表はありません。》

1 (1) ア ③

　イ　ほほえみ合っている男女(に見えるけど，)180度回転(すると，)二人の人が怒った顔で向き合っているよう(に見えるね)

(2) (④は)コップを横にたおして持ち手を上に向けたものを，持ち手が強調されるように真横から映した写真だから。

　(⑤は)片手で持ち手を握ったコップを真上から映した写真だから。

(3) 選んだ人の名前：ひろとさん

　自分で決めたことを最後までやり遂げられるということだよ。運動会の練習の時には，みんながあきらめそうになっても，ねばり強く頑張るひろとさんを見て，自分も頑張ろうというやる気がもてるよ。

2 (1) (かささぎ町では)60代，70代の人口が他の年齢層の人口よりも多く，空き家の割合が年々増えて平成25年には全国の割合を上回るほど多くなっている(ことが分かります。)

(2) 「どこ」：玄関

　「どのように」：スロープをつけるなどして段差をなくす。

　理由：車いすの人や足が不自由な人でも止まったりつまずいたりせずに利用できるようになるから。

(3) 番号：②

　交流する人：小学生とお年寄り

　説明：昔遊びの道具を小学生とお年寄りが一緒に作るという活動を計画します。この活動で小学生は教わった遊びや工作を楽しむことができます。そしてお年寄りは，遊びや道具の作り方を教えることで，小学生の役に立つことができ，小学生との関わりをもつこともできます。

3 (1) 山本先生は，この手ぶくろをどこで拾われたのですか。

(2) 緑色の手ぶくろで，親指と人さし指と中指の先は茶色です。右手用で甲の部分には白い丸の中に黄色い星のもようがあります。

(3) わたしたちに名前をつけてね。

　わたしたちを大切にして！

○配点○〔香楠〕

1 (1) 5点　(2) 4点　(3) 8点　　2 (1) 4点　　(2) 6点　　(3) 6点

3 (1) 4点　(2) 7点　(3) 6点　　　計50点

○推定配点○〔致遠館〕

1 (1) 4点　(2) 3点　(3) 7点　　2 (1) 3点　　(2) 5点　　(3) 5点

3 (1) 3点　(2) 6点　(3) 4点　　　計40点

○推定配点○〔唐津東・武雄青陵〕

1 (1) 6点　(2) 5点　(3) 9点　　2 (1) 5点　(2) 7点　(3) 8点
3 (1) 5点　(2) 8点　(3) 7点　　計60点

＜適性検査Ⅰ解説＞

1 （国語，算数：説明，作文，立体図形など）

(1) 問題文に「会話文を参考にして」とあることから，②と③も①のように絵を回転させることで違った見方をすることができると見当がつく。回転の前と後にどんな絵に見えるかを書くときには，変化が伝わるようにある程度絵の内容を具体的に書くようにする。

②を選んだ場合は，「皿にのった魚に（見えるけど，）時計回りに90度回転（すると，）やせた顔の女の人（に見えるね）」と書くとよい。

(2) コップに対してどのような向きから撮ったものかを考えて書く。④の写真のコップがバッグに見えるのは，持ち手が横向きに写されているからであり，⑤のコップが虫めがねに見えるのは，コップを真上から写しただけでなく，それを片手で握っているからであることに注意して，これらの点が含まれるようにどんな写真かを説明する必要がある。

(3) 良さが学校生活でどう生かされるか説明するという条件を見逃さないようにする。自分の学校生活を思い浮かべながら具体的に書くとよい。そうじや給食など日常生活の場面でもよいし，音楽会や運動会などの行事を用いてもよい。問題文中の「その人の良さとして教えるために話す言葉」という部分に注意して，友達と話すような言葉で解答するようにする。ほかの人を選んだ場合は次のように書くとよい。

（ゆうこさんを選んだ場合）

何事にもていねいに取り組むことができるということだよ。だから，そうじ当番になったら，ほかの人が見落としてしまうようなところの汚れにも気づき，教室やろう下などをよりきれいにできると思うよ。

（かずこさんを選んだ場合）

相手の話を冷静に聞くことができるということだよ。だから，討論会で議長や司会になった時に，一つだけの意見にとらわれず，色々な人の意見をしっかり聞いて全体の意見をまとめていけると思うよ。

2 （社会，国語：高齢化，資料の読み取り，作文など）

(1) 【資料1】から，かささぎ町では60代の人口が最も多く，つづいて70代の人口が多いことがわかる。80代も四番目に多いことからこの町に高齢者が多いことがあきらかである。【資料2】からは，かささぎ町の空き家の割合が年々増加してきており，平成20年と平成25年の間に全国の割合を上回るようになったことがわかる。これらのことをまとめて書けばよい。

重要 (2) 【資料4】を見ると，玄関から居間へ上がるのに大きな段差があり，足の不自由な人によってはかなり不自由であると考えられる。他にも，外から玄関に入る時に戸の下の部分の枠が高いことや，二階に上がるためには階段はしごを登らなければならないことなどが挙げられる。問題文の指示にある理由を書く際には，「○○な人も～なように利用できるようになるから。」など，具体的な例を挙げると書きやすい。

(3) この問題では，自分が計画を想定しやすい方の部屋を選ぶとよい。交流する人を選ぶときに，誰がどのような思いをもっているのかを【資料3】で確認するのを忘れないようにする。計画を考える際には，「地域の伝統行事」「行事や遊び」といった具体的な思いを参考にするとよ

い。

①を選んだ場合の解答例

番号：①

交流する人：地域の人とお年寄り

説明：お年寄りが地域の歴史の話をする会を企画します。地域の人は，お年寄りの話から地域の伝統行事を受け継ぐことができ，お年寄りとのつながりができるので，一緒に準備をすることができるようになると思います。また，お年寄りは自分の経験を伝えることで，地域の人の役に立ち，関わりをもつことができると思います。

③ （国語：敬語，場面理解など）

(1) 【資料】の原稿に必要な情報は，「いつ」「落ちていた場所」「落とし物の種類」「落とし物の特ちょう」「取りに行く場所」である。たいちさんの最初のセリフから，今朝山本先生が拾った手ぶくろがたいちさんとさちこさんの手元にあることがわかるので，「いつ」「落とし物の種類」「落とし物の特ちょう」の情報はすでにもっていることになる。また，さちこさんの「職員室に取りに行くように」というセリフから，「取りに行く場所」もわかる。よって，先生にたずねなければならないのは「落ちていた場所」であることがわかる。「山本先生にたずねるときにふさわしい言い方」とは，丁寧語，尊敬語を使った言い方である。「〜ですか。」や「〜されたのですか。」といった表現を用いるとよい。

(2) 「できるだけくわしく」という条件があるので，【図1】に示された色やもようを，どこがどんな色かなどくわしく説明しながら，すべて二文に入れるようにする。どこから説明するかは自由だが，手ぶくろの様子が伝わりやすいように手ぶくろの地の色や大きな星のもようから説明するとよい。

(3) 落とし物をしないために気をつけることを自分で考えて書く。普段気をつけていることや，実際に学校で呼びかけられていることを参考に考えるとよい。その際，〈条件2〉にある「落とし物が呼びかけているように書くこと」に注意する。

★ワンポイントアドバイス★

細かい条件が設けられていることが多いので，それらを注意深く見ながら，自分が何をどのように書くことを求められているのかをしっかりつかむようにしよう。

＜適性検査Ⅱ解答例＞ ≪学校からの解答例の発表はありません。≫

① (1) （例） 【結果】から分かること…根があるウキクサの方が根を取り除いたウキクサより5秒後におもてが上になっている回数が多い。

根の役割として考えられること…ウキクサがひっくり返らないようにするおもりのような役割がある。

(2) （例） 比べるコップ…コップA

コップDの条件…

水の温度(℃)	30
日光	あり
肥料	なし

2 (1) （例） 分量…ごはん210(g)，肉50(g)
　　　　　カレーライス1食あたりのエネルギー…677(キロカロリー)
　(2) （例） 加えるしょうゆの量…120(mL)，加えるレモンの果汁の量…40(mL)

3 (1)　分け方①　（例）＜説明＞ものさしで底面をはかって12cmにな
　　　　る直線が直径で，はしから6cmの位置がケーキの底面の中心にな
　　　　る。ケーキの中心に三角定規の90度と30度の角を合わせたものを
　　　　当てて中心角を3等分する印をつけ，印をつけたところからナイ
　　　　フで垂直に切り下ろす。

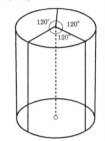

　　　　分け方②　（例）＜説明＞ケーキの中心に三角定規の90度の
　　　　角を当てて中心角を4等分する印をつけ，印をつけたところか
　　　　らナイフで垂直に切り下ろす。4つのうち1つをものさしで高
　　　　さを4cmずつ測って印をつけ，印をつけたところから水平に
　　　　ナイフで切る。1人分は最初に4等分したもの1つと，次に3等
　　　　分したもの1つとなる。

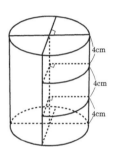

　(2)

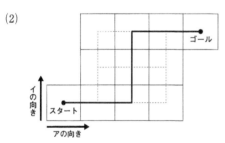

4 (1)　ア　番号…①　　月…6月
　　　イ　太陽を見上げたときの角度が最も高く，日光が部屋に差しこむ量が最も少なくな
　　　　っているから。
　(2)　夏休みか冬休みのどちらか…夏休み
　　　日の出の見える窓…北側の窓
　　　理由…図1より夏休みにあたる7月と8月では日の出の方位が約70度であり，図2からそ
　　　　の方位が北側の窓にあることがわかるから。

＜適性検査Ⅱ解説＞

1 （理科：ウキクサの実験）

(1) 【結果】より，根があるウキクサは10回中9回が5秒後におもてが上になっていて，裏返しのままになっているのは1回だけであった。一方根を取り除いたウキクサは10回中2回だけしか5秒後におもてが上になっておらず，8回は裏返しのままになっていた。めいさんが確かめたかったことは「ひっくり返らないのは，根のおかげ」であることなので，それに沿ったように文章を書く。

　　　根があることでウキクサはひっくり返らないことから，根の役割として考えられることは，おもりの役割である。根がウキクサを安定させていると考えられる。

　　　別解として，【結果】から分かることとしては，「根があるウキクサの方が根を取り除いたウキクサよりもひっくり返らない。」，根の役割として考えられることとしては，「ウキクサのおもてを上にするよう安定させる役割がある。」というようなことを書いてもよい。

重要

(2) 3つの条件は「水の温度」「日光」「肥料」である。1つの条件と成長の関係について調べるには，他の2つの条件が同じでなければならない。「肥料」と成長との関係を調べる場合，コップDと比べるコップは，コップDと「水の温度」と「日光」の2つが同じに，「肥料」が違う条件になっている必要がある。模範解答以外に以下のような場合も正答である。

　　比べるコップ…コップB，コップDの条件…水の温度（℃）25，日光なし，肥料なし（ただし，どちらも日光が当たっていないので，肥料をあたえても成長のしかたが悪いので，コップBとコップDの違いが大きく出ない可能性がある。）

　　比べるコップ…コップC，コップDの条件…水の温度（℃）25，日光あり，肥料なし

2 （算数・家庭：カロリーの計算）

(1) カレーライス一食あたりのエネルギーが660キロカロリー以上700キロカロリー以下になるようにごはんと肉の分量を決める。ごはんと肉以外の材料であるカレールーと野菜のエネルギーは200キロカロリーである。また資料からごはんの1gあたりのエネルギーは1.7キロカロリー，肉の1gあたりのエネルギーは2.4キロカロリーであることがわかる。

　　＜1食あたりのごはんの分量を210gとする＞…肉の分量を□gとすると，カレーライス一食あたりのエネルギーは，1.7×210＋2.4×□＋200（キロカロリー）となる。□が30gのとき値は629キロカロリー，□が40gのとき値は653キロカロリー，□が50gのとき値は677キロカロリーとなるので，1食あたりのごはんの分量が210gのときカレーライス一食あたりのエネルギーが660キロカロリー以上700キロカロリー以下になるのは□が50gのときである。

　　＜1食あたりのごはんの分量を230gとする＞…肉の分量を□gとすると，カレーライス一食あたりのエネルギーは，1.7×230＋2.4×□＋200（キロカロリー）となる。□が30gのとき値は663キロカロリー，□が40gのとき値は687キロカロリー，□が50gのとき値は711キロカロリーとなるので，1食あたりのごはんの分量が230gのときカレーライス一食あたりのエネルギーが660キロカロリー以上700キロカロリー以下になるのは□が30g，40gのときである。

　　＜1食あたりのごはんの分量を250gとする＞…肉の分量を□gとすると，カレーライス一食あたりのエネルギーは，1.7×250＋2.4×□＋200（キロカロリー）となる。□が30gのとき値は697キロカロリー，□が40gのとき値は721キロカロリー，□が50gのとき値は745キロカロリーとなるので，1食あたりのごはんの分量が250gのときカレーライス一食あたりのエネルギーが660キロカロリー以上700キロカロリー以下になるのは□が30gのときである。

以上より，模範解答以外に以下の場合も考えられる。

（別解1）　分量…ごはん230(g)，肉30(g)　カレーライス1食あたりのエネルギー…663(キロカロリー)

（別解2）　分量…ごはん230(g)，肉40(g)　カレーライス1食あたりのエネルギー…687(キロカロリー)

（別解3）　分量…ごはん250(g)，肉30(g)　カレーライス1食あたりのエネルギー…697(キロカロリー)

(2)　しょうゆの量とレモンの果汁の量が5:3の比になればよい。家にあるしょうゆの量は150mL，レモンの果汁の量が100mLであることに注意する。

5:3 = 15:9であるため，しょうゆの量が150mLとレモンの果汁の量が90mLとなるようにすると，加えるしょうゆの量は120mL，加えるレモンの果汁の量は40mLとなる。模範解答以外に以下の場合も正答である。

しょうゆ(mL)	85	90	95	100	105	110	115	120	125	130	135	140	145	150
レモンの果汁(mL)	51	54	57	60	63	66	69	72	75	78	81	84	87	90
加えるしょうゆ(mL)	55	60	65	70	75	80	85	90	95	100	105	110	115	120
加える果汁(mL)	1	4	7	10	13	16	19	22	25	28	31	34	37	40

3　（算数：ケーキの分け方と道順）

(1)　使う道具，長さや角度を分かりやすく言葉や数字で説明し，ていねいに図をかく。

(2)　サイコロがアの向きに進むとき，お店のマークがイの向きかイと反対向きのときはお店のマークのついている面の位置は変わらず，その他のときは変わる。また，サイコロがイの向きに進むとき，お店のマークがアの向きかアと反対向きのときはお店のマークのついている面の位置は変わらず，その他のときは変わる。そのことをもとに考える。模範解答の他に右のような道順も考えられる。

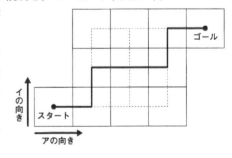

4　（理科：日の出の見える窓）

(1)　①を選んだ場合，正午，部屋のゆかに日光の直接当たる部分が最も少ない月を考える。表より正午に太陽を見上げたときの角度が最も大きいのは6月の80°である。

②を選んだ場合，正午，部屋の最もおくまで日光が直接当たる月を考える。表より正午に太陽を見上げときの角度が最も小さいのは12月の34°である。よって，②を選んだ場合の解答は以下のようになる。

ア　番号…②　月…12月

イ　太陽を見上げたときの角度が最も低く，日光が部屋に差しこむ量が最も多くなっているから。

(2)　図1と図2では，北を0度，東を90度として日の出の方位を角度で表している。図1から夏休み，冬休みに見える日の出の方位を読み取り，図2で日の出の見える窓を考える。「冬休み」を選んだ場合は，以下のような解答になる。

夏休みか冬休みのどちらか…冬休み

日の出の見える窓…南側の窓

理由…図1より冬休みにあたる12月と1月では日の出の方位が約120度であり，図2からその方位が南側の窓にあることがわかるから。

★ワンポイントアドバイス★

答えだけを書くのではなく，図や文を使って説明を伴う問題が頻出している。落ち着いて問題文を読み取り，丁寧に分かりやすい文章を書くことを心がけよう。また答えが1つに決まっていない問題も多く見られるため，自分で考える力をつけることも重要である。

MEMO

大切なことはメモしておこうネ！

平成29年度

入 試 問 題

29年度

平成29年度

佐賀県立中学校入試問題

【適性検査Ⅰ】（45分）　＜満点：50点（香楠）／40点（致遠館）／60点（唐津東・武雄青陵）＞

1　さとみさんは，来週の全校集会で「なぞなぞ」を出す係になりました。そこで，どのような「なぞなぞ」を出したらよいかについて家族と話をしています。

　　次の会話文を読んで，あとの(1)～(3)について考えましょう。

さとみさん：	私が作った「なぞなぞ」の問題を出すよ。「パンはパンでも食べられないパンは何。」
お母さん：	答えは「フライパン」ね。
さとみさん：	正解。パンという言葉が入っていて，食べられないからね。
お父さん：	「ジーパン」もいいんじゃないかな。
さとみさん：	確かに「ジーパン」も同じ理由で答えになるね。でも，答えが２つあるのなら，これは「なぞなぞ」の問題にならないな。
お父さん：	そんなことはないよ。「なぞなぞ」は，みんなが納得できる理由が説明できれば，答えはいくつあってもいいんだよ。
お母さん：	そうね。例えば「空にいる虫は何。」にも答えがいくつかあるわね。
さとみさん：	「クモ」かな。［　　　　　　　　　　　　　　　　　］からね。他にも答えがあるのかな。
お母さん：	「テントウムシ」も答えになるわね。空にある太陽は，「おてんとうさま」とも言うからね。
さとみさん：	なるほど。答えとその理由の説明が合っていればいいんだね。
お父さん：	いろいろな考え方ができておもしろいね。お父さんからも１問出すよ。「夏の夜にする話にあって，歩道橋にもあるものは何。」
さとみさん：	それは，「かいだん」でしょう。夏の夜にする話には，こわい話の「かい談」があるし，歩道橋には，「階段」があるからね。
お母さん：	よく分かったね。これは，「なぞなぞ」の中でも，昔からある言葉遊びの「なぞかけ」にするとおもしろいよ。「夏の夜にする話とかけて，歩道橋とときます。その心は。」と問題を出して，「どちらもかいだんがあります。」のように答えるのよ。さとみも，「なぞかけ」を考えて全校集会で出してみたらどうかしら。
さとみさん：	「なぞかけ」の問題は，おもしろいけど難しいな。どう考えたらいいのかな。
お母さん：	かなで書くと同じでも，いろいろな意味がある言葉を探すと考えやすいよ。
さとみさん：	なるほど。よし，やってみよう。

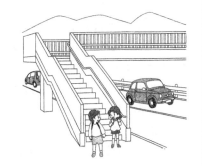

(1)　会話文の［　　　］には，「空にいる虫は何。」の答えが「クモ」になる理由を説明している文が入り

ます。あなたなら，どのような説明をしますか。解答用紙の「～からね。」につながっていくように書きましょう。

(2) さとみさんが，「なぞかけ」の問題をつくるために「かなで書くと同じでも，いろいろな意味がある言葉」を調べてみると，右の【メモ】ができました。あなたなら，どのような「なぞかけ」をつくりますか。次の《条件1》に合わせて書きましょう。

【メモ】

> かなで書くと同じでも、いろいろな意味がある言葉
>
> ・こうか　　・ちゅうしゃ
> ・かみ　　　・はな
> ・かける　　・ふく

《条件1》

・【メモ】の言葉の中から1つ選んで「なぞかけ」を考えること。

・解答用紙に合わせて，「なぞかけ」の問題と答えを書くこと。また，答えとなる理由の説明を書くこと。

・「なぞかけ」の問題は「○○とかけて，○○とときます。その心は。」，答えは「どちらも○○」となるように書くこと。

・【メモ】の言葉は，人名や地名の意味として使わないこと。

(3) さとみさんは，全校集会で「なぞなぞ」や「なぞかけ」を出すときに，全校のみんなが参加でき，答えを考えやすくなるような出し方のくふうをすることにしました。あなたなら，どのようなくふうをしますか。次の《条件2》に合わせて書きましょう。

《条件2》

・あなたが考えた出し方のくふうとその理由を書くこと。

・理由は，「全校のみんなが参加できること」と「答えを考えやすくなること」の2つについて具体的に書くこと。

2 そうたさんは，アメリカからホームステイにやってきたジョンさんを連れて，家族といっしょにショッピングセンターに来ています。

次の会話文を読んで，あとの(1)～(3)について考えましょう。

| お父さん：おなかがすいたね。買い物も終わったし，レストランに行こうか。どこにあるのかな。 |
| お母さん：フロアガイド（店内の案内図）を持っているから，これでレストランを探してみましょう。 |
| ジョンさん：（フロアガイドを指さして）レストランはこれだから，あっちの方じゃないですか。 |
| そうたさん：どうして分かったの。ジョンはすごいね。 |
| お父さん：ジョンは，これ（【図1】）を見て分かったんだね。 |
| ジョンさん：はい，そうです。 |
| お父さん：このようなものをピクトグラムっていうんだよ。これ（【図2】）はゴミ箱，これ（【図3】）はエレベーターを表しているんだよ。 |
| そうたさん：そうか。ピクトグラムが外国の人にも分かりやすいのは， |

【図1】

【図2】

【図3】

　　　　　　　　　　　　　　　　からなんだね。

お 父 さん：じゃあ，レストランに行こうか。

--（レストランの中）---

そうたさん：ジョン，これ（【メニュー】）を見てどんな料理か分かるかい。

ジョンさん：はい。日本語の読めない私でも，このメニューはとても分かりやすいですね。

そうたさん：どうして分かりやすいのかな。

お 父 さん：それは，外国の人にも分かりやすくなるようなアイデアが生かされているからだよ。

お 母 さん：そうね。2020年には東京オリンピックが開さいされるから，外国からの旅行者が日本で困らないように，もっといろいろなアイデアを考える必要があるわね。

【メニュー】

■とんかつ　680円
Pork cutlet

●…アレルギー物質をふくむ食材を使用しています。
Allergy Advice : contains the following.

たまご 卵 Egg	ぎゅうにゅう 牛 乳 Milk	小 麦 Wheat	そ ば Buckwheat	落花生 Peanut
●				
エ ビ Shrimp	カ ニ Crab	ぶたにく 豚 肉 Pork	牛 肉 Beef	けいにく 鶏 肉 Chicken
		●		

(1)　会話文の □ には，ピクトグラムが外国の人にも分かりやすい理由が入ります。あなたなら，どのような理由を考えますか。解答用紙の「～からなんだね。」につながっていくように書きましょう。

(2)　会話文で，お父さんは，【メニュー】に「外国の人にも分かりやすくなるようなアイデアが生かされている」と言っています。どのようなアイデアなのか，考えられるものの中から2つ書き，それがなぜ日本語の読めないジョンさんにとって分かりやすいのか，その理由をそれぞれ説明しましょう。

(3)　お母さんは「外国からの旅行者が日本で困らないように，もっといろいろなアイデアを考える必要がある」と言っています。あなたなら，どのようなアイデアを考えますか。【資料】外国からの旅行者が日本で困ったことのア～エの記号の中から1つ選び，それを解決する具体的なアイデアを，あとの《条件》に合わせて書きましょう。

【資料】　外国からの旅行者が日本で困ったこと

ア　バスや電車の利用方法が分からなかった。
イ　ホテルなどの情報を手に入れられなかった。
ウ　地図やパンフレットが分かりにくかった。
エ　店員などとコミュニケーションをとりにくかった。

《条件》
  ・30〜50字の，1文で書くこと。
  ・その1文の中にアイデアを2つ書くこと。

〔注意すること〕
  ・左からつめて，横書きにすること。

3 けいたさんの学校では，秋に「なかよし遠足」が行われています。なかよし遠足では，1〜6年生から数人ずつ集まってできる「なかよし班」で行動します。けいたさんは，班のみんなが楽しめるように，同じ班のさくらさんと当日の計画を立てています。
  次の【児童会からのお便り】と 会話文 を読んで，あとの(1)〜(3)について考えましょう。

【児童会からのお便り】

なかよし遠足のお知らせ

  今年も、なかよし遠足が行われます。6年生は、なかよし班のみんなが楽しめるような計画を立てて、進んで下級生のお世話をしましょう。

1 期　日 11月2日(水)
2 行き先 山の森公園 （学校から約4km）   ※山の高さは300mです。
3 日　程
          （1）学校出発   9:30
          （2）山の森公園とう着   11:00
          （3）昼食と自由時間   11:00〜13:00
                ┌お弁当は、しばふ広場で食べます。食べた後は、遊具で遊┐
                │んでもよいです。また、出発の10分前になったら、笛で合│
                └図をします。   ┘
          （4）山の森公園出発   13:00
          （5）学校とう着   14:30
4 持っていく物
          お弁当・水とう・おかし
                ┌その他にも必要だと思われる物があったら、先生に相談し┐
                └た後に、班のみなさんへ連らくしてください。   ┘

会話文

さくらさん：来週は，なかよし遠足ね。みんなで楽しく過ごしたいわ。
けいたさん：そのために，ぼくたち6年生が，班のみんなのことを考えて計画を立てよう。
さくらさん：歩くときの班のみんなの並べ方は，どうしたらいいかな。
けいたさん：2列が安全だね。
さくらさん：お弁当を食べた後は，班のみんなで「*おにごっこ」をして遊びましょう。

> けいたさん：それはいいね。みんなが安全に，めいわくをかけないで
> 遊ぶための約束を決めておこう。

* 「おにごっこ」は，おにになった人が他の人を追いかけ，つかまった人が次のおにになる遊びです。

(1) けいたさんの班の人数は，次の【資料1】のとおりです。けいたさんは歩くときの2列の並べ方を，あとの（例）のようにすることにしました。あなたなら，安全に歩くために班のみんなをどのように並べますか。（例）のように，解答用紙の○の中に学年の数字を書きましょう。また，並べ方で安全のためにくふうしたことを1つ書きましょう。ただし，（例）の「並べ方」と「安全のためにくふうしたこと」以外の場合を書きましょう。

【資料1】 けいたさんの班の人数

学年（年）	1	2	3	4	5	6	計
人数（人）	2	1	2	1	2	2	10

（例） けいたさんが考えた並べ方と安全のためにくふうしたこと

並べ方	前 ① ② ③ ⑤ ⑥ 後 　 ① ③ ④ ⑤ ⑥
安全のためにくふうしたこと	全体を見わたすことができるように高学年が後ろから歩く。

※①は1年生の児童1人を表します。

(2) けいたさんは 会話文 で「みんなが安全に，めいわくをかけないで遊ぶための約束を決めておこう。」と言っています。あなたなら，「おにごっこ」をして遊ぶとき，どのような約束を考えますか。「安全に遊ぶ」「めいわくをかけないで遊ぶ」について，具体的な約束を1つずつ考えて書きましょう。

(3) 【資料2】は，遠足がある週の週間天気予報です。あなたなら，遠足の日の天気予報を見て，班のみんなに何が必要だと連らくしますか。あとの《条件》に合わせて書きましょう。

【資料2】 週間天気予報

日付	10月30日（日）	31日（月）	11月1日（火）	2日（水）	3日（木）	4日（金）	5日（土）
天気	くもり	くもり→晴れ	くもり	晴れ→雨	雨	くもり	晴れ
最高気温（℃）	20	17	19	11	11	17	18
降水確率（％）	30	20	30	50	90	30	10

《条件》
・【資料2】から心配されることを2つ考えて，それぞれに必要だと思われる物とその理由を書くこと。
・下級生に話すように，ていねいな言葉で書くこと。

【適性検査Ⅱ】 （45分）　　＜満点：50点（香楠）／60点（致遠館・唐津東）／80点（武雄青陵）＞

1　たくまさんは，学校でリレーのバトンを右のイラストのように耳に当
てると，「サー」という音が聞こえることに気づきました。そこで，家に
帰って，バトンと同じつつ状のトイレットペーパーのしんを使って，同じ
ようにためしました。

　　次の会話文を読んで，あとの(1)，(2)について考えましょう。

たくまさん：トイレットペーパーのしんでも，「サー」という音が聞こえるよ。つつを耳に当てる
　　　　　　と，こんな音が聞こえるんだ。
お 父 さ ん：おもしろいことに気がついたね。バトンとトイレットペーパーのしんでは，聞こえ
　　　　　　た音にちがいはなかったかな。
たくまさん：そういえば，音の高さにちがいがあったような気がするね。
お 父 さ ん：それは，つつの長さや材質が関係しているのかもしれないね。長さのちがう紙製と
　　　　　　プラスチック製のつつを用意して，［実験］をしてみようか。

［実験］

> 手順1　長さが40cmの紙製のつつ（Bのつつ）を耳に当て，音を聞く。
> 手順2　直径がBのつつと同じで，長さが20cm，60cmの紙製のつつ，長さが20cm，40cm，
> 　　　　60cmのプラスチック製のつつをそれぞれ耳に当てて音を聞き，その音の高さを手順
> 　　　　1で聞いた音の高さと比べる。
>
> 【結果】
>
> | つつ | 材質 | 長さ(cm) | 音の高さ |
> |---|---|---|---|
> | A | 紙 | 20 | Bの音より高く聞こえた |
> | B | 紙 | 40 | 手順1で聞こえた音 |
> | C | 紙 | 60 | Bの音より低く聞こえた |
> | D | プラスチック | 20 | Aの音と同じ高さで、
Bの音より高く聞こえた |
> | E | プラスチック | 40 | Bの音と同じ高さに聞こえた |
> | F | プラスチック | 60 | Cの音と同じ高さで、
Bの音より低く聞こえた |

たくまさん：つつから聞こえる音の高さの特ちょうが，［実験］から分かったよ。
お 父 さ ん：実は，この特ちょうは，いろいろな楽器の音の高さにもあてはまるんだよ。
たくまさん：そうか。　ア　のは，　　イ　　。

---

(1)　直径がA〜Fのつつと同じで，長さ80cmのプラスチック製のつつを［実験］の手順1と同じよう
　に耳に当てたとき，聞こえる音の高さはBのつつと比べてどうなるでしょうか。［実験］の【結果】
　をもとに考えて，その予想を書きましょう。また，そのように予想した理由を書きましょう。

(2)　会話文の　ア　に入る文を下の①，②からどちらか選んで，その番号を書きましょう。そして，選んだ文の（　）に入る言葉を書きましょう。また，　イ　に入る理由を書きましょう。

アに入る文

①　リコーダーの穴を上から順にすべてふさいでいくと，音の高さが（　　　　　）
②　＊フルートとピッコロを比べると，ピッコロの方が出せる音の高さは（　　　　　）

＊フルートとピッコロ

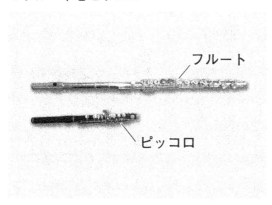

2　地域の子ども会の6年生12人と5年生24人の計36人で遊園地へ行くことになり，6年生のなおこさんとひろきさんは，そのことについて話し合いをしています。

次の会話文を読んで，あとの(1)，(2)について考えましょう。

> なおこさん：まず，グループ分けの相談をしましょう。5，6年生合同のグループにして，どのグループも同じ人数がいいわね。
>
> ひろきさん：それに，どのグループでも学年ごとの人数は同じにしたいな。どのグループにも，6年生と5年生の人数を，それぞれ平等に分けたいからね。
>
> なおこさん：活動しやすいように，1つのグループは5人より多く10人より少ない人数にしたいわ。
>
> ひろきさん：それなら，　ア　グループに分けて，1グループの人数を6年生　イ　人，5年生　ウ　人にしよう。
>
> -
>
> （次ページの【グループ活動計画】を見ながら）
>
> なおこさん：遊園地へ行く前に，A～Hの乗り物（アトラクション）のどれに乗るかを決めておきましょう。9時30分に入場門から出発だよね。
>
> ひろきさん：イベントホール集合が11時30分だから，11時15分から11時25分までの間にイベントホールにとう着したいね。
>
> なおこさん：入場門，イベントホール，乗り物は，【グループ活動計画】のように同じ長さの通路でつながれていて，どの通路も歩くのに5分かかるみたいだわ。乗り物に何も乗らずに，入場門からイベントホールへ行くと，回り道をしなければ5本の通路を歩

くことになるので，25分かかるわね。

ひろきさん：せっかくの遊園地だから，少なくとも３つの乗り物に乗って，同じ乗り物には１回しか乗らないような計画を立てようよ。ぼくとなおこさんで計画を２つ考えて，みんなに選んでもらうようにするとおもしろいね。

【グループ活動計画】

乗り物	A	B	C	D	E	F	G	H
乗り物に乗る時間 （待ち時間をふくむ）	35分	30分	10分	10分	20分	20分	35分	5分

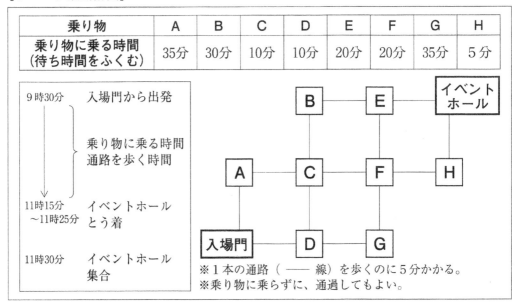

9時30分　入場門から出発

乗り物に乗る時間
通路を歩く時間

11時15分　イベントホール
〜11時25分　とう着

11時30分　イベントホール
集合

※１本の通路（ ── 線）を歩くのに５分かかる。
※乗り物に乗らずに，通過してもよい。

(1) 会話文の ア ， イ ， ウ にあてはまる数として，考えられるものをそれぞれ１つ書きましょう。

(2) なおこさんとひろきさんは，次の《条件》に合う「計画」を２つ立てました。

《条件》

・9時30分に入場門から出発して，11時15分から11時25分までの間にイベントホールにとう着する。
・A〜Hの乗り物のうち，3つ以上の乗り物を選んで乗る。
・同じ乗り物には１回しか乗らない。
・入場門からイベントホールまで，回り道をせずに５本の通路を通る。
・乗り物は，乗らずに通過することができる。

　あなたならどのような計画を立てますか。考えられる計画を２つ，次の〔注意すること〕に合うようにかきましょう。

〔注意すること〕

・答えは，解答用紙の【グループ活動計画】にかきましょう。
・A〜Hの乗り物のうち，選んで乗ることにした乗り物の記号を○で囲み，進む道順を線でなぞってかきましょう。
・イベントホールにとう着する予定時刻を書きましょう。

3　ひろしさんが，テレビのニュースで北海道の雪まつりを見たあとで，お父さんと話をしています。

　　次の会話文を読んで，あとの(1)～(3)について考えましょう。

ひろしさん：佐賀でも，北海道と同じような雪まつりはできないのかな。

お父さん：九州は暖かいから，雪像がすぐにとけてしまうと思うよ。

ひろしさん：じゃあ，雪像に食塩をかけたらどうかな。先生から，ビーカーの氷水に食塩をとかしたら，0℃より冷たくなるって聞いたよ。家でも［実験］をしたら，氷水の水温が0℃より下がったよ。だから，食塩を雪像にかけると，とけにくくなると思うんだ。

お父さん：いや，そうではないよ。食塩を道路にまくと，道路に降った雨や雪がこおりにくくなるんだ。この食塩のようなはたらきをするものを凍結防止剤というんだよ。だから，食塩を雪像にかけるのはやめた方がよさそうだね。

ひろしさん：なるほど。でも，食塩はどうして道路に降った雨や雪をこおりにくくするのかな。

お父さん：それは，水がこおり始める温度と関係があるんだよ。水は0℃でこおり始めるけれど，食塩をとかした水がこおり始める温度は【表1】のようになるんだよ。

【表1】

		1℃下がる →	1℃下がる →	1℃下がる →
こおり始める温度	0℃	−1℃	−2℃	−3℃
水1Lにとかした食塩の量	0g	約16g	約32g	約47g

ひろしさん：そうか，道路に降った雨や雪がこおりにくくなるように食塩をまくのは，

| |

お父さん：そうだね。じゃあ，砂糖ではどうなるか【表2】も見てごらん。

【表2】

		1℃下がる →	1℃下がる →	1℃下がる →
こおり始める温度	0℃	−1℃	−2℃	−3℃
水1Lにとかした砂糖の量	0g	約185g	約370g	約555g

ひろしさん：砂糖にも食塩と同じような効果があるんだね。だけど，【表1】【表2】を見ると，凍結防止剤としては砂糖よりも食塩の方がいいということが分かるね。

(1)　ひろしさんは次の［実験］で，水温が0℃より下がった原因が食塩をとかしたことであることを確かめました。どのように実験をしたのか考え，　　　にあてはまる方法を言葉で書きましょう。

［実験］

準　備	水，氷，食塩，ビーカー（500mL）2つ，温度計2本，ガラス棒2本
手順1	2つのビーカーに　　　　　　　　　　　　。
手順2	それぞれガラス棒でかき混ぜながら，温度計で1分ごとに温度を測る。

(2)　会話文の　□　には，道路に降った雨や雪がこおりにくくなるように，食塩をまく理由が入ります。どのような理由が考えられますか。「０℃」という言葉を使って書きましょう。

(3)　会話文でひろしさんは，「凍結防止剤としては砂糖よりも食塩の方がいいということが分かる」と言っています。【表１】と【表２】をもとに，その理由を言葉と数字を使って書きましょう。

4　【図１】の①の正三角形，②のひし形，③の台形の３種類の色紙があります。①は３枚，②は２枚，③は２枚あり，かずおさんとまきこさんとたかしさんは，これら７枚の色紙を重ねないように並（なら）べて，いろいろな形を作っています。

　　次の会話文を読んで，あとの(1)，(2)について考えましょう。

【図１】

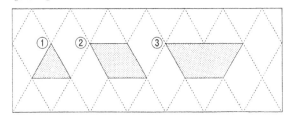

注意
　【図１】，【図２】，解答用紙にある右の図形は，すべて同じ形，同じ大きさです。

かずおさん：これら７枚の色紙で，こんな形（【図２】）を作ったよ。

まきこさん：おもしろい形だね。次は，正三角形を作れるかな。

かずおさん：これら７枚の色紙では，正三角形を作ることはできないよ。

たかしさん：ぼくは，これら７枚の色紙で，正三角形を作ることができるよ。

まきこさん：えっ，どっちなの。２人がどうしてそのように考えたのか説明してほしいな。

-------------------------- (かずおさんとたかしさんの説明)--------------------------

まきこさん：なるほど。２人の言うことは，どちらもそのとおりだね。

【図２】

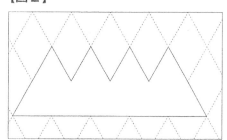

(1)　かずおさんは，7枚の色紙をどのように並べて【図２】の形を作りましたか。解答用紙の図に，どのように並べたのか分かるように線をかきましょう。

(2)　会話文で，まきこさんは，かずおさんとたかしさんに「説明してほしい」と言っています。あなたなら，かずおさんかたかしさんの，どちらの立場で説明しますか。解答用紙の「選んだ立場」の（　）に○をかきましょう。また，かずおさんの立場を選んだ場合は「できない」理由を，①の正三角形をもとにして書きましょう。たかしさんの立場を選んだ場合は「できる」正三角形の図を，色紙の並べ方が分かるようにかきましょう。

平 成 29 年 度

解 答 と 解 説

《平成29年度の配点は解答欄に掲載してあります。》

＜適性検査Ⅰ解答例＞《学校からの解答例の発表はありません。》

1 (1) クモは虫のことだし，雲も空にうかんでいる （からね。）

(2) 車の運転手 （とかけて，）医者 （とときます。その心は。）

（どちらも） ちゅうしゃすることがあります。

（理由の説明） 車の運転手は，車を止めるという意味の「ちゅう車」をするし，医者は「注射」をするからです。

(3) （出し方のくふう） 低学年の子でもわかる言葉を使った「なぞなぞ」や「なぞかけ」にしたり，ヒントを用意したりする。

（理由） 難しい言葉を使うと，低学年の子は答えまでたどりつけないから。また，高学年でも解けない人が多いときにヒントを出せば，答えを考えやすくなるから。

2 (1) 文字ではなく絵を使って説明している （からなんだね。）

(2) （アイデア） 料理の写真を出している。

（理由の説明） 写真を見るだけでどのような料理か分かるから。

（アイデア） メニューや食材について，日本語以外に英語でも説明してある。

（理由の説明） 日本語が読めない人でも内容が理解できるから。

(3) （選んだ記号） ア

（具体的なアイデア） 利用方法を外国語で説明した案内板をけい示したり，案内所を作って外国語の分かる人を置く。(43字)

3 (1)

（並べ方）

	⑤	①	②	③	⑥	
前	⑥	①	③	④	⑤	後

（安全のためくふうしたこと） 歩く速さを調節したり，周囲の安全に気をつけたりするために，一番前と一番後を高学年が歩くようにすること。

(2) （安全に遊ぶ） おにになってもにげる人をおしたり，服をつかんだりするなど，無理なつかまえ方をしないようにする。

（めいわくをかけないで遊ぶ） 公園の外に飛び出して事故にあったり人とぶつかったりしないよう，にげられるはんいを決めておく。

(3) 遠足の日の11月2日の天気は，初めは晴れていてもだんだん雨が降ってきそうなので，レインコートやかさを持って来てください。また，前の日にくらべて急に寒くなりそうなので，上に着る服なども持って来てください。

○配点○〔香楠〕

1	(1) 3点	(2) 8点	(3) 6点	2	(1) 3点	(2) 8点	(3) 5点
3	(1) 7点	(2) 4点	(3) 6点		計50点		

○推定配点○〔致遠館〕

① (1) 2点　(2) 7点　(3) 5点　② (1) 2点　(2) 7点　(3) 4点

③ (1) 6点　(2) 3点　(3) 4点　　　計40点

○推定配点○〔唐津東・武雄青陵〕

① (1) 4点　(2) 9点　(3) 7点　② (1) 5点　(2) 9点　(3) 6点

③ (1) 9点　(2) 5点　(3) 6点　　　計60点

＜適性検査Ⅰ解説＞

やや難 ① （国語：テーマ型）

(1) 虫の「クモ」と同じ音の「雲」が空にうかんでいることを考えて説明するとよい。

(2) まず，「かなで書くと同じ言葉」を2つ選ぶ（例：病院にある「ちゅうしゃ」と，車を「ちゅうしゃ」すること）。次にその2つの言葉のそれぞれから連想される言葉や動作をいくつもあげ，その中から2つ選ぶ（例：病院にある「ちゅうしゃ」をするのは「医者」，車を「ちゅうしゃ」するのは「運転手」）。この2つの言葉が「○○とかけて，○○とときます」の○○にそれぞれあてはまる。そして，これらの2つの言葉を結びつける「かなで書くと同じ言葉」が，「その心は。どちらも○○」の○○にあてはまる言葉となる。

解答例以外には，以下のようなものも正解となる。

・「満開のさくら」とかけて，「警察犬」とときます。その心は。どちらも「はな」がじまんです。

理由の説明　「満開のさくら」は，美しい「花」がじまんで，「警察犬」はいろいろなものを探し出すことのできる「鼻」がじまんだからです。

(3) 「なぞなぞ」や「なぞかけ」をする場合，多くの言葉を知っていなければならないが，1年生と6年生とでは知っている言葉の数に大きな差がある。そういうことをふまえて，みんなが参加でき，答えやすくなるくふうを考える。

② （国語：テーマ型）

(1) ピクトグラムは絵や図を用いているため，文字が読めない人や言葉が分からない人へも情報を伝えやすいという点に着目する。

(2) メニューにとんかつの写真がのっていること，アレルギーの情報が英語で書かれていることに着目する。

(3) 資料の中から1つを選ぶときに，それぞれの困った理由を考えながら選ぶ。その理由を解決する方法がアイデアになる。解答例以外では，以下のようなものも正解となる。

選んだ記号　イ　具体的なアイデア　インターネットで近くのホテルを探せるようにし，さらにそのホテルの情報を外国語でも表示する。（45字）

選んだ記号　ウ　具体的なアイデア　主要なしせつをピクトグラムで表示したり，駅やバス停の名前に外国語の表示を取り入れたりする。（45字）

③ （国語：意見文を書く）

(1) 低年生は急に走り出したりよそ見をしたりすることがある。危険をさけるため，周囲の状態に注意を向けられる高学年の生徒を先頭に配置する方法も考えてみる。

(2) 遊ぶ場所が「山の森公園」であることを忘れてはいけない。けいたさんの学校以外の人たちも来ていることを考え，ふだんおにごっこをするとき気をつけていることを挙げればよい。

(3) 遠足の日である11月2日の天気は，晴れマークから雨マークへと矢印で示してあり，降水確率も50％になっている。ということは，朝は晴れていてもあとから雨になる可能性がある

ということなので，雨に対する準備が必要であることを読み取る。また，最高気温も前日の19℃から11℃へと大きく下がるので，寒さに対する準備も必要であることを連らくする。下級生に話すように，ていねいな言葉で書くことに注意する。

★ワンポイントアドバイス★

「なぞかけ」は慣れないと難しいかもしれない。ひらがなで書くと同じでも意味のちがう言葉をたくさん覚えて，いろいろな場面を想像して短い文を作る練習をするのもよい。

＜適性検査Ⅱ解答例＞ ≪学校からの解答例の発表はありません。≫

1 (1) （予想） Bの音より低く聞こえた。

（理由） つつの材質に関係なく，長さがBより長くなると音が低くなるから。

(2) ア （番号） ①　（言葉） 低くなる

イ ふさぐところが増えたぶん，つつの長さが長くなるからだね。

2 (1) ア ６ （グループ）　イ ２ （人）　ウ ４ （人）

(2) 【グループ活動計画】

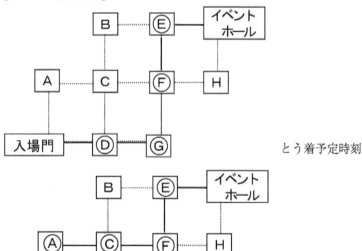

3 (1) 同じ量の水と氷を入れ，かたほうのビーカーだけに食塩を入れる

(2) 水がこおり始める温度を0℃より低くするからなんだね

(3) 水がこおり始める温度を1℃下げるのに，食塩は約16gが必要だが，砂糖は約185gも必要だから。

4 (1)

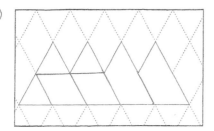

(2) （選んだ立場）　かずおさんの立場「正三角形はできない」

（理由）　②は①の正三角形を2枚並べた形，③は①の正三角形を3枚並べた形である。よって7枚の色紙は①の正三角形13枚分である。①の正三角形を使って，大きな正三角形を作るには最低でも16枚必要なので，7枚の色紙では正三角形を作ることはできない。

○配点○〔香楠〕

1 各6点×2　　2 (1) 6点　　(2) 10点　　3 (1) 3点　　(2) 4点　　(3) 6点

4 (1) 2点　　(2) 7点　　計50点

○推定配点○〔致遠館・唐津東〕

1 各7点×2　　2 (1) 7点　　(2) 10点　　3 (3) 7点　　他　各5点×2

4 (1) 4点　　(2) 8点　　計60点

○推定配点○〔武雄青陵〕

1 各9点×2　　2 (1) 9点　　(2) 12点　　3 (3) 9点　　他　各7点×2

4 (1) 8点　　(2) 10点　　計80点

＜適性検査Ⅱ解説＞

1 （理科：音の性質）

(1) 実験の結果から，紙やプラスチックという材質に関係なく，長さがBより短くなれば，Bより高い音になり，長さがBより長くなれば，Bより低い音になることを読み取る。

(2) つつが短いほど音は高くなり，長いほど低くなると考える。②を選んだ場合は，ア　高い　イ　ピッコロの長さはフルートの長さより短いからだね，と書く。

2 （算数：並べ方・組み合わせ）

(1) 「どのグループでも学年ごとの人数は同じにしたい」とあるので，12と24の公約数をもとに考える。12と24の公約数は1，2，3，4，6，12。このとき1つのグループが5人より多く10人より少なくなるのは，解答例と，ア　4グループ，イ　3人，ウ　6人という組み合わせである。

(2) 回り道せずに5本の通路を通ると25分かかる。ここから乗り物に乗れる時間を計算すると，11時15分にイベントホールにとう着する場合は，11時15分−9時30分−25分＝80分，11時25分にとう着する場合は，90分の時間がある。この80分〜90分の間で，3つ以上の乗り物に1回ずつ乗れる計画を立てればよい。

重要 3 （理科：水の変化，実験のやり方）

(1) 食塩をとかすことで水温が0℃より下がることを確かめるのだから，食塩をとかした水ととかしていない水の2つを用意して実験することが大切である。このとき，この条件以外はすべて同じにすることに注意する。

(2) 食塩が，水がこおり始める温度を0℃より低くすることで，こおりにくくしていることをポイントにまとめる。「0℃」という言葉を使うことに注意する。

(3) 【表1】，【表2】より，水がこおり始める温度を下げるために，砂糖は食塩の10倍以上の量が必要であると分かる。

▶やや難◀ 4 （算数：平面図形）

(1) 先に③の位置を決めると作りやすい。解答例以外では右のような並べ方もある。

(2) 「①の正三角形をもとにして」考えるということなので，①がいくつあれば正三角形ができるかという点から説明するとよい。また，たかしさんの立場「正三角形ができる」を選んだ場合は，右の図のようになる。図の外周が大きな正三角形となるようにして考えるとよい。

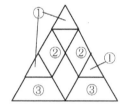

★ワンポイントアドバイス★

理科と算数の問題が主である。一見難しそうに見えるが，図や表，条件をしっかりとおさえ，落ち着いて考えることが大切である。

大切なことはメモしておこうネ！

データ対応

収録から外れてしまった年度の
解答解説・解答用紙を弊社ホームページで公開しております。
巻頭ページ＜収録内容＞下方のＱＲコードからアクセス可。

※都合によりホームページでの公開ができない問題については，
　次ページ以降に収録しております。

平成28年度

佐賀県立中学校入試問題

【適性検査Ⅰ】 （45分）　　＜満点：50点（香楠）／40点（致遠館）／60点（唐津東・武雄青陵）＞

1　日本の食文化を学ぶためにアメリカからやってきた大学生のマイクさんが，小学6年生のはる
こさんの家にホームステイをしています。来日して数日後，お正月をむかえ，おせち料理を食べる
ことになりました。
　次の会話文と「【資料】はしの正しい持ち方」を読んで，あとの(1)～(3)について考えましょう。

はるこさん：マイク，どうしたの。

マイクさん：黒豆をうまくつまめません。

はるこさん：マイク，はしの持ち方がおかしいよ。だからうまくつまめないのよ。

マイクさん：どう持ったらいいですか。

お父さん：こう持ってごらん（【資料】はしの正しい持ち方）。そうしたら，黒豆だってちゃん
とつまめるようになるよ。

マイクさん：本当だ。うまくいきました。これで，わたしもはるこさんみたいに，こぼさず，き
れいに食べることができそうです。

お父さん：上手につまめたね。はしの正しい持ち方も，日本人が受け継いできた食文化の一つ
だよ。マスターできたようだね。

はるこさん：はしの正しい持ち方ができると，　　　　　　　　　　　　からいいね。

マイクさん：アメリカでは，授業で，おせち料理も日本人が受け継いできた食文化の一つだと勉
強しました。日本ではどの家庭でも，お正月におせち料理を用意するのですか。

お父さん：今は，おせち料理を用意するところもあれば，そうではないところもあるようだね。
うちでは今年もお母さんが手作りしたおせち料理だよ。

はるこさん：私はお母さんから教えてもらいながら手伝ったわ。お母さんも，おばあちゃんから
教えてもらったんだって。昔ながらのおせち料理の一つ一つの食材には，家族の健
康や幸せを願う気持ちがこめられているのよ。

お父さん：お父さんが子どものころは，ほとんどの家庭が
その地域特有の食材を使って作っていたものだ
よ。家庭の味や地域で守られてきた伝統の味を
親から子へ伝えて，大切にしていたんだね。

はるこさん：おせち料理は，家族や親せきみんなで和気あい
あいと楽しく食べることができるものだね。そ
うして，つながりを一層深めることができるか
ら，大切にしたいね。

マイクさん：なるほど，勉強になります。

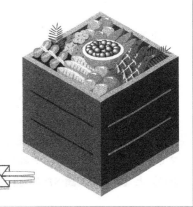

【資料】　はしの正しい持ち方

写　真	説明文	写　真	説明文
①	上のはしは、えん筆を持つように、手の親指、人差し指、中指で支えます。薬指と小指は軽く曲げます。	③	親指をそえて、人差し指と中指を使って、上のはしを動かします。
②	下のはしは、〔　　　〕動かさないようにします。		つまり、下のはしは動かさず、上のはしを動かして、はし先を開いたり、閉じたりします。

(1)　【資料】の**写真②**の**説明文**中の〔　〕には，下のはしの持ち方を説明する言葉が入ります。あなたなら，どのように説明しますか。**写真や前後の説明文**を参考にして書きましょう。

(2)　会話文の 　　　 には，はしの正しい持ち方ができるとよい理由が入ります。どのような理由が考えられますか。次の《**条件**》に合わせて書きましょう。

《**条件**》
・会話文の流れに合うように，理由を 2つ 考えて書くこと。
・解答用紙の「～からいいね。」につながっていくように書くこと。

(3)　会話文では，おせち料理について，どのようなものであると話していますか。お父さんやはるこさんの言葉をもとにまとめて，解答用紙の「お正月に食べる料理として，」という書き出しに続けて， 80～100字 で書きましょう。ただし，解答するときには，次の〔**注意すること**〕に従いましょう。

〔**注意すること**〕
・左からつめて，横書きにすること。
・句読点が次の行の左はしにくる場合は，1つ前の行の右はしに文字といっしょに書くこと。その場合，文字と句読点をいっしょに書いた1マスで，1文字と数えます。

2　けいたさんのクラスでは，総合的な学習の時間に「発見！わたしたちのまちのよさ」というテーマで学習することになり，それを調べる計画について話し合いをしています。次のページの【話し合い】と【商店街で調べたこと】を読んで，あとの(1)～(3)について考えましょう。

【話し合い】

けいたさん：わたしたちのまちには，古い町並（まちなみ）が残っているよね。なぜ，古い町並が残っているのかな。

さくらさん：それを調べると「わたしたちのまちのよさ」が分かるかもしれないね。まちに残っている古いものを調べに行ってみようよ。

けいたさん：どこへ行くのか，わたしたちのまちの【まちの観光マップ】を見て計画を立てよう。

しんごさん：古い町並があるのは，宿場町と商店街だよ。

さくらさん：宿場町の宿場って，昔の人が旅の途中（とちゅう）で，とまった場所のことでしょう。はたご屋は，今でいう旅館やホテルのことだよね。建物も古いし気になるなあ。ここは外せないよね。

ま み さん：商店街のうなぎ屋に，家族で食事に行ったとき，江戸時代から受け継（つ）がれている秘伝（ひでん）のたれが自まんだって聞いたよ。これも気になるよ。他にも，古い看板（かんばん）がかかっている店があったよ。

しんごさん：着物屋のことでしょう。おばあちゃんの話では，昔，との様の着物も作っていたんだって。

ま み さん：おかし屋も古いよ。おかし屋のおじいさんは，まちのことにくわしいと聞いたことがあるよ。わたしは，車いすに乗っているから行くのは難（むずか）しいかな。

さくらさん：まみさんの車いすは，みんなで手伝うから心配しないで。おかし屋のおじいさんに話を聞かせてもらうと，知らないことがもっと分かるかもしれないね。

けいたさん：おかし屋には絶対に行こう。宿場町と商店街，どちらも行くことでいいね。全部行きたいけど，安全や効率などを意識して移動したり見学したりすることを考えると，見学先は，今の話し合いに出てきた中から３けんにするよ。

【商店街で調べたこと】

○商店街のよさ
・自分の仕事にほこりをもち，それぞれの店が伝統を守っている。
・人々のふれあいがあり，心のつながりが深まる場所になっている。
・商店街の店どうしが，たがいに協力し支え合ってまちをつくっている。

○店の人々の思いや願い
・買い物に来てくれるお客さんのために，真心こめて品物をつくっている。
・昔から受け継がれてきた伝統の味や技（わざ）を守っていくことで，これからも商店街のよさを残そうと努力している。

○店の人々が困（こま）っていること
・最近，商店街を利用するお客さんが減った。

【まちの観光マップ】

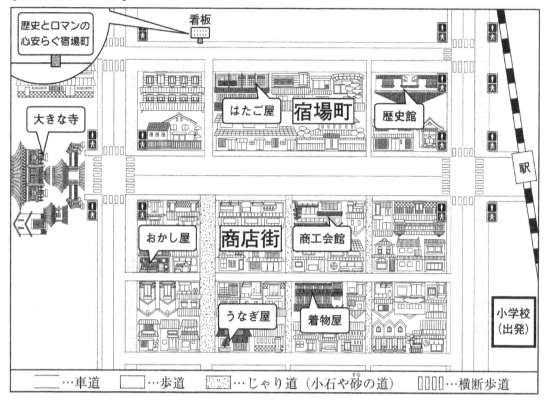

＿＿＿…車道　　□…歩道　　▨…じゃり道（小石や砂の道）　　▥…横断歩道

(1)　けいたさんのグループは，【話し合い】で，「話し合いに出てきた中から３けん」を選び見学することにしました。あなたがこのグループの一員なら，どこを選びますか。【話し合い】をもとに，次の《条件》に合うように，解答用紙に書きましょう。

　《条件》

　・【まちの観光マップ】に，選んだ見学先３けんを○で囲むこと。

　・小学校から出発し，３けん目までの道順を考え【まちの観光マップ】に線をかき入れること。ただし，全ての道を通ることができます。

　・道順を考える際に気をつけたことを２つ書くこと。

(2)　【まちの観光マップ】の宿場町に，観光客向けのキャッチフレーズが書かれた看板があります。けいたさんのグループは，【商店街で調べたこと】をもとに，商店街をアピールするキャッチフレーズを新たに考えることにしました。あなたなら，どんなキャッチフレーズを考えますか。下の宿場町のキャッチフレーズの（例）を参考にして書きましょう。

　（例）　「歴史とロマンの心安らぐ宿場町」

(3)　けいたさんは，【商店街で調べたこと】の中の「最近，商店街を利用するお客さんが減った。」ことから，もっと多くのお客さんが商店街に来るようなくふうを店の人々に提案したいと考えています。そのために情報を集めるとすれば，あなたなら，どんな情報をどのようにして集めたらよいと考えますか。内容と方法が分かるように書きましょう。

3　あきこさんは，春休みにオーストラリアに短期留学をしました。そのことについて家族と話を
　しています。次の会話文を読んで，あとの(1)～(3)について考えましょう。

> お 兄 さん：オーストラリアでは，どんなことをしたの。
> あきこさん：オーストラリアの学校に通って，実際に学校生活も体験したよ。日本とちがうこと
> 　　　　　　が，たくさんあっておどろいたし，勉強になったよ。
> お 父 さん：日本とちがうことって，どんなことがあったのかな。
> あきこさん：オーストラリアの学校には，そうじの時間が無くて，そうじ会社の人がやってくれ
> 　　　　　　るんだよ。
> お 兄 さん：どうして自分たちでそうじをしないの。
> あきこさん：ホームステイ先の子どもたちが，「学校は勉強をするところで，そうじは家庭で学
> 　　　　　　ぶものだよ。」と教えてくれたよ。わたしは，家庭で学ぶだけじゃなくて，学校で
> 　　　　　　も自分たちでそうじをした方がいいと思うわ。
> お 父 さん：なるほど。国によってちがいがあるんだね。
> あきこさん：他にも，おふろに浴そうが無かったんだ。オーストラリアは，日本以上に節水に心
> 　　　　　　がけていて，シャワーのお湯を出したまま，長い時間体を洗っていたら，お湯を止
> 　　　　　　めるように注意されたわ。
> お 父 さん：その国にあったマナーを心がけないといけないね。
> あきこさん：オーストラリア以外の国と日本とでは，どんなマナーのちがいがあるのか調べてみ
> 　　　　　　たいわ。そうすれば，外国の人と接するときに気をつけることが分かると思うわ。
> お 父 さん：今回の留学で経験したことから，大切なことが学べそうだね。分かったことをホー
> 　　　　　　ムステイ先にも知らせてあげると喜ばれるんじゃないかな。
> あきこさん：よし。今回学んだことを手紙に書いてみようかな。
> お 父 さん：それなら，外国とのちがいで分かったことといっしょに日本のよさも伝えたらどう
> 　　　　　　だい。
> あきこさん：いいアイデアだね。日本のよさって，日本のファッションやアニメ，マンガなど海
> 　　　　　　外で人気になっているものかな。
> お 兄 さん：空手や剣道，柔道などの武道，書道や茶道でもいいと思うよ。
> お 父 さん：他には，日本にも四季があって，それぞれの季節に合わせた行事があることなども
> 　　　　　　いいと思うよ。
> あきこさん：ありがとう。さっそく，書いてみるわ。

(1)　会話文で，あきこさんは，「学校でも自分たちでそうじをした方がいい」と言っています。あな
　たなら，「学校でも自分たちでそうじをした方がいい」と思う理由をどのように説明しますか。そ
　の理由を書きましょう。

(2)　あきこさんは，「マナーのちがい」を調べているうちに，次のページの「【資料】人前でしては
　いけないこと」を見つけました。この【資料】にある国だけではなく，全ての外国の人と接する
　とき，どのようなことに気をつける必要があると考えられますか。あなたが考えることを「外国
　の人と接するときに気をつけることは，」という書き出しに続けて書きましょう。

【資料】　人前でしてはいけないこと

左手で食べる インドでは、左手で人や食べ物、お金にさわるのは、よくないとされている。	**ガムをかむ** シンガポールでは、チューイングガムが法律で禁止されている。	**切手をなめる** タイでは、王様が尊敬され、王様が印刷された切手をなめるのは失礼にあたるとされている。	**鼻をすする** イギリスでは、人前で鼻をすするのは下品だと思っている人が多い。

(3)　会話文で，あきこさんは，ホームステイ先に手紙を書くと言っています。その中の「日本のよさ」をしょうかいする部分に，あなたなら，どのようなことを書きますか。会話文の中から１つ例を挙げて，それを具体的に説明し，そのよさについて80～100字の日本語で書きましょう。ただし，解答するときには，次の〔注意すること〕に従いましょう。

〔注意すること〕

・左からつめて，横書きにすること。

・句読点が次の行の左はしにくる場合は，１つ前の行の右はしに文字といっしょに書くこと。その場合，文字と句読点をいっしょに書いた１マスで，１文字と数えます。

【適性検査Ⅱ】 （45分）　　＜満点：50点（香楠）／60点（致遠館・唐津東）／80点（武雄青陵）＞

1　ある夏の暑い日，ごろうさんとお姉さんが，ペットボトルの炭酸水を飲もうとしています。次の会話文を読んで，あとの(1)～(3)について考えましょう。

お　母　さん：炭酸水を買ってきたのに，冷えていなくてぬるかったわ。同じものを冷蔵庫に1本冷やしているけど，どちらがいい。
お　姉　さん：わたしは冷たい方がいいな。
ごろうさん：ぼくはぬるくてもいいから，買ってきたばかりの方を飲もうかな。あっ，ふたを開けたら炭酸水がすごくあわ立ったよ。
お　姉　さん：本当だ。わたしのより，すごくあわ立ったね。ぬるかったからかな。
ごろうさん：炭酸水のあわって，水にとけていた二酸化炭素だよね。二酸化炭素が水にとける量は，そのときの水の温度に関係があるのかも知れないね。

　ごろうさんは，「水の温度と，水にとける二酸化炭素の量」には関係があるのではないかと思い，お母さんとお姉さんの3人で次の[実験]を行いました。
[実験]

準　　備　　同じ種類の空の500mLペットボトル3本，ノズルのついた二酸化炭素ボンベ【写真1】，温度のちがう水（10℃，30℃，60℃）がそれぞれ入った3つのビーカー，水が入った丸形水そう，3つのメスシリンダー

手順1　3本のペットボトルに，水が入った丸形水そうを使って，二酸化炭素ボンベから二酸化炭素を入れる。

手順2　メスシリンダーで，温度のちがう3つの水（10℃，30℃，60℃）をそれぞれ250mLはかり取る。

手順3　手順2ではかり取ったものを手順1のペットボトルに同時に入れて，ふたをした後，それぞれを同時に5回ふる。

手順4　5回ふった後の3本のペットボトルがへこむ様子【写真2】を観察する。

【写真1】

【写真2】

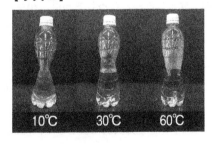

【結果】

水の温度	10℃	30℃	60℃
へこみの度合い	大	中	小

(1)　[実験]の手順1において，3本のペットボトルに入れる二酸化炭素の量をそろえるために，あなたなら，どのような方法で二酸化炭素を入れますか。その方法を言葉や絵などで説明しましょう。

(2) ［実験］の【結果】から考えられる，「水の温度と，決まった量の水にとける二酸化炭素の量との関係」を表すグラフを，次の**ア〜ウ**の記号の中から正しいと考えられるものを１つ選びましょう。また，【選んだ理由】の ① ， ② にあてはまる文をそれぞれ書き，完成させましょう。

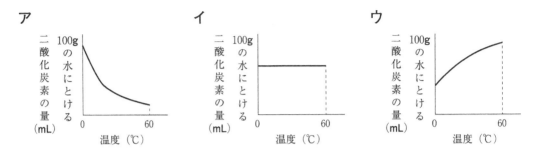

【選んだ理由】

　【結果】と【写真２】から，ペットボトルのへこみの度合いは， ① ということが分かる。

　つまり，二酸化炭素が水にとける量は ② ということがいえるから。

---

(3) ［実験］を終えたごろうさんは，他の気体のとけ方について調べた結果，空気は水にとけにくいということが分かりました。そこで，お姉さんに下のような【質問】をすることにしました。その【質問】に対して，あなたならどのように説明しますか。その説明を書きましょう。

【質問】

　遠足に持っていくお茶を用意したときに，ペットボトルに熱いお茶を入れてふたをして，早く冷めるように冷蔵庫に入れたんだ。よく冷えたころにペットボトルを冷蔵庫から取り出してみたら，［実験］のときと同じようにペットボトルはへこんでいたんだよ。空気は水にとけにくいのに，ペットボトルはどうしてへこんだのかな。

---

2 なおこさんとひろしさんは，小学生が好きな教科について調べたことを学校新聞の記事にしたいと考えました。そこで，自分たちの学校の小学６年生全員に最も好きな教科のアンケートをとりました。次の会話文を読んで，あとの(1)〜(3)について考えましょう。

ひろしさん：なおこさん，アンケートの集計が終わったよ。次のページの【資料１】は，わたしたちの学校の６年生100人に質問をして，最も好きな教科を答えてもらった結果を男女別にまとめた表だよ。

なおこさん：ひろしさん，体育を好きと答えた人数は，女子の方が男子より多いわ。女子が男子より体育を好きなのね。

ひろしさん：確かに，人数は女子が多いよね。だけど，人数を比べるだけでは女子が男子より体育を好きとはいえないよ。

| | | ア | |。こう考えると，男子の方が女子より体育を好きといえるよね。

なおこさん：なるほど。人数だけでは比べられないんだね。

ひろしさん：アンケートの結果をグラフに表して，もっといろいろな特ちょうを調べてみようよ。

なおこさん：そうだね。どんなグラフを使えばいいのかな。

ひろしさん：この場合は，円グラフか帯グラフに表すとよさそうだね。他にも，例えば，保健室を利用した人のけがの種類と人数をグラフに表す場合は，棒グラフに表すといいね。それから， イ は折れ線グラフに表すと分かりやすいね。 ウ は，柱状グラフに表すと分かりやすいよね。

なおこさん：なるほどね。ありがとう。わたしたちの学校のアンケートの結果を全国のアンケートの結果と比べてみるのもどうかな。2つを比べてちがいが大きいところからわたしたちの学校の特ちょうを見つけてみよう。

ひろしさん：それはすごくいいアイデアだと思うよ。

なおこさん：ひろしさん，全国で行われたアンケートの結果を見つけたよ。【資料2】は，全国の小学6年生の最も好きな教科のアンケートの結果を帯グラフに表したものだよ。わたしたちの学校の結果と全国の結果を比べたら，ちがいが大きい教科を見つけたわ。ここから，わたしたちの学校には， エ という特ちょうがあることが分かったわ。

ひろしさん：どうしてそういえるのか説明してくれないかな。

なおこさん：| | | オ | |。

ひろしさん：確かに，すべての教科を比べれば，そういうことがいえるよね。ありがとう。さっそく，記事にまとめよう。

【資料1】 わたしたちの学校の6年生が選んだ最も好きな教科

	国語	社会	算数	理科	音楽	図画工作	家庭	体育	その他	合計
男子（人）	2	6	9	4	1	5	1	8	4	40
女子（人）	6	3	13	5	10	5	4	10	4	60

※その他は、外国語活動、総合的な学習の時間、好きな教科なし、など

【資料2】 全国の小学6年生の最も好きな教科（全国で行われたアンケートの結果）

体育 18%	算数 17%	社会 14%	図画工作 12%	音楽 10%	理科 8%	国語 7%	その他 10%

※その他は、外国語活動、総合的な学習の時間、好きな教科なし、など　　　　　家庭 4%

(1) 会話文の ア には，ひろしさんがなおこさんに説明した内容が入ります。どのような説明をしたのかを考え，言葉や式などを使ってかきましょう。

(2) 会話文の イ ， ウ にあてはまるものとして，次のページのあ～かの中から正しいと考えられるもののうち，それぞれ1つを選んでその記号を書きましょう。

あ　6年1組のソフトボール投げの記録とその記録を出した人数をグラフに表す場合

い　毎年5月に調べた自分の身長をグラフに表す場合

う　主食として何を食べるのかをアンケートで調べ，結果をグラフに表す場合

え　いろいろな市や町の正午の気温をグラフに表す場合

お　図書室で借りた本の冊数をクラス別にグラフに表す場合

か　佐賀県の米の生産量の年ごとの変化をグラフに表す場合

(3)　会話文の　エ　には特ちょうが入ります。その特ちょうを書きましょう。また，　オ　には，なおこさんがひろしさんに説明した内容が入ります。その内容を言葉や式などを使ってかきましょう。

3　たろうさんの学級では，ボールを厚紙で作った柱の上に置いています。それを見たたろうさんは，他の重いものも紙で支えることができるのではないかと考えました。

そこで，画用紙を折って柱を作り，その上に正方形のとうめいな板をのせて，自分が乗ることができる台を作ろうと思いました。そのとき，柱の底面の形と支えることのできる重さに関係があるかもしれないと考え，次の［実験］を行いました。あとの(1)〜(3)について考えましょう。

［実験］

手順1　同じ大きさの画用紙を折り，【写真1】のような底面の形が正三角形，正方形，正六角形，正八角形の柱を3本ずつ作る。

手順2　まず底面の形が正八角形の柱を，1本だけ床の上に垂直（すいちょく）に置く。そのあと，【写真2】のように，柱がつぶれるまで，うすい本を静かに1冊ずつ重ねていく。

手順3　手順2でつぶれずに支えることのできた最大の重さを【写真3】のように，はかりで調べ，その重さを【結果】の表に記録する。

手順4　同じ種類の新しい柱に変えながら，手順2，手順3を合計3回行う。

手順5　他の3種類の柱も，同じように，手順2から手順4までを行う。

【写真1】

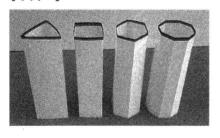

【写真2】

【写真3】

【結果】 柱が支えることのできた最大の重さ(g)

柱の底面の形	1回目	2回目	3回目
正三角形	1600	1500	1700
正 方 形	2300	2200	2400
正六角形	3200	3100	3000
正八角形	3900	3900	4200

⑴ たろうさんは，[実験]において，柱がつぶれずに支えることのできた重さの測定を，【結果】の表のようにそれぞれ同じ種類の柱で3回ずつ行いました。何のために同じ実験をくり返したのでしょうか。理由を書きましょう。

⑵ たろうさんは，[実験]の【結果】を見て，台の脚（あし）に底面の形が正八角形の柱を使い，次の《条件》に合う台を作ろうと考えました。

《条件》

- 台は，とうめいな板の重さと自分の体重を合わせた50kgを支える。
- 使う脚の数を最も少なくする。
- バランスを考え，使う脚のうち4本は，4つの角に配置し，残りの脚は，台を真上から見たときに線対称（せんたいしょう）にも，点対称（てんたいしょう）にもなるように配置する。

① 《条件》に合う脚の数を求める式とその答えを書きましょう。ただし，それぞれの脚には，同じ重さがかかるものとします。

② 《条件》に合う脚の配置を考え，次の【かき方】を参考にして解答用紙の図にかきましょう。

【かき方】

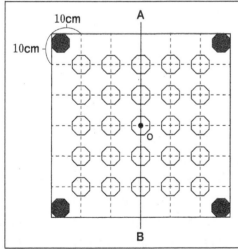

- 左の図は、4本の脚にのせたとうめいな板を真上から見たものです。
- 脚を配置する場所の ◯ をぬりつぶします。
- 対称の軸（じく）を直線 AB で表し、対称の中心を点 O で表しています。
- 4つの角に配置する脚は、ぬりつぶしています。

⑶ さらに，たろうさんは，底面の形を角の無い円にすると，支えることのできる最大の重さがどうなるかを試（ため）したいと思いました。底面の形を正八角形から円にすると，柱が支えることのできる重さは，正八角形の柱と比べて，大きくなるか，変わらないか，小さくなるか予想を書きましょう。また，その理由を[実験]の【結果】をもとにして書きましょう。

4　赤組のはなこさんとかずおさんは，運動会に向けて，赤組の各クラスに配る旗と応えん団で使う旗を布で作ろうとしています。次の会話文を読んで，あとの(1)～(3)について考えましょう。

はなこさん：各クラスに配る旗は，合計12枚で，形は直角三角形だったね。

かずおさん：そうだよ。旗をできるだけ大きくするには，学校から用意された【図1】の白い布をどのように切り分けたらいいかな。もちろん，1枚1枚の旗は，同じ大きさと形にしようね。

【図1】

はなこさん：そうね。【図2】のように，辺の長さが40cmと30cmの直角三角形だと切り分けることができそうよ。切り分けた直角三角形の白い旗には，赤組だから赤色をぬろうね。

かずおさん：それなら，旗の面積の3分の2だけ色をぬってもらうことで，各クラスの旗になるようにしよう。

はなこさん：ところで，応えん団で使う旗も直角三角形にするんだよね。

かずおさん：【図3】の赤い布があるよ。<u>【図3】の布は，切って合わせると面積を変えずに直角三角形にできそうだよ。</u>

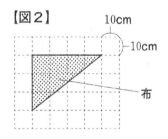

【図2】

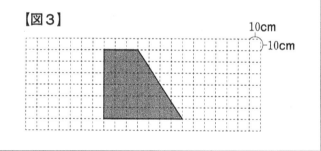

【図3】

---

(1)　はなこさんは，【図1】の布をどのように切り分けようと考えたのでしょうか。解答用紙の図に線を引きましょう。ただし，ぬいしろは考えないものとし，方眼の1目は10cmとします。

(2)　【図2】の切り取った直角三角形の旗には，面積の3分の2に赤色をぬります。どのようなぬり方が考えられますか。解答用紙の図に，<u>色をぬる部分を線で囲み，しゃ線を入れましょう。</u>また，なぜそのようなぬり方で面積が3分の2になるのか，言葉や式で説明しましょう。

(3)　かずおさんは，会話文で「<u>【図3】の布は，切って合わせると面積を変えずに直角三角形にできそうだ</u>」と言っています。どのように考えたのでしょうか。右の【かき方の例】を参考にして，解答用紙の図に，矢印とできる三角形をかきましょう。ただし，ぬいしろは考えないものとし，布は広げた状態で1回しか切りません。

【かき方の例】

平成27年度

佐賀県立中学校入試問題

【適性検査Ⅰ】 （45分）　＜満点：50点（香楠・唐津東）／40点（致遠館・武雄青陵）＞

1　佐賀県に住むしおりさんは，富士山のふもとにある町へ引っ越した友だちのたくみさんから電子メールをもらいました。しおりさんは，それを読んで，たくみさんへ返信をしました。【たくみさんの送信メール】と【しおりさんの返信メール】を読んで，あとの(1)～(4)について考えましょう。

【たくみさんの送信メール】

しおりさんへ
　こんにちは。お元気ですか。ぼくは元気です。
　ぼくが住んでいる町は，富士山で有名です。この富士山を世界文化いさんに登録しようと，多くの人々が大変な努力をしました。そのおかげで，平成25年6月に富士山は世界文化いさんに登録されました。ぼくの住んでいる町のみんなも，そのニュースに大喜びしました。
　しかし，富士山をきれいにしておかないと登録が取り消されることもあるそうです。だから，そうならないように，富士山の美しさを守るためのさまざまなボランティア活動が行われています。それに，年々多くの登山客がおとずれるようになり，トイレやちゅう車場の場所をたずねられることも増えました。登山客の中には外国の人もいて，道をたずねられることもよくあります。
　こんなふうに，町はにぎわっています。しおりさんも，ぜひ遊びに来てください。それでは，また。

　　　　　　　　　　　　　　　　　　　　　　　　　　　　　　　　　たくみより

【しおりさんの返信メール】

たくみさんへ
　こんにちは，たくみさん。メールありがとう。わたしも元気にしています。
　富士山の世界文化いさん登録は，もちろん知っていました。しかし，世界文化いさんの登録を取り消されることがあるとは知りませんでした。そんなことにならないように，美しい富士山をぜひ守ってほしいと思います。
　たくみさんからのメールを読んだあと，富士山の世界文化いさん登録についてインターネットで調べてみたら，あるボランティア団体によって集められたごみの量【資料1】と，富士山が世界文化いさんに登録されるまでの道のり【資料2】を見つけました。
　2つの資料から　　　　　　　　　　　　　　　　　　　　　　　　　　　ということがわかりました。今回の世界文化いさん登録によって，国内だけでなく世界各地からの観光客や登山客もさらに増えるでしょうね。たくみさんの住む町にとって，にぎやかになることはよいことですが，町の取り組みもいろいろと必要になってくるかもしれませんね。世界にほこれる富士山を守るために，がんばってほしいと思います。わたしも，近いうちに遊びに

行けたらいいなと思います。
　　それでは，また。

　　　　　　　　　　　　　　　　　　　　　　　　　　　　　　　　　しおりより

【資料１】　あるボランティア団体によって
　　　　　　集められたごみの量

【資料２】　富士山が世界文化いさんに
　　　　　　登録されるまでの道のり

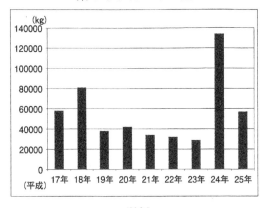

平成19年	世界文化いさんの候補になった
平成21年	世界文化いさんに登録されなかった
平成24年	世界文化いさんの候補になった
平成25年	世界文化いさんに登録された

(1)　インターネットで検索をすると，多くの情報が得られます。わたしたちは，そういった情報について，どのようなことに気をつけたらよいでしょうか。気をつけることを１つ書きましょう。

(2)　あなたは，パソコンでローマ字入力をするとき，「富士山（ふじさん）」をどのように入力しますか。例を参考にして，入力するようにローマ字を書きましょう。
　　（例）
　　たくみ→takumi

(3)　【しおりさんの返信メール】の　□　には，しおりさんが，２つの資料からわかったことが入ります。【資料１】と【資料２】から，どのようなことがいえますか。また，どのようなことが考えられますか。「～ということがわかりました。」につながるように書きましょう。

(4)　【しおりさんの返信メール】の「町の取り組み」について，あなたならどのような理由でどのような取り組みをすればよいと考えますか。考えた理由と取り組みについて，「～ので，～。」を使って，30～40字で書きましょう。

2　たろうさんは，お父さんと町を歩きながら，自転車に乗るときにかぶるヘルメットについて話しています。次の会話文を読んで，あとの(1)，(2)について考えましょう。

> たろうさん：ぼくは，自転車に乗るときはいつもヘルメットをかぶっているけれど，今すれちがった自転車に乗った人は，かぶっていなかったね。ヘルメットはかぶらなくてもいいの。
>
> お父さん：大人の人だから，ヘルメットをかぶるかどうかは自分の判断なんだよ。だけど，命を守るためには，ヘルメットはかぶった方がいいよ。それに，子どもはなるべくヘルメットをかぶって自転車に乗るようにしてくださいというきまりもあるんだよ。だから，ほとんどの中学校では自転車に乗るときは，ヘルメットをかぶる

きまりになっているんだよ。

たろうさん：なるほど。でも，うちの高校生のお姉さんが自転車に乗るときに，ヘルメットをかぶっているところを見たことがないんだよね。<u>お姉さんも自転車に乗るときは，いつもヘルメットをかぶるようにした方がいいと思うけれどなあ。</u>

お父さん：交通事故にあったときに自分の命が守られると考えたら，年れいに関係なく，だれでもかぶるべきだと思うよ。たろうはヘルメットをかぶって自転車に乗ることについてどう思うかな。

たろうさん：そうだね。ぼくも，だれでもかぶった方がいいと思うよ。よし，自転車の交通事故について調べてみるよ。

【資料１】　小・中学生、高校生の自転車の交通事故による死傷者数と歩行者の交通事故による死傷者数との比かく

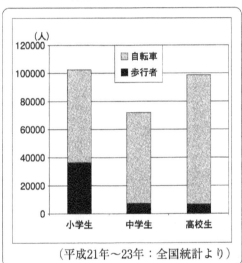

（平成21年〜23年：全国統計より）

【資料２】　自転車の交通事故で死亡した人の、けがをした部位の割合

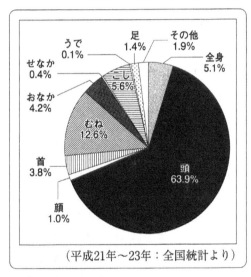

（平成21年〜23年：全国統計より）

【資料３】　自転車がかかわる交通事故の主な原因（15歳以下）

ア　２台以上で横に並んで通行していた
イ　交差点で一時停止をしなかった
ウ　道路の左側を通行せず，右側を通行した
（平成25年：全国で起きた事故の原因から抜粋）

(1)　たろうさんは，「<u>お姉さんも自転車に乗るときは，いつもヘルメットをかぶるようにした方がいいと思うけれどなあ</u>」と言っています。お姉さんに対してヘルメットをかぶった方がよいことを，あなたならどう説明しますか。【資料１】と【資料２】を参考にして，80〜100字で書きましょう。

(2)　自転車がかかわる交通事故の主な原因として，【資料３】のようなことがあります。

①　【資料３】の原因はどのような事故につながると考えられますか。【資料３】のア〜ウの記号

の中から原因を１つとりあげ，その原因から起きると考えられる事故を具体的に書きましょう。

② 　①で考えた事故を減らすためには，道路などにどのようなくふうをすればよいでしょうか，あなたが考えるくふうを書きましょう。

3　よしこさんの小学校では，毎年，６年生とお年寄りの交流会を行っています。その実行委員になったよしこさんは，交流会の内容を考えるために，昨年交流したお年寄り（Ａさん）からのメッセージを読んで，今年交流するお年寄り（Ｂさん，Ｃさん）に交流会の前にインタビューを行いました。そして，よしこさんは，交流会後に感想文を書きました。【Ａさんからのメッセージ】，【Ｂさん，Ｃさんへのインタビューの一部】と【よしこさんの感想文】を読んで，あとの(1)，(2)について考えましょう。

【Ａさんからのメッセージ】

　　６年生のみなさんとの交流会は，本当に楽しい時間でした。紙しばいはとてもおもしろかったですよ。ただ，絵が小さかったので，見づらくて少し困りました。また，つな引きはとてももり上がったけれど，わたしは腰が心配で参加できなかったのが残念でした。でも，応えんはがんばりましたよ。

　　いっしょに活動していると，わたしもいつのまにか笑顔になっていて，何だか体の調子もよくなって元気になりました。体力ではかないませんが，みなさんより多くのことを体験しているので，いろいろなことをたくさん知っています。だからこそ，この交流会の意味があると思います。この交流会は，ぜひこれからも続けてほしいと願っています。

【Ｂさん，Ｃさんへのインタビューの一部】

よしこさん：こんにちは，今日はよろしくおねがいします。

Ｂ　さ　ん：こんにちは，何でも聞いてくださいね。

よしこさん：それでは２つ質問をさせてください。まず１つ目の質問です。交流会でわたしたちといっしょにやってみたい活動はありますか。

Ｂ　さ　ん：みんなといっしょに楽しく体を動かしてみたいなあ。

Ｃ　さ　ん：笑うことや声を出すことは健康によいと聞いたので，楽しいことをして思いっきり笑ってみたいわ。

よしこさん：そうですね，楽しそうですね。次に２つ目の質問です。

　　　　　　|　　　　　　　　　　　　　　　　　　　　　　　　　　　　　|。

Ｂ　さ　ん：はげしい運動はむずかしいね。もともと体を動かすことが好きで，昔は野球やゴルフをやっていたけれどね。

Ｃ　さ　ん：わたしは，歌うことは好きだけど，テンポの速い曲なんかはちょっとついていく自信がないなあ。

　　　　　　　　　　　　　　　（会話が続く）

よしこさん：ありがとうございました。今日，お聞きしたことをもとにして，楽しい交流会を計画したいと思います。

【よしこさんの感想文】

　　交流会をする前は，お年寄りのみなさんがわたしたちといっしょに楽しんでくださるかとても不安でした。しかし，インタビューをもとに計画を立て，実際に活動してみると，その不安はふきとびました。みなさんの笑顔を見ていたら，とてもうれしくなりました。

　　交流会でいろいろな話をしながら，お年寄りのみなさんから多くのことを教えていただきました。今まで知らなかったことがわかり，学ぶことがたくさんありました。また，みなさんにやさしく接してもらったので，このごろ少しいらいらしていた自分の気持ちが落ち着いたような気がします。

　　今年も交流会ができて，本当によかったです。

⑴　【Bさん，Cさんへのインタビューの一部】の □ には，【Aさんからのメッセージ】を読んで考えた質問の言葉が入ります。どのような質問をしたのかを，【Aさんからのメッセージ】を参考にして会話文に合うように書きましょう。

⑵　6年生とお年寄りの交流会について，あなたならどのような活動を考えますか。また，それによってどのようなよいことがあると思いますか。次の《条件》にしたがって100〜120字で書きましょう。

　《条件》
　　・どのような活動をするのかについては【Aさんからのメッセージ】と【Bさん，Cさんへのインタビューの一部】を参考にして，1つ書くこと。
　　・どのようなよいことがあるかについては【Aさんからのメッセージ】と【よしこさんの感想文】を参考にして，お年寄りと6年生のそれぞれの立場から書くこと。

【適性検査Ⅱ】 （45分）　　＜満点：50点（香楠・唐津東）／60点（致遠館・武雄青陵）＞
【注意】　図をかき入れる問題がありますが，定規を使ってかく必要はありません。

1　たけしさんとひろしさんは，右のような車を使って輪ゴム
やモーターで動くようにして，競走させました。そのときの
ことをはなこさんに話しています。次の会話文を読んで，あ
との(1)～(3)について考えましょう。

たけしさん：ぼくとひろしさんとで，【写真1】と【写真2】の車を作って競走させたんだよ。

【写真1】　たけしさんの車

輪ゴム

【写真2】　ひろしさんの車

はなこさん：たけしさんの車は，車に付けた輪ゴムを木の棒でのばして，輪ゴムがもとにもど
　　　　　　ろうとする力を使って動くのね。ひろしさんの車は，かん電池の電気の力でモー
　　　　　　ターを回して動くのね。

ひろしさん：この2つの車で，スタートからゴールまでのきょりを5m，10m，15mに変えて
　　　　　　競走させたんだよ。

たけしさん：ゴールまでにかかった時間を【表】にしたんだ。

【表】

ゴールまでのきょり		5m	10m	15m
A	かかった時間	1.9秒	6.1秒	13.0秒
B	かかった時間	3.9秒	6.3秒	8.1秒

はなこさん：表のA，Bだけではどちらがだれの車かわかりにくいわ。

たけしさん：はなこさんは，どちらがだれの車かわかるかな。

はなこさん：たけしさんの車はAで，ひろしさんの車はBね。だって，

　　　　　　　　　　　　　　　　　　　　　　　　　　　　　　　　　　　　　　。

ひろしさん：そのとおりだよ。よくわかったね。

はなこさん：2つの車は，ゴールが10mの場合はかかった時間にあまり差がないけれど，5m
　　　　　　と15mの場合には差があるわね。

> たけしさん：そうなんだ。輪ゴムはどのきょりの場合も，いっぱいにのばしてやってみたけれど，15mではひろしさんに勝てないんだ。
>
> ひろしさん：ぼくも５mでたけしさんに勝ちたいと思っているんだ。

(1) はなこさんは，【表】を見て，たけしさんとひろしさんの車を言い当てて，その理由を言いました。車の特ちょうと【表】を参考にして，□□□に入る理由を書きましょう。

(2) たけしさんは，車を15mのきょりでも短い時間でゴールし，ひろしさんに勝てるように，くふうをしようと考えました。輪ゴムに注目すると，どのようなくふうが考えられますか。そのくふうを書きましょう。

(3) ひろしさんは，車を５mのきょりでも短い時間でゴールさせるために，【図】のようにかん電池２個を使うようにしてみました。しかし，かかった時間はあまり変わりませんでした。それはなぜですか，理由を書きましょう。ただし，かん電池の重さは考えないものとします。

　　また，ゴールまでにかかる時間を短くするには，かん電池２個とモーターをどのようにつなげばよいでしょうか。モーターにつなぐ，かん電池２個と導線をかきましょう。

【図】

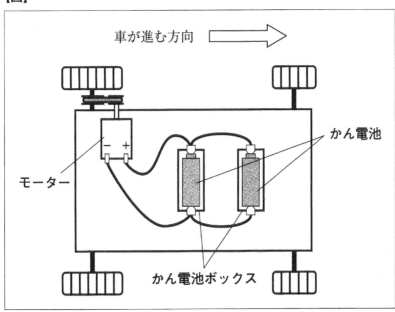

2 けんじさんとお兄さんは，Ｓ市に住むおばあさんの家にとまりに行きました。次の 会話文１ と 会話文２ を読んで，あとの(1)〜(3)について考えましょう。

会話文１

> おばあさん：けんじさん，水道のじゃ口からおふろに水を入れてね。この前に来たときは水をあふれさせたので，今度はよく考えて水を入れてね。
>
> けんじさん：おばあさんの家のおふろと，ぼくの家のおふろの大きさはちがうからね。

おばあさん：うちのおふろは，直方体の形をしてい
て，容積は300Lよ（【図】）。

けんじさん：おふろの内側の縦の長さ，横の長さ，高
さはどのくらいあるのだろう。

【図】　おばあさんの家のおふろ

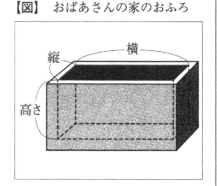

縦　横　高さ

会話文2

おばあさん：うちの家では，おふろの水を洗たくに使っているのよ。お兄さんと協力して，お
ふろの水を洗たく機に移してくれない。

けんじさん：ぼくの家でも同じように，おふろの水を使っているよ。ところで，1か月で水道代
をいくら節約することができるのかな。

おばあさん：そうね，S市では水を使うのに100Lあたり26円かかるのよ。洗たくを始めるか
ら，あとで計算してごらんなさい。

けんじさん：おばあさん，何を使って水を移せばいい
の。

おばあさん：洗面器とバケツを使って移してね。洗面器
は1回で4.5L，バケツは1回で9Lの水
を移すことができるよ。洗たくに使う水の
量は50Lから60Lは必要よ。

けんじさん：わかったよ。ぼくが洗面器，お兄さんがバ
ケツを使って水を移すね。

---

(1)　会話文1　について，おふろに水を入れるとき，「　x　」が変われば，それにともなって
「　y　」が変わる」という，ともなって変わる2つの量が考えられます。x, yにあてはまる，とも
なって変わる2つの量のア～エと，その2つの量の関係を表す【グラフ】のA，Bとの，組み合わ
せを考えます。【組み合わせ】のあ～えの中から正しいと考えられるもののうち1つを選んで，
その記号を書きましょう。ただし，Bは反比例のグラフとします。

（【グラフ】，【組み合わせ】は次のページにあります。）

| ア　1分間にじゃ口から出る水の量 |
| イ　水を入れ始めてからのおふろにたまった水の量 |
| ウ　水を入れ始めてからおふろをいっぱいにするのにかかる時間 |
| エ　水を入れ始めてからおふろがいっぱいになるまでの，おふろの底から水面までの高さ |

【グラフ】

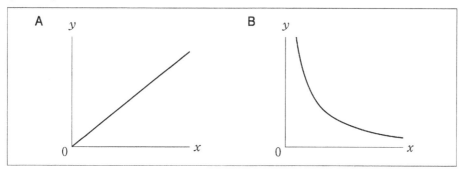

【組み合わせ】

記号	x	y	【グラフ】
あ	ア	ウ	A
い	ア	ウ	B
う	イ	エ	A
え	イ	エ	B

(2) 会話文1 について，【図】のおふろの内側の縦の長さと高さは50cm以上あり，横の長さは縦の長さや高さよりも長くなっています。おふろの内側の縦の長さ，横の長さ，高さの組み合わせのうち１つを考え，それぞれの長さを書きましょう。

(3) 会話文2 について，けんじさんとお兄さんは，２人あわせて９回で洗たく機におふろの水を移しました。けんじさんとお兄さんが移した回数の組み合わせのうち１つを考え，それぞれの回数を書きましょう。

　また，Ｓ市では，２人が移した水の量で毎日１回洗たくをするとき，１か月（30日）間で，水道代を何円節約することができるでしょうか。節約することができる金額を書きましょう。ただし，小数第１位を四捨五入（ししゃごにゅう）します。

3　たろうさんたちは，学校で「はたらく人々」について，学習しています。たろうさんは「林業にたずさわる人」をテーマに調べていて，この日は森林組合の人が学校に来てくれています。次の会話文を読んで，あとの(1)，(2)について考えましょう。

森林組合の人：日本は森林がとても豊かな国ですが，その森林の約４割（わり）は，人が手を入れて作り上げた人工林です。みんなの家にもたくさんの木が使われていますよね。わたしたちは，そういう木を育てたり，育てた木を切り出したりする仕事をしているんですよ。

たろうさん：木を育てるときの手入れとして，具体的にどのようなことをしているのですか。

森林組合の人：たとえば，間伐（かんばつ）や枝打ちというのがあります。この写真を見てください。【写真１】は間伐や枝打ちをした場所，【写真２】は間伐や枝打ちをしなかった場所です。間伐というのは，木の成長に合わせて，木と木の間の木を切ることで

す。枝打ちというのは，木の成長に合わせて，木の下の方の枝を切り落とすことです。2枚の写真を比べて気づいたことはありませんか。

たろうさん：間伐や枝打ちをした方が，どの木も同じような太さでしっかりとしています。それに比べて，間伐や枝打ちをしなかった方は，木の太さもばらばらだし，弱々しい感じもします。

森林組合の人：そうですね。間伐や枝打ちをするのは，どの木にも光や水，養分をよく行きわたらせるようにするためなのです。たろうさんは，何かの植物を育てたとき，よく成長するようにくふうしたことがありませんか。

たろうさん：学校で花や野菜を育てたときは，先生から教えられたとおりの種のまき方や育て方をしました。たしか間伐に似たようなこともしました。種のまき方や育て方で植物の成長にちがいがあるのか，インゲンマメの種を使って自分で調べてみたいと思います。

森林組合の人：【写真1】と【写真2】を比べてほかに気づいたことはありませんか。

たろうさん：間伐や枝打ちをした方が，背の低い植物がたくさんしげっています。間伐や枝打ちをしなかった方は，地面が見えています。

森林組合の人：よく気がつきましたね。たろうさんが気づいたことは，土砂くずれなどの災害の防止と関係があるのですよ。

たろうさん：そうか，[　　　　　　　　　　　　　　　　　]。

森林組合の人：よく考えましたね。

たろうさん：間伐や枝打ちを行うことが，土砂災害を防ぐことにもつながるとは思いませんでした。森林は，いろんな役割を果たしているのですね。

【写真1】　間伐や枝打ちをした場所

【写真2】　間伐や枝打ちをしなかった場所

(1)　たろうさんは，「種のまき方や育て方で植物の成長にちがいがあるのか」について，同じ土を入れた鉢を2個とインゲンマメの種子を60個使った〔実験〕を考えました。たろうさんは，どのような実験をしようと考えているのでしょうか。考えられる実験の目的として，〔実験〕の ① に「種のまき方」と「育て方」のどちらかを選んで書き，【たろうさんのメモ】を参考にして，2個の鉢と60個の種子を使った実験の方法を〔実験〕の ② の中に言葉で書きましょう。

（【たろうさんのメモ】，〔実験〕は次のページにあります。）

【たろうさんのメモ】

〈実験に必ず使うもの〉
・直径20 cm の鉢　　　　2個
・インゲンマメの種子　　60個

〈同じにする条件〉
・日光
・水
・土（肥料）
・温度

インゲンマメ60個

［実験］

〈実験の目的〉
　　①　で植物の成長にちがいがある
のか調べてみる。

〈実験の方法〉

②

(2)　森林組合の人は，間伐や枝打ちをすることと，土砂くずれなどの災害の防止とは関係があると
言っています。会話文の □ には，たろうさんが，土砂くずれなどの災害の防止について述べ
た言葉が入ります。どのように考えたのでしょうか。会話文の「たろうさんが気づいたこと」を
参考にして書きましょう。

4　さとこさんは，下のように印をつけたＡ，Ｂ，Ｃの立方体を，工作用紙で作っています。あとの
(1)，(2)について考えましょう。

A	B	C
底面の１つに◎、側面の３つの面に●、残りの２つの面に○の印をつけた立方体	底面の１つに◎、側面のとなり合った２つの面に○、残りの３つの面に●の印をつけた立方体	底面の１つに◎、側面の向かい合った１組の面に○、残りの３つの面に●の印をつけた立方体

(1)　立方体の展開図に印をつけ，Ａの立方体を作ります。
　　【図１】のように◎の印をつけたとき，残り５つの面の印のつ
け方は何通りかあります。そのうちの１つを考えて，●，○の
印をかきましょう。

【図１】

(2)　さとこさんは，Ａ，Ｂ，Ｃの３つの立方体を【図２】のように縦に積み重ねました。一番上，
真ん中，一番下はどの立方体になっているでしょうか。Ａ，Ｂ，Ｃの記号を使って書きましょう。
　　さとこさんはその後，新しい工作用紙を使って【図２】と同じ位置に印がある【図３】の直方
体を作ることにしました。そのための展開図が【図４】です。この展開図の空白部分の印のつけ
方の組み合わせを１つ考えて，◎，●，○の中から選んで，印をかきましょう。

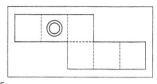

（【図２】～【図４】は次のページにあります。）

【図2】

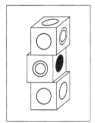

【図3】

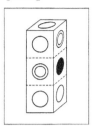

【図4】

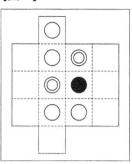

平成26年度

佐賀県立中学校入試問題

【適性検査Ⅰ】 （45分）　＜満点：50点（香楠・唐津東）／　40点（致遠館・武雄青陵）＞

1　あかりさんとたけしさんが住んでいる緑山町（みどりやま）では，毎年，子どもマラソン大会が開かれています。次の会話文を読んで，あとの(1)～(3)について考えましょう。

> あかりさん：わたし，子どもマラソン大会の実行委員になったの。
>
> たけしさん：毎年，地域（ちいき）の小学生が集まって緑山公園を走る大会だよね。ぼくは，今年もその大会に参加するよ。
>
> あかりさん：今年は，わたしたちの学校からもたくさん参加してもらうために，【手作りポスター】を作っているの。たけしさんも手伝ってもらえないかしら。
>
> たけしさん：もちろんだよ。ぼくたちの住んでいる町の大会だしね。
>
> あかりさん：このポスターの　ア　のところには，みんなが参加したいと思うようなスローガンを入れたいと思うの。
>
> それと，　イ　には，大会に出場した人の感想をもとに，参加を呼（よ）びかけるためのメッセージを書こうと思うの。たけしさんの感想を聞かせてくれるかしら。
>
> たけしさん：そうだね。3，4年生のときは，完走するのがやっとだったけど，毎年，大会に備えて練習したことで，去年は上位に入賞できたよ。がんばったかいがあったよ。それに，いとこのお姉さんは，「新しい友だちができ，一緒（いっしょ）にはげまし合いながら楽しく走れた。」とか，「ふるさとの豊かな自然を感じることができた。」とか言っていたよ。
>
> あかりさん：ありがとう。それをもとにメッセージを書いてみるわ。
>
> そういえば，今年は実行委員会が，選手に気持ちよく，安全に走ってもらうための子どもボランティアのアイディアを募集（ぼしゅう）しているんだけど，何かよいアイディアはないかしら。
>
> （～会話が続く～）

【手作りポスター】

> ア
>
> 第5回　子どもマラソン大会
>
> 期日：平成26年4月6日（日）
>
> 会場：緑山公園
>
> 受付：8：30
>
> 種目　○3・4年生　1.5km
> 　　　○5・6年生　3.0km
>
> イ
>
> 申しこみ・問い合わせ／大会事務局　TEL 12-3456
> 申しこみしめ切り／平成26年3月2日（日）
> 主さい／緑山町子どもマラソン大会実行委員会
> 協　力／緑山町商店街・緑山警察署（けいさつしょ）・緑山町消防署

⑴ 【手作りポスター】の大会名の上の部分 ア には，大会のスローガンが入ります。次の【運動会のスローガン】を参考にして，大会にふさわしいスローガンを，季節がわかる言葉を入れて書きましょう。

【運動会のスローガン】

> われら赤組　もみじより　真っ赤にそめろ　グラウンドを

⑵ 【手作りポスター】のふき出しの部分 イ には，子どもマラソン大会への参加を呼びかけるメッセージが入ります。

　あなたなら，どのようなメッセージを書きますか。次の《条件》に合わせて，メッセージを書きましょう。

《条件》

・「子どもマラソン大会は，」という書き出しに続けて，80～100字で書くこと。

・参加することのよさを，会話文のたけしさんといとこのお姉さんの感想をもとに，2つ書くこと。

・参加することのよさを，自分の考えとして1つ書くこと。

⑶ 実行委員会が，「選手に気持ちよく，安全に走ってもらうための子どもボランティアのアイディア」を募集しています。

　次の【ボランティアの例】を参考にして，気持ちよく走ってもらうためのボランティアのアイディアと，安全に走ってもらうためのボランティアのアイディアを，それぞれ1つ考え，その内容と名前を書きましょう。

【ボランティアの例】

目　　的	内　　　容	名　　前
安全に走ってもらう	選手が走る道に立ってコースを教える	コース教え隊（係）

2 としおさんの家族は，日曜日に夕食をとりながら，お昼にショッピングセンターへ買い物に行ったときの話をしています。次の会話文を読んで，あとの⑴，⑵について考えましょう。

> としおさん：今日は，買い物をする人が多くて，なかなか車がとめられなかったね。でも，駐車場【資料1】（次のページ）の看板のあるところが何台分か空いていたね。なぜ，とめなかったの。
> お父さん：看板のあるところを利用できるのは，そこを本当に必要としている人たちだよ。
> としおさん：どんな人たちなの。
> お父さん：歩行が困難な人たちだよ。例えば，身体に障がいがある人，おなかに赤ちゃんがいる人，けがをしている人やお年よりだよ。看板のあるところは，本当に必要としている人が利用しやすいように，くふうがしてあるんだよ。

としおさん：なるほど。ところで，本当に必要としている人の車かどうか，どうやって見分けるの。

お 父 さん：よいところに気がついたね。本当に必要としている人は，看板のあるところを利用できるように，佐賀県から利用証【資料2】をもらえるんだよ。

としおさん：利用証を持っている人だけが看板のあるところを利用できるんだね。

お 父 さん：これは，「佐賀県パーキングパーミット制度」といって佐賀県が全国で最初に始めたんだよ。今では多くの県に同じような制度が広がっていて，おたがいの利用証が使えるんだよ。

としおさん：すばらしい制度だね。利用証のない人は，看板のないところにとめないといけないね。多くの人がこのような制度があるということを知っておいてほしいね。

お 母 さん：みんなが思いやりの心をもち，安心して暮らしていけるように，このような制度が，さらに広がっていくとよいわね。

としおさん：次の日曜日の授業参観で，スピーチをすることになっているから，「佐賀県パーキングパーミット制度」を取り上げて，スピーチの内容を考えることにするよ。

【資料1】 駐車場

【資料2】 利用証

(1) 会話文で，お父さんが「本当に必要としている人が利用しやすいように，くふうがしてあるんだよ。」と言っています。

　① 看板のあるところのくふうを，会話文や【資料1】を参考にして1つ書きましょう。

　② 右の看板の ▨ の部分には，利用証を持っていない人が車をとめようとしたときに，ここにとめてはいけないとわかる文章が入ります。会話文を参考にして30〜40字で書きましょう。

身障者用 駐車場
Parking Permit
★
佐賀県

　③ 看板のあるところにとめていると考えられる車は，どれですか。会話文を参考にして，次のページの図のA〜Eの車であてはまるものをすべて選び，そのうち1つの記号と，そのように考えた理由を書きましょう。

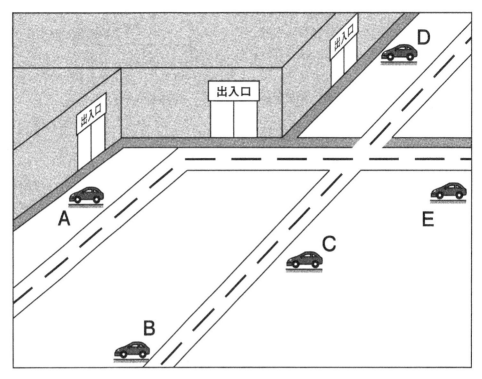

(2) としおさんは，授業参観のスピーチで，「佐賀県パーキングパーミット制度」の目的とその内容
について，紹介することにしました。「佐賀県パーキングパーミット制度は，」という書き出しに
続けて，会話文を参考にして，100～120字で紹介の文章を書きましょう。

3 はなこさんとたろうさんの学級では，いろいろな職業について調べ，自分の将来について考える
学習をすることになりました。2人はパティシエと警察官の担当になり，インタビューを行い，
応援メッセージをもらいました。次の【パティシエへのインタビューの一部】と【小学生へ向けた
応援メッセージ】を読んで，あとの⑴～⑶について考えましょう。

【パティシエへのインタビューの一部】

> たろうさん：こんにちは。今日はよろしくお願いします。1つ目の質問です。パティシエと
> は，どういう仕事ですか。
> パティシエ：ケーキやプリンなど洋菓子を作ることがパティシエの仕事です。ケーキやプリン
> は好きですか。
> はなこさん：大好きです。おいしそうなケーキを見ているだけでも幸せな気分になります。
> たろうさん：ぼくも大好きです。いろいろな種類のケーキを作ることができて，楽しそうなお
> 仕事ですね。2つ目の質問です。　　A
> パティシエ：お客様がおいしいと言ってくださったときです。また，自分のアイディアが商品
> になったときもそうですね。
> はなこさん：すてきなお仕事ですね。わたしもパティシエになりたくなりました。では，3つ
> 目の質問です。　　B

パティシエ：洋菓子作りに関する知識や技術を身につけることが必要なので，専門学校で学んだり洋菓子店で経験を積んだりします。

【小学生へ向けた応援メッセージ】

> ［パティシエ］
>
> 　わたしは，小さいころからお菓子を作ることが好きで，時間さえあればお菓子を作っていました。それを，家族や友だちに食べてもらい，みんなの喜ぶ顔を見ているうちに，本気でお菓子を作る仕事につきたいと思うようになりました。
>
> 　今も「おいしい」と喜んでもらえる，この仕事が大好きです。自分が好きなことを仕事にできて，しかも，小さいころからの夢がかなってとてもやりがいを感じています。
>
> 　ただ，夢を実現させるためには努力も必要です。昼間は洋菓子店で働いて，店が閉まった後に，夜おそくまで１人でケーキ作りの練習をしました。
>
> 　みなさんも夢をあきらめず，努力し続けてください。

> ［警察官］
>
> 　子どものころは，将来についてあまり考えたことがありませんでしたが，親からすすめられた剣道は続けていました。剣道の先生は毎日熱心に教えてくださいました。ある日，道に迷っているおばあさんに親切に対応している警察官の姿を目にしました。「ありがとう」と感謝されている警察官の姿をよく見ると，それはわたしの剣道の先生でした。とてもかがやいて見えました。
>
> 　その後も，剣道の先生へのあこがれから，中学，高校，大学と剣道を続けました。そして，大学の先生のすすめもあり，わたしは警察官になりました。警察官になった今，人の役に立っているという充実感とやりがいを感じています。
>
> 　出会いはどこにあるかわかりません。なりたい職業ややりたいことが決まっていない人も，今できることをがんばって続けてください。今，がんばっていることは，きっと将来の自分につながります。

⑴　【パティシエへのインタビューの一部】の，[A]と[B]は，パティシエに質問した言葉が入ります。それぞれふさわしい質問を考え，実際にインタビューをするような言葉で書きましょう。

⑵　はなこさんは，学級のみんなに［パティシエ］について紹介することにしました。紹介する中で，【小学生へ向けた応援メッセージ】の内容に合うことわざをそえようと思いました。次のページの【ことわざとその意味】の中から，ふさわしいと考えられるものをすべて選び，そのうち１つをア～オの記号で書きましょう。

【ことわざとその意味】

ア	千里の道も一歩から……	何事も着実に努力を重ねていけば成功するということ
イ	切磋琢磨…………………	仲間どうしでたがいに励まし，競い合って向上すること
ウ	猿も木から落ちる………	どんなに得意なものでも，時には失敗することがあるということ
エ	好きこそ物の上手なれ…	人は好きなものに対しては熱心に努力するので，上達が早いということ
オ	三日坊主…………………	飽きやすく何をしても長続きしないこと

(3)　あなたは，【小学生へ向けた応援メッセージ】を読んで，これからの自分について，どのような考えをもちましたか。次の《条件》に合わせて，［パティシエ］か［警察官］のどちらかのメッセージの中から考えるきっかけになった部分をぬき出し，あなたの考えを書きましょう。

　　《条件》

・ぬき出す部分は，一文でも一部分でもどちらでもよい。

・あなたの考えについては，これまでの自分をふり返ったこととこれからの自分について考えたことを，ぬき出した部分と関連づけて，100〜120字で書くこと。

【適性検査Ⅱ】 （45分）　　＜満点：50点（香楠・唐津東）／　60点（致遠館・武雄青陵）＞

【注意】　図をかき入れる問題がありますが，定規を使ってかく必要はありません。

1　ひろしさんとたかしさんは，乗り物展が開かれている博物館へ行きました。乗り物展には，右のような帆がついた船の模型が展示されていました。次の会話文を読んで，あとの(1)，(2)について考えましょう。

帆

> ひろしさん：この船は，帆が受ける風の力を利用しながら進むことができるみたいだよ。
>
> たかしさん：そういえば，風の力で物を動かすことができることを，学校の授業で習ったよね。
>
> ひろしさん：強い風は，遠くまで物を動かすことができることを実験で確かめたよね。<u>風の強さと動く物の速さとの関係</u>はどうなっているのかな。

(1)　会話文の「風の強さと動く物の速さとの関係」について，数日後，ひろしさんたちは，次の[実験1]を行いました。

[実験1]

手順1	プラスチックの段ボールにじくを通し，その両側にタイヤをつけ，【図1】のような車を作る。
手順2	車に，風を受ける長方形の厚紙（高さ20cm，横はば10cm）をつける。
手順3	【図2】のように，車をせん風機の前に置き，せん風機のスイッチを入れる。
手順4	ア　　　　　　　　　　　　　　　。

【図1】 　　　　【図2】

厚紙

【結果】

風の強さ	弱	中	強
車の速さ	秒速 48.8 cm	秒速 63.0 cm	秒速 69.4 cm

①　[実験1] の手順3で，弱，中，強のどの風を当てても，スイッチを入れた直後の風の強さと，しばらくしてからの風の強さがちがったため，ひろしさんたちは，車への風の当て方をくふうしました。ひろしさんたちが行ったと考えられるくふうを書きましょう。

②　[実験1] の手順4の　ア　の中には，ひろしさんたちが行った，車の速さを調べる方法が

入ります。その方法を書きましょう。

⑵ (1)の［**実験１**］の【**結果**】から，ひろしさんは，次のことを考えました。

【**考えたこと**】

> 風が強いほど、物は速く進むことがわかったぞ。風が強いときに、船をゆっくり進ませるにはどうすればいいのかな。風を受ける帆の大きさを変えると、船の速さも変わるかもしれないぞ。

そこで，ひろしさんは，【**考えたこと**】を調べるために，１人で次の［**実験２**］を行いました。

［**実験２**］

> **手順１**　(1)の［**実験１**］の【**図１**】の車を４台作る。
>
> **手順２**　大きさがちがう４種類の長方形の厚紙を１枚^{まい}ずつ用意し，それを４台の車に１枚ずつつける。
>
> **手順３**　せん風機で同じ強さの風をそれぞれの車に当て，車の速さを調べる。
>
> 【**結果**】
>
> | 車につける
厚紙の大きさ | 高 さ 5 cm
横はば 10 cm | 高 さ 10 cm
横はば 10 cm | 高 さ 15 cm
横はば 10 cm | 高 さ 20 cm
横はば 10 cm |
> |---|---|---|---|---|
> | 車の速さ | 秒速
50.9 cm | 秒速
52.8 cm | 秒速
54.9 cm | 秒速
63.0 cm |

　　ひろしさんは，［**実験２**］の【**結果**】から，帆の大きさと船の速さの関係を，たかしさんに伝えたいと思いました。次の【**伝えたいこと**】の　イ　，　ウ　に入る言葉をそれぞれ書きましょう。

【**伝えたいこと**】

> 実験結果から、
>
> | イ |
> |---|
>
> ということがわかった。
> だから、風が強いときに、帆がついた船をゆっくり進ませるためには、
>
> | ウ |
> |---|
> 。

2 めぐみさんは，日曜日に，お母さんと弟のけんじさんと３人で，博覧会^{はくらんかい}に来ています。次の

会話文１ と 会話文２ を読んで，あとの(1)，(2)について考えましょう。

会話文１

めぐみさん：	お母さんはけんじと２人で回るんでしょう。わたしは【博覧会の案内図】を見て，自分一人で回る計画を立てるわね。
お母さん：	博覧会のチケットは，どの施設^{しせつ}にも入ることができる２時間フリーパス券になっているわよ。３人とも午後１時に入口からスタートしようね。わたしとけんじは午後２時45分には，出口（売店）に着くようにするから，めぐみは午後２時45分から午後３時の間に，出口（売店）に着けるように計画してね。
めぐみさん：	【博覧会の案内図】の施設名の下に書いてある時間が，それぞれの施設の見学に必要な時間だよね。移動にかかる時間は，どのように計算したらよいの。
お母さん：	そうね，【博覧会の案内図】には，施設と施設の間の道のりも書いてあるから，歩く速さを１時間に３kmと考えて計算するとよいわよ。博覧会の会場は一方通行になっているから気をつけてね。とちゅうでじっと待っていたり，同じ施設を２回見学したりしないでね。
めぐみさん：	わかったわ。

【博覧会の案内図】

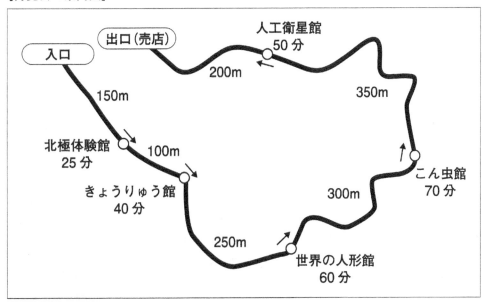

会話文２

お母さん：	約束どおりに着くことができたわね。
めぐみさん：	お母さん，おみやげを買いましょうよ。
お母さん：	そうね。買う物はあなたとけんじの２人に任せるから，選んでみなさい。
めぐみさん：	いくらまで買ってよいの。

> お母さん：そうね，ここの売店で利用できるお買物券が1500円分あるわ。この券はおつりが
> もらえないから，使いきってね。 1500円をこえた分は，お母さんが100円まで出
> してあげるので，1500円から1600円までで買い物してね。
>
> めぐみさん：いろいろな品物があって迷いそうだから，売り場を回って【買いたいものリスト】
> を作ってから決めるわ。
>
> お母さん：そういえば，午後3時から550円以上の品物の値段（ねだん）が2割引（わりびき）になるわ。もう午後
> 3時を過ぎているから，安くなってるわよ。
>
> めぐみさん：わかったわ。

(1) めぐみさんは，約束どおりに，時間内に出口（売店）に着くことができました。めぐみさんが
見学したと考えられる施設の組み合わせのうち1つを考え，その施設を◯で囲みましょう。
また，そのときの出口（売店）に着いた時刻（じこく）を書きましょう。

(2) めぐみさんとけんじさんは，次の【買いたいものリスト】から4種類の品物を1つずつ買いま
した。2人が買ったと考えられるおみやげの組み合わせのうち1つを，ア～カの記号を使って書
きましょう。また，そのときの合計金額を書きましょう。ただし，【買いたいものリスト】の品
物の値段は2割引になる前のものとします。

【買いたいものリスト】

記号	品物の名前	値段（税込（ぜいこ）み）
ア	こん虫マグネット	350円
イ	宇宙（うちゅう）カレーライス	600円
ウ	きょうりゅうキーホルダー	250円
エ	博覧会チーズケーキ	800円
オ	世界の人形ボールペン	300円
カ	北極まんじゅう	500円

3 たろうさんは，去年育てた1本のアサガオから，たくさんの種
をとっておきました。今年，その種を5つの鉢（はち）にまいて，家の外の日
当たりのよい場所に置いて育てたら，どの鉢のアサガオも7月15日
ごろから花が開くようになりました。たろうさんは，家の中でアサ
ガオの花が開くようすを観察できるように，5つの鉢のうち1つの鉢
を，家族が夜ねるまで明かりをつけて過ごす部屋に置きました。次の
会話文1 と 会話文2 を読んで，あとの(1)～(3)について考えま
しょう。

会話文1

> たろうさん：何日間かアサガオを観察して気づいたことがあるよ。家の外に置いているアサガ
> オは，朝6時ごろに見ると花が開いているのに，部屋のアサガオは，朝8時ごろ

にならないと花が開かないんだ。

お姉さん：アサガオの種類が，家の外のものと部屋のものとはちがうかもよ。

たろうさん：1本のアサガオからとった種をまいたはずだけどな。ためしに今日の昼から，
　　　　　　□□□□□□□□□。そして，明日の朝，観察してみるよ。

会話文2

たろうさん：やっぱり同じ種類のアサガオのようだよ。ぼくは，朝，アサガオの花が開くのは，
　　　　　　朝日に当たることが関係していると思うんだ。

お姉さん：わたしは，前日に光が当たらなくなった時刻が関係していると思うわ。

たろうさん：どちらが関係しているのか，調べてみるよ。

(1)　会話文1　の　□　の中には，家の外に置いたものと部屋に置いたものが，同じ種類のアサガオであることを確かめる方法が入ります。その方法を書きましょう。

(2)　会話文2　で，たろうさんは，「アサガオの花が開くのは，朝日に当たることが関係している」と考え，次の [実験1] を行いました。実験は，晴れた日に家の外で，4つの鉢（鉢A，鉢B，鉢C，鉢D）を使い，次の日に花が開きそうなつぼみを，4つの鉢からそれぞれ見つけて行いました。

[実験1]

手順1　7月21日に，日が暮れて光が当たらなくなってから，4つのアサガオの鉢を朝日が当たる場所に置き，光が当たらないようにそれぞれ大きな段ボール箱をかぶせる。

手順2　7月22日の朝，朝日が当たり始める午前6時に鉢A，それから1時間ごとに，鉢B，鉢C，鉢Dの段ボール箱を取り，アサガオに光を順に当てていき，つぼみのようすを観察していく。

【結果】

　7月22日の午前6時（晴れ）に，鉢Aの段ボール箱を取ると，すでに花が開いていた。そこで念のため，鉢B，鉢C，鉢Dのようすを見てみるとすべての鉢のアサガオの花が開いていた。

　たろうさんは，どのような結果を予想して [実験1] の手順を考えたのでしょうか。予想したことを書きましょう。また，「アサガオの花が開くのは，朝日に当たることが関係している」ことについて，どのような結論を出したのか，理由がわかるように書きましょう。

(3)　会話文2　で，アサガオの花が開くのは，「前日に光が当たらなくなった時刻が関係している」というお姉さんの考えについて，たろうさんとお姉さんは協力して，次のページの [実験2] を行いました。実験は，晴れた日に家の外で，4つの鉢（鉢A，鉢B，鉢C，鉢D）を使い，次の日に花が開きそうなつぼみを，4つの鉢からそれぞれ見つけて行いました。

［実験２］

手順１	７月24日の午後４時に鉢Ａ，それから１時間ごとに鉢Ｂ，鉢Ｃ，鉢Ｄの順に，鉢をそれぞれ大きな段ボール箱をかぶせ，光が当たらないようにする。
手順２	７月24日に日が暮れて，光が当たらなくなってから，４つの鉢すべての段ボール箱を取りのぞく。
手順３	段ボール箱を取りのぞいたあと，つぼみのようすを観察する。

【結果】

アサガオの鉢	鉢Ａ	鉢Ｂ	鉢Ｃ	鉢Ｄ
段ボール箱をかぶせた時刻	午後４時	午後５時	午後６時	午後７時
アサガオの花が開いた時刻	午前２時ごろ	午前３時ごろ	午前４時ごろ	午前５時ごろ

　［実験２］から，たろうさんは，アサガオの花が開く時刻は，前日に光が当たらなくなった時刻に関係があるという結論を出しました。

　たろうさんは，家族が夜ねるまで明かりをつけて過ごす部屋に置いたアサガオを，この部屋の中で，午前７時ごろに花を開かせる方法を思いつきました。【結果】を参考にして，たろうさんが思いついた方法を書きましょう。ただし，天気や気温は，［実験２］を行った日と同じ条件とします。

4　みきさんは，4種類のタイルＡ，Ｂ，Ｃ，Ｄを使って形作りをして遊んでいます。タイルの種類と大きさは【表】のとおりで，タイルＢ，Ｃ，Ｄは，タイルＡを切って作ったものです。みきさんは，まず【図１】のように，ＢとＤを並べてＡと同じ大きさの形を作り，その大きさを式に表しました。次に，タイルをいくつか組み合わせて，次のページの【図２】～【図４】の形を作りました。あとの(1)～(3)について考えましょう。

【表】

タイルの種類	正六角形 A	台形 B	ひし形 C	正三角形 D
タイルの大きさ	1	$\frac{1}{2}$	$\frac{1}{3}$	$\frac{1}{6}$

【図１】

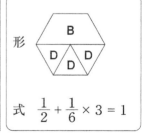

形

式　$\frac{1}{2} + \frac{1}{6} \times 3 = 1$

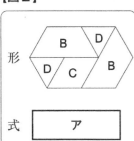

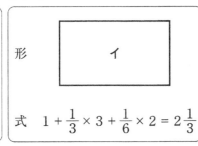

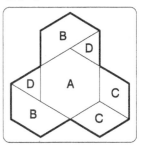

⑴ 【図2】について，【図1】を参考にして， ア に形の大きさを表す式を書きましょう。

⑵ みきさんが作った【図3】の イ の形は，線対称(せんたいしょう)な形でした。【図3】の式で表されるタイルの並べ方を，右の【かき方の例】を参考にして，点線にそって1つかきましょう。ただし，並べたタイルは，辺で接していることとします。

【かき方の例】

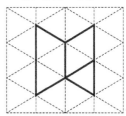

※【かき方の例】で示している形は，線対称な形です。

⑶ みきさんは，【図4】の形から2つのタイルを取りのぞきました。すると，取りのぞく前の形と取りのぞいた後の形では，まわりの長さが同じであることに気づきました。みきさんが取りのぞいたと考えられるタイルの組み合わせのうち1つを考え，その記号を2つ○で囲みましょう。

平成25年度

佐賀県立中学校入試問題

【適性検査Ⅰ】　（45分）　　＜満点：50点（香楠・唐津東）／ 40点（致遠館・武雄青陵）＞

1　みさきさんのグループは，総合的な学習の時間に，山田市で毎年10月に行われている「世界の料理祭り」について調べることにしました。次の　会話文1 ，　会話文2　を読んで，あとの(1)〜(3)について考えましょう。

会話文1

> みさきさん：「世界の料理祭り」について調べるには，どこに行けばいいのかな。
> よしおさん：「世界の料理祭り」のお世話をしている事務局が山田市にあるよ。
> まさおさん：山田市までは，電車で行けるから，行って調べてみようよ。
> みさきさん：そうね。次の土曜日の6月1日はどうかしら。
> まさおさん：午前中だったらいいよ。祭りの事務局に電話をして，都合を聞いてみようよ。
> よしおさん：そうしよう。

会話文2

> 祭りの事務局の人：はい。こちらは「世界の料理祭り」事務局です。
> み さ き さ ん：こんにちは。わたしは，森小学校6年の中山みさきです。今，お話をしてもいいですか。
> 祭りの事務局の人：はい，どうぞ。どのようなことですか。
> み さ き さ ん：[　　　　　　　　　　　　　　　　　　　　　　　　　　　　　　]
> 祭りの事務局の人：いいですよ。それでは，6月1日の午前10時においでください。ところで，こちらの場所はわかりますか。
> み さ き さ ん：いいえ，わかりません。場所を教えていただいてもいいですか。
> 祭りの事務局の人：はい。それでは，山田駅からの道順をかいた地図を郵便で送りましょうか。
> み さ き さ ん：ありがとうございます。よろしくお願いします。わたしの家の住所は……。

(1)　会話文2 の　　　には，訪問のお願いが入ります。伝えなければならないことを会話文に合うように書きましょう。

(2)　祭りの事務局に出かける日の朝，よしおさんが都合でおくれて来ることになりました。そこで，みさきさんは，次のページの【資料1】の地図を参考に，よしおさんに電話で道順を説明することにしました。

　　【資料1】に矢印　　　でかかれている山田駅から祭りの事務局までの道順をわかりやすく書きましょう。

(3)　みさきさんたちは，祭りの事務局を訪問したあと，学級の友達にも祭りに参加してほしいと思い，帰りの会で呼びかけることにしました。

　　「世界の料理祭り」のよさを紹介し，参加を呼びかける原こうを次のページの【資料2】にあ

る両方の感想にふれながら書きましょう。ただし，「山田市で毎年10月に行われている『世界の料理祭り』は」という書き出しに続けて，80〜100字で書くことにします。

【資料1】 「世界の料理祭り」事務局から送られてきた地図

北口
山田駅
南口

北
西　　東
南

駐輪場　　ホテル　　バスセンター

マンション

通行止め　銀行　　交番　郵便局　　駐車場

図書館　通行止め　デパート　　公　園

「世界の料理祭り」事務局　公民館　　市役所　　消防署

【資料2】 昨年の「世界の料理祭り」参加者の感想

　いろいろな国の料理が味わえるから，毎年，参加しています。今年は，インドの料理を食べました。少しからかったけどおいしかったです。また，インドでは，牛肉を料理に使わない人が多いと聞き，外国の文化を知るよい機会にもなりました。

　多くの人が訪れているのでびっくりしました。今年の入場者数は３万人をこえ，記録をのばしているそうです。料理を食べたあと，外国の人といっしょにダンスをしたり，ゲームをしたりしました。言葉は通じなくても，外国の人とふれ合える楽しいお祭りでした。

2　けんたさんは，弁当作りのことで家族と話をしています。次の　会話文1　〜　会話文3　を読んで，あとの(1)〜(3)について考えましょう。

会話文1

けんたさん：春休みに自分で料理をしてみたいな。
お 父 さん：それなら，お父さんの弁当のおかずを作ってくれないか。
けんたさん：うん。お父さんの好きな弁当のおかずは何なの。
お 父 さん：やっぱり，たまご焼きだな。お母さんのたまご焼きはとてもおいしいよね。

けんたさん：わかった。たまご焼きは必ず入れるね。あとのおかずは，ぼくの好きなコロッケとフライドポテトにしよう。これでおかずは決まりだね。

お 母 さん：ちょっと待って。コロッケとフライドポテトの組み合わせではよくないわね。それだと _____ と思うわ。

けんたさん：そうだね。

お 母 さん：お母さんといっしょに，お父さんが喜ぶお弁当を作りましょう。

会話文2

けんたさん：おいしいたまご焼きを作るにはどうしたらいいの。

お 母 さん：材料は，たまご2個，さとう，塩，だし汁よ。材料をよく混ぜて，それを2回に分けて巻いていくのよ。半じゅくの状態になったらフライパンを火から外して巻くことが作るときのこつよ。フライパンが温まってから油を入れることも大事ね。

けんたさん：なるほど。そういえば，友達もおいしいたまご焼きを作りたいって言っていたから，教えたいな。

お 母 さん：それなら，たまご焼きの作り方を写真にとって教えてあげたらいいわね。

会話文3

お 母 さん：おいしそうなお弁当ができたわね。

けんたさん：手伝ってくれてありがとう。お母さんが料理をするときに心がけていることがわかったよ。ほかにもあったら教えて。

お 母 さん：そうねえ，最近「エコロジークッキング」についても心がけているのよ。

けんたさん：「エコロジークッキング」って何なの。

お 母 さん：「エコロジークッキング」とは，地球に住むわたしたちが環境のことを考えて「買い物」「調理」「片付け」をすることよ。例えば，「買い物」のときに，エコバッグを持って行くことなどがあるわね。

けんたさん：そうなんだ。ぼくも今度からやってみるよ。

---

(1) 　会話文1　で，お母さんは，けんたさんが考えたおかずについて「コロッケとフライドポテトの組み合わせではよくないわね」と言っています。　　には，お母さんがよくないと考える理由が入ります。考えられる理由を2つ，会話文に合うように書きましょう。

(2) けんたさんは，たまご焼きを作る手順を写真にとり，次のページの【資料】のようにまとめ，たまご焼きの作り方を説明する文章を考えることにしました。あとの【たまご焼きの作り方】の続きを　会話文2　と【資料】を参考に，100～120字で書きましょう。

【たまご焼きの作り方】

　材料は，たまご2個，さとう，塩，だし汁です。まず，材料をよく混ぜます。混ぜ終わったら，フライパンを火にかけます。

【資料】

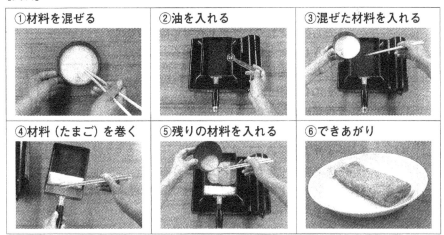

| ①材料を混ぜる | ②油を入れる | ③混ぜた材料を入れる |
| ④材料（たまご）を巻く | ⑤残りの材料を入れる | ⑥できあがり |

(3) 　会話文3 　で，お母さんが言っている「エコロジークッキング」について，「買い物」「調理」「片付け」の3つの場面の中から2つを選び，それぞれについて考えられる取り組みを1つ書きましょう。

　　ただし，「買い物」の場面で，「エコバッグを持っていく」は書かないことにします。

3　夏風小学校の6年1組では，そうじ係のたかしさんたちが学級でのそうじについて話し合っています。次の会話文を読んで，あとの(1)～(3)について考えましょう。

> たかしさん：4月から半年たつけど，最近，そうじの様子があまりよくないよね。
>
> まさこさん：確かにそうね。そうじが終わったあとでも，ごみがたくさん落ちている気がするわ。
>
> たかしさん：どうしてかな。
>
> けいこさん：そうじの時間におしゃべりをしている人が多くなったからじゃないかしら。
>
> まさこさん：そうじの始まりにおくれてくる人もいるわよね。
>
> たかしさん：このままではいけないと思うよ。だから，次の学級会に「そうじをがんばっていない人をどうするか」という議題を提案して，その人たちのことについて話し合ってはどうかな。
>
> まさこさん：そうじのことについて提案するのは賛成だけど，その議題には反対だわ。理由は，[　　　　ア　　　　]からよ。
> 　　その代わりに，「[　　　　イ　　　　]」という議題にした方がいいと思うわ。
>
> よしおさん：確かに，その議題の方がいいと思うな。
>
> けいこさん：よりよい学級会にするために，一人ひとりのそうじの様子について，アンケートをとってみてはどうかしら。
>
> まさこさん：アンケートの結果は，学級会で議題の提案理由を説明するときにも使えそうね。
>
> たかしさん：それは，いい考えだね。これから係のみんなでアンケートの内容を考えよう。

(1) まさこさんは，たかしさんの考えた「そうじをがんばっていない人をどうするか」という議題に反対しています。

　　アには反対する理由を，イには代わりの議題を，それぞれ書きましょう。ただし，反対する理由については，会話文に合うように書くことにします。

(2) 学級会に向けて，学級全員にそうじに関するアンケートを次の【資料1】のような形式で行うことにしました。5つの質問のうち2つは決まりました。

　　残りの3つの質問を考え，書きましょう。ただし，アンケートに答える人は，それぞれの質問について「そう思う」「どちらかといえばそう思う」「どちらかといえばそう思わない」「そう思わない」の中から選ぶことになります。

【資料1】

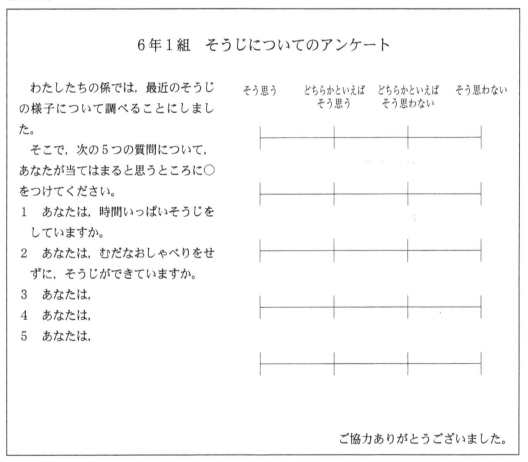

(3) 学級会では，みんなのそうじの様子がよくなるように，学校名の「な」「つ」「か」「ぜ」4文字を使って，合い言葉でそうじのめあてを表すことになりました。

　　次のページの【資料2】の自己紹介（じこしょうかい）を参考に，あとの《条件》に合わせて，合い言葉を2つ書きましょう。

【資料2】 名前を使ったけいこさんの自己紹介

| け ケーキが好きで | い いつも元気 | こ 国語が好きな女の子です |

《条件》
- 2つの合い言葉の中には，「そうじ」という言葉をそれぞれ1つ入れます。
- 1つ目の合い言葉に使った言葉は，2つ目の合い言葉には使うことができません。ただし，「そうじ」という言葉は両方の合い言葉に使うことができます。
  （例：1つ目の合い言葉に「悲しい」を使った場合，「悲しく」「悲しい○○」などを2つ目の合い言葉に使うことはできません。）
- 「つ」を「づ」，「か」を「が」，「ぜ」を「せ」に変えることはできません。

【適性検査Ⅱ】 （45分） ＜満点：50点（香楠・唐津東）／ 60点（致遠館・武雄青陵）＞
【注意】 図をかき入れる問題がありますが，定規を使ってかく必要はありません。

1 ひろしさんは，授業で太陽光発電そうちについて学習しました。太陽光発電そうちとは，光電池をたくさん並べた太陽光パネルに太陽の光を当てて，電気をつくるそうちのことです。ひろしさんは，このそうちについてくわしく知りたいと思い，夏休みに，太陽光発電そうちや光電池について調べてみることにしました。次の(1)，(2)について考えましょう。

(1) ひろしさんは近所に，太陽光発電そうちがあるのを見つけました。このそうちは，【図1】のように，太陽光パネルが柱に取り付けてあります。また，このそうちは太陽の光が太陽光パネルに当たりやすくするため，自動的に太陽を向くようにできています。【図2】は，このそうちを真上から見たもので，8月のある日の正午には太陽光パネルは南を向いていました。

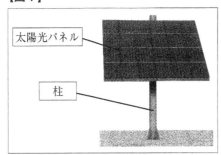

【図1】

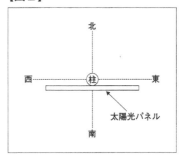

【図2】

同じ日の午後3時には，太陽光パネルはどの方角を向いていたでしょうか。【図2】を参考にして，向きがわかるように太陽光パネルをかき入れましょう。また，その向きにした理由を太陽の動きと結びつけながら書きましょう。なお，この日の日の入りの時刻は午後7時でした。

(2) ひろしさんは，天気のちがいと光電池から流れる電流の大きさの関係について，理科室の器具を借りて調べてみることにしました。そこで，8月の晴れの日と雨の日に，それぞれ次の[実験]をしました。

[実験]

> 手順1 【図3】のような，実験そうちをつくり，雨などでぬれないように，とうめいのケースをそうち全体にかぶせる。
>
> 手順2 光電池を真上に向け，校内のある場所の地面に置く。実験中は，実験そうちを動かさない。
>
> 手順3 午前8時から午後4時まで電流の大きさを測る。

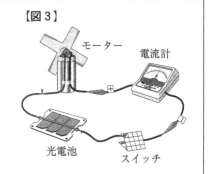

【図3】

そして，【図4】のように実験結果をグラフに表しました。

【図4】

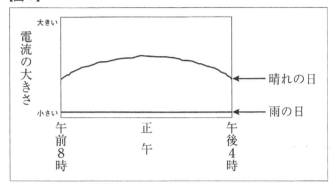

① 【図5】は，ひろしさんが通う学校を表しています。

【図5】

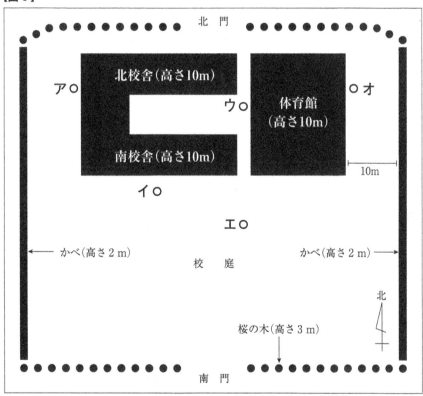

ひろしさんが実験そうちを置いた「ある場所」として考えられるもののうち1つを，【図5】のア〜オの中から選び，記号で書きましょう。また，そう考えた理由を【図4】を参考にして書きましょう。

② くもりの日に同じ【実験】をした場合，実験結果はどのようになると考えられますか。【図4】を参考にして，グラフにかき入れましょう。また，そう考えた理由を書きましょう。ただし，気温のちがいは，電流の大きさに影響せず，雲の様子は1日を通して大きく変化しなかったものとします。

2 身の回りにはいろいろな数があります。その中でも1から12までの数は，様々な場面で使われています。例えば，1年は1月から12月までがあり，時計の文字盤も1から12までの数が使われています。次の(1)，(2)について考えましょう。

(1) 時計の文字盤の数を順に1から12までたすと78になります。ゆきさんは，この計算を工夫してみることにしました。次の会話文を読んで，会話文の □ に入る図として考えられるものを，あとの**ア～オ**の中からすべて選び，記号を書きましょう。

ゆきさん：わたしは，1＋2＋3＋4＋5＋6＋7＋8＋9＋10＋11＋12を計算するために，
　　　　　12＋11＋10＋9＋8＋7＋6＋5＋4＋3＋2＋1のように，たす順を入れかえた
　　　　　式を使って，次のように計算しました。

【ゆきさんの計算】

$$1＋2＋3＋4＋5＋6＋7＋8＋9＋10＋11＋12$$
$$12＋11＋10＋9＋8＋7＋6＋5＋4＋3＋2＋1$$
$$⇓$$
$$13＋13＋13＋13＋13＋13＋13＋13＋13＋13＋13＋13$$

$$1＋2＋3＋4＋5＋6＋7＋8＋9＋10＋11＋12$$
$$＝13×12÷2$$
$$＝13×6$$
$$＝78$$

このように考えたのですが，先生，どうですか。

先　　生：工夫して計算をすることができましたね。ところで，【図1】を見てごらん。【図1】は，正方形が上の段から1個，2個，3個，…，12個と並んでいますね。この【図1】の7段目から12段目までを【図2】のように移動させると，横13列，たて6段になるので，次のように計算することもできるのですよ。

【図1】

【先生の計算】

$$1＋2＋3＋4＋5＋6＋7＋8＋9＋10＋11＋12$$
$$1＋2＋3＋4＋5＋6$$
$$12＋11＋10＋9＋8＋7$$
$$⇓$$
$$13＋13＋13＋13＋13＋13$$
$$＝13×6$$
$$＝78$$

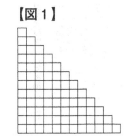

【図2】

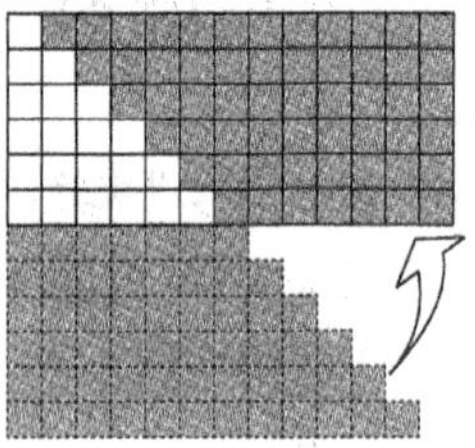

先　　生：【ゆきさんの計算】は【図１】を使うと，どのように表すことができるかわかりますか。

ゆきさん：はい。わたしの考えを図で表すと □ になります。

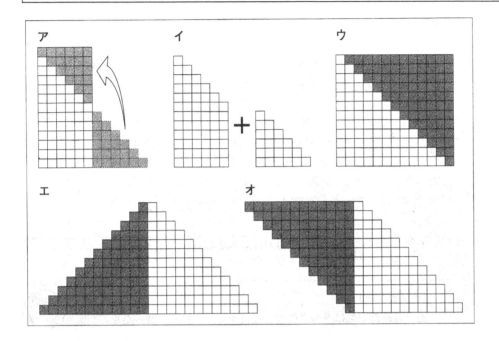

(2)　時計の文字盤の数を時計回りに見たときに，短針と長針の間にある数の和と，長針と短針の間にある数の和が等しくなる時刻は何時何分でしょうか。次の【文字盤の数の見方】を参考にして，考えられる時刻のうち１つ書きましょう。ただし，針が数をちょうど指している場合は，その数はどちらにもふくめません。

【文字盤の数の見方】

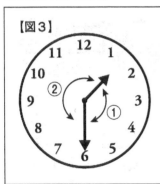

例えば【図３】のように１時30分のとき，

・短針と長針の間（①の部分）にある数は，2，3，4，5で，その和は14になります。

・長針と短針の間（②の部分）にある数は，7，8，9，10，11，12，1で，その和は58になります。

・針が6をちょうど指しているので，6はどちらにもふくめません。

3 　たろうさんは，夏のある日，アイスクリームを買いにお店へ行きました。そこで，たろうさんは，次のページのようなアイスクリームなどが入ったふたがない冷とう庫があることを，ふしぎに思いました。次の会話文を読んで，あとの(1)，(2)について考えましょう。

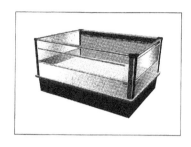

> たろうさん：家の冷とう庫は，開けたままにすると中のものはとけてしまうのに，この冷とう庫は，ふたがないのにどうして中のものがとけてしまわないのですか。
> 店員さん：この冷とう庫は，容器の中を冷やすだけでなく，冷とう庫の上の方から冷たい空気をふき出して，ふたの役割をするように工夫してあるんだよ。このようなしくみをエアカーテンと呼ぶんだよ。
> たろうさん：冷たい空気にふたの役割をさせるなんてすごい技術ですね。
> 店員さん：これは，空気の性質をうまく利用しているんだよ。

(1) 店員さんが言った「空気の性質をうまく利用している」ことについて，たろうさんは，次のようなことを考えました。

> 【考えたこと】
> 温められた空気は上の方に動く性質があると授業で習ったな。反対に，冷やされた空気は下の方に動くのかな。

　　たろうさんは，【考えたこと】を確かめるために，冷やされた空気は下の方に動くのかを調べることにしました。そこで，次の実験1を行い，その後実験2を行いました。

実験1　【図1】のように，水そうの中に，火をつけたせんこうを両はしに2本立てる。水そうの上をガラスの板でふさぎ，氷を中央に置く。その後，せんこうのけむりが動く様子を観察する。

実験2　【図1】の実験道具を使って，　　　　　　　　　。その後，せんこうのけむりが動く様子を観察する。

【図1】

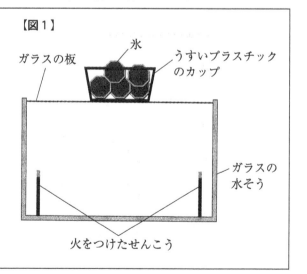

　　実験1と実験2の結果，たろうさんは，自分の【考えたこと】が正しいことがわかりました。

① 実験1で観察された2本のせんこうのけむりは，どのように動いたと考えられますか。けむ

りの動きを図にかき入れましょう。

② **実験2**で観察されたせんこうのけむりの動きは，**実験1**で観察されたけむりの動きとは様子がちがいました。このことから，空気の動きが温度に関係していることがよくわかりました。

　　　の中に入る方法として，考えられるものを1つ書きましょう。

(2)　たろうさんは授業で，昔は，【図2】のような電気を使わない冷ぞう庫があったことを学習しました。この冷ぞう庫には，とびらが2つあり，上の部屋と下の部屋があります。電気を使わず，大きな氷のかたまりを1つ使って，2つの部屋を冷やす工夫がされていたそうです。

【図2】

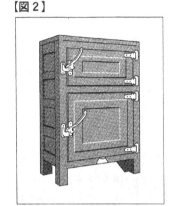

　　たろうさんは，【図3】のように，熱を通しにくい性質をもつ発泡スチロールの箱を2つ重ねて，2つの部屋を作りました。そして，大きな氷のかたまりを1つ使って，電気を使わない冷ぞう庫を作ってみようと考えました。

　　たろうさんは，氷を置く位置や発泡スチロールの箱にどのような工夫をしたと思いますか。工夫を図にかきましょう。

また，その工夫とその理由がわかる文章を書きましょう。ただし，氷はわったりくだいたりして使うことはできません。

【図3】

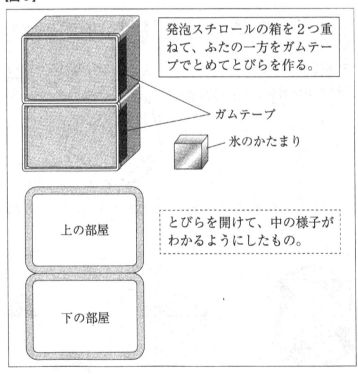

4　あつしさんの学級では，学級のマークをつくることになりました。そこで，次のページのように，すべての頂点が円周の上にあるような多角形を最初にかき，それをもとにマークをつくりまし

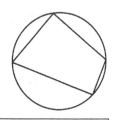

た。次の会話文は，あつしさんたち4人がそれぞれ自分がつくったマークについて説明しているものです。この会話文を読んで，あとの(1)～(3)について考えましょう。

あつしさん：ぼくが最初にかいた多角形の辺の長さは，みんな等しいよ。円の中心からこの多角形のすべての頂点へ半径をひいてマークにしたよ。その半径の数は5本以下だったよ。

ひろみさん：わたしは，線対称な六角形を最初にかいたわ。それに円の中心から六角形の頂点まで何本か半径をひいて，線対称な図形のマークにしたわ。このマークをよく見たら，六角形の中に三角形と四角形があるから，六角形の6つの角の大きさの和は，

  $180 \times 2 + 360 \times 2 - 360$

の式で求められることがわかったわ。

ゆかりさん：わたしは，正八角形を最初にかいたわ。それに直径や大小2つの正方形をかいたあと，色をぬって【図1】のマークにしたわ。そのマークは，点対称の模様になっているわ。

ひできさん：ぼくは，ゆかりさんと同じ大きさの円に，正方形を最初にかいたよ。
それに直径を4本ひいて，【図2】になったよ。それから，ぼくも，ゆかりさんが色をぬった部分と同じ面積になるように【図2】に色をぬって，点対称の模様のマークにしたよ。

---

(1) あつしさんがかいた「多角形」で，考えられるものの名前を1つ書きましょう。

(2) ひろみさんがかいたマークとして，考えられるもののうち2つかきましょう。

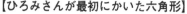

【ひろみさんが最初にかいた六角形】

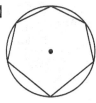

※円の中の点は，
円の中心を示しています。

(3) ひできさんは，どの部分に色をぬったでしょうか。【ぬり方の例】を参考にして図に色をぬりましょう。

【図1】

【図2】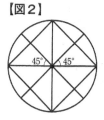

【ぬり方の例】

平成24年度

佐賀県立中学校入試問題

【適性検査Ⅰ】（45分）　＜満点：50点（香楠・唐津東）　40点（致遠館・武雄青陵）＞

1　6年1組では，学級会を行いました。次の【資料】は，話合いの内容を黒板にまとめたものです。あとの(1)〜(3)について考えましょう。

【資料】

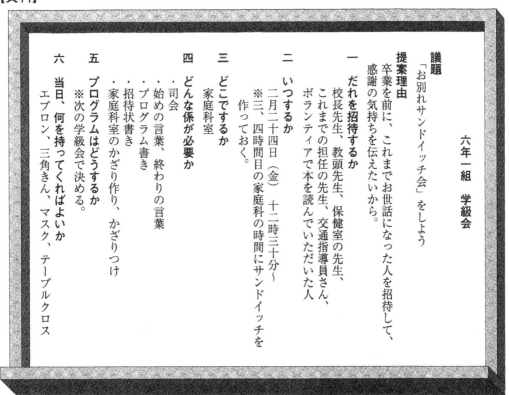

議題
「お別れサンドイッチ会」をしよう

六年一組　学級会

提案理由
卒業を前に，これまでお世話になった人を招待して，感謝の気持ちを伝えたいから。

一　だれを招待するか
校長先生、教頭先生、保健室の先生、交通指導員さん、ボランティアで本を読んでいただいた人

二　いつするか
二月二十四日（金）十二時三十分〜
※三、四時間目の家庭科の時間にサンドイッチを作っておく。

三　どこでするか
家庭科室

四　どんな係が必要か
・司会
・始めの言葉、終わりの言葉
・プログラム書き
・招待状書き
・家庭科室のかざり作り、かざりつけ

五　プログラムはどうするか
※次の学級会で決める。

六　当日、何を持ってくればよいか
エプロン、三角きん、マスク、テーブルクロス

(1)　はなこさんのグループでは，校長先生を招待することになりました。【資料】を見て校長先生への招待状を解答用紙に書きましょう。ただし，招待状の中にプログラムを書く必要はありません。また，招待状のうらには何も書かないことにします。

(2)　たくやさんのグループでは，登下校のときにお世話になった交通指導員の山田さんを招待することになりました。しかし，山田さんは，学校の中まで来られたことがないことが分かりました。そこで，たくやさんたちは，山田さんが家庭科室まで迷わずに来ることができるようなくふうを考えることにしました。たくやさんたちが自分たちでできるくふうを2つ書きましょう。

⑶　次の学級会では，中学校生活で自分がやりたいことやがんばりたいこと
を漢字１字と関係づけて，「お別れサンドイッチ会」の中で発表することが
決まりました。

　あなたなら，どのような内容を発表しますか。次の【表】の中から漢字
を１つ選び，《主な意味》を参考にして，次のことに気をつけて書きましょ
う。

・解答用紙にある「中学生になったら」の書き出しをふくめて，80〜100字で書くこと。
・選んだ漢字を文章の中で使わなくてもよい。
・選んだ漢字の《主な意味》のすべてを使わなくてもよい。

【表】

漢字	《主な意味》		
達	・やりとげること	・すぐれていること	
情	・物事に感じる心の動き	・相手を思いやる気持ち	
発	・はじめること	・すすむこと	・のびること
結	・むすぶこと	・１つにかたまること	・しめくくること

2　6年2組では，総合的な学習の時間に地球の環境（かんきょう）問題について調べることになりました。次の
会話文1，会話文2を読んで，あとの⑴〜⑶について考えましょう。

会話文1

> 先　　　生：みなさんは，わたしたちが住んでいるこの地球にどのような環境問題があるか
> 　　　　　　知っていますか。
> さおりさん：砂漠（さばく）化や酸性雨の問題があります。
> まことさん：地球の気温が上がっていると聞いたことがあります。
> 先　　　生：地球温暖化（おんだんか）のことですね。【ポスター】は，その地球温暖化をテーマにしたもの
> 　　　　　　です。コンビニエンスストアの店員としてえがかれている「しろくま」（正式名：
> 　　　　　　ホッキョクグマ）が手に持っているのは，「地球」です。しろくまは，【写真】の
> 　　　　　　ように一生のほとんどを海氷の上で過ごしています。現在２万〜２万５千頭にま
> 　　　　　　で減少していて，地球温暖化の影響（えいきょう）などで2050年には現在の３分の１程度にな
> 　　　　　　ると言われています。
> 　　　　　　　※海氷とは，海水がこおってできた氷のことです。

⑴　次のページの【ポスター】で「しろくま」が言いたいことは何ですか。会話文1やあとの
【資料】の内容を参考にして，80字以内で書きましょう。

【ポスター】

こちら 温めますか

【資料】 北極域の海氷面積の変化（年間最小値）

（万km²）

気象庁ホームページより

【写真】 海氷の上のしろくま

会話文2

先　　　生：最近「エコ」という言葉をよく聞きますよね。「エコ」とは，人と自然との関係
　　　　　を研究する学問という意味の「エコロジー」を短くした言葉です。最近では，人
　　　　　の生活と自然の調和を考えた環境保護活動のことを「エコ」と言っています。み
　　　　　なさんの家では，どのような「エコ」に取り組んでいますか。

たけしさん：ぼくの家では，できるだけ自動車を使わないようにしています。近い所に出かけ
　　　　　るときは自転車を使い，遠い所に出かけるときは電車を使うように心がけています。

先　　　生：それは環境にやさしい行動ですね。ほかにありませんか。

みちこさん：わたしのお母さんは，いろいろな種類のエコバッグを買って，たくさん持ってい
　　　　　ます。

たけしさん：それって本当に「エコ」なのかな。

(2)　先生は，たけしさんの発言に「それは環境にやさしい行動ですね」と言っています。たけしさんの家で取り組んでいることは，なぜ環境にやさしいのですか。その理由を書きましょう。

(3)　たけしさんは，みちこさんの発言に「それって本当に『エコ』なのかな」と疑問を感じています。次の①，②について書きましょう。

①　たけしさんが疑問を感じているのはなぜですか。

②　どのようにすれば環境にやさしい行動になりますか。

3　けんたさんは，おじいさんの家で話をしています。次の会話文を読み，【資料１】～【資料４】を見て，あとの(1)～(3)について考えましょう。

おじいさん：けんた。何をして遊んでいるんだい。

けんたさん：携帯型ゲームだよ。どこにでも持って行くことができて，友だちともいっしょに遊べるんだよ。

おじいさん：昔はそんなものなかったな。おじいさんやおばあさんが子どものころは，こんな遊び【資料１】が多かったかな。

けんたさん：いろいろな遊びがあったんだね。ぼくがしている遊び【資料２】と比べるとちがうところがあるね。

おじいさん：なかなかよいところに気づいたな。せっかく昔の遊びのことを話したので，おじいさんが好きだった遊びを教えてあげよう。その遊びは，屋根にボールを投げて遊ぶんだ。遊び方は，この絵【資料３】のようにしていたんだよ。

けんたさん：楽しそうだね。友だちに教えていっしょにやってみようかな。

【資料１】　おじいさんやおばあさんが
　　　　　　していた遊び

ゴムとび　　花かざりづくり
木登り　　川遊び
あやとり　　缶けり

【資料２】　けんたさんがしている遊び

テレビゲーム　　携帯型ゲーム
カードゲーム　　まんが・雑誌
インターネット　　テレビ・ビデオ

(1) けんたさんは，おじいさんやおばあさんがしていた遊びと，けんたさんがしている遊びを比べると「ちがうところがある」と言っています。けんたさんがしている遊びにはどのような特ちょうがありますか。前のページの【資料1】と【資料2】を見て，2つ書きましょう。

【資料3】 おじいさんがけんたさんに教えた遊びの絵

【資料4】 けんたさんがまとめた説明

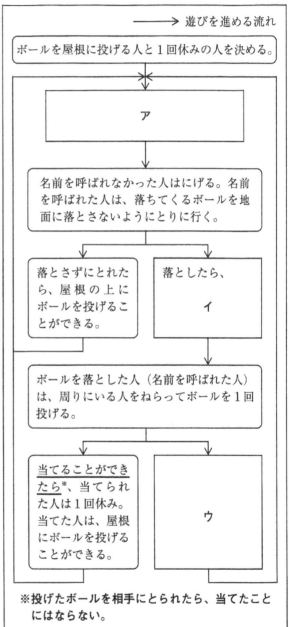

(2) けんたさんは，【資料3】の遊び方を友だちに言葉で伝えようと思っています。そこで，遊びの進め方やルールを説明しやすくするために，遊び方を【資料4】のようにまとめました。 ア ～

　　　ウ　に入る説明を【資料3】を見ながら書きましょう。ただし，　イ　は，解答用紙の書き出しに続けて書きます。

(3)　【資料3】の遊びをするときには，安全に遊んだり，周りにめいわくをかけないようにしたりすることが大切です。どのようなことに気をつけるとよいですか。気をつけることとその理由を書きましょう。

【適性検査Ⅱ】（45分）　　＜満点：50点（香楠・唐津東）　60点（致遠館・武雄青陵）＞

【注　意】　図をかき入れる問題がありますが，定規を使ってかく必要はありません。

1　夏のある日，たろうさんは，午前中の休み時間と昼休みに友だちとかげふみ遊びをしました。午前中の休み時間と昼休みでは，かげの長さやできる方位がちがっていることに気づきました。

　そこで，たろうさんはかげの長さとできる方位について，次のような【観察方法】で調べ，【観察結果】の《表》のようにまとめました。あとの(1)～(3)について考えましょう。

【観察方法】

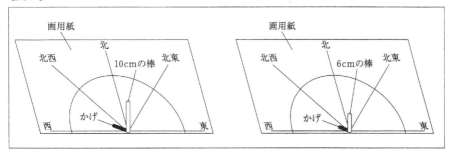

《図1》のように2枚の画用紙にそれぞれ10cmと6cmの棒を立て，かげの長さとできる方位を30分ごとに調べる。方位は8方位で表し，最も近いところを記入する。ただし，画用紙にかいた方位は正確に合わせておく。

《図1》

【観察結果】

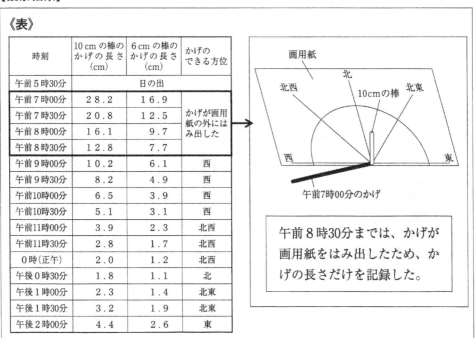

時刻	10cmの棒のかげの長さ（cm）	6cmの棒のかげの長さ（cm）	かげのできる方位
午前5時30分	日の出		
午前7時00分	28.2	16.9	
午前7時30分	20.8	12.5	かげが画用紙の外にはみ出した
午前8時00分	16.1	9.7	
午前8時30分	12.8	7.7	
午前9時00分	10.2	6.1	西
午前9時30分	8.2	4.9	西
午前10時00分	6.5	3.9	西
午前10時30分	5.1	3.1	西
午前11時00分	3.9	2.3	北西
午前11時30分	2.8	1.7	北西
0時（正午）	2.0	1.2	北西
午後0時30分	1.8	1.1	北
午後1時00分	2.3	1.4	北東
午後1時30分	3.2	1.9	北東
午後2時00分	4.4	2.6	東

午前7時00分のかげ

午前8時30分までは、かげが画用紙をはみ出したため、かげの長さだけを記録した。

(1) 午前9時のかげは,【図2】のように東西の方位を示す線の上にできました。午前8時30分までのかげが画用紙の外にはみ出したのはなぜですか。その理由を書きましょう。

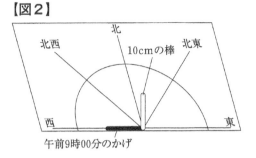

【図2】

午前9時00分のかげ

(2) 運動場の南には高い電柱があります。たろうさんは,この電柱の高さをはかろうと思いました。【観察結果】の《表》をもとにして,電柱の高さを求める方法を書きましょう。

(3) たろうさんは,次の日,学校の図書室に行きました。正午ごろ,南側のまどにあるブラインドから【写真1】のように日光が差しこんでいました。

　同じ場所で,冬の晴れた日の正午ごろには,ブラインドから日光がどのように差しこみますか。その様子を【図3】のア～エの中から1つ選び,その理由を書きましょう。

　　※ブラインドとは,金属などの板を平行に並べ,【写真2】のように日光をさえぎるために,まどのわくに取りつけるものです。

【写真1】

【図3】

ア　　　　　イ

【写真1】と同じ

【写真2】

ウ　　　　　エ

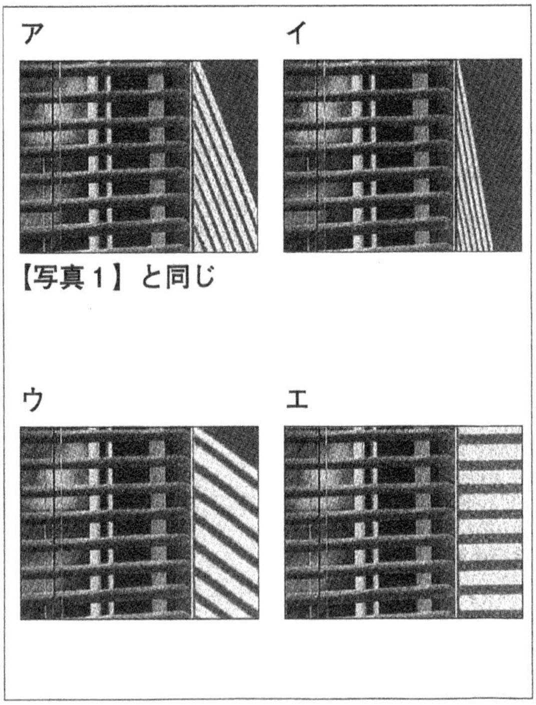

2 たかしさんとみちこさんの 会話文1 と 会話文2 を読んで，あとの(1)，(2)について考えましょう。

会話文1

たかしさん：ここに図工で使った残りの工作用紙【図1】があるんだ。 みちこさん：この工作用紙には1目が5cmの方眼が入っているわよ。この工作用紙を使えば，いろいろな立体が作れそうよ。 たかしさん：そうだね。作れそうな立体の展開図をかいてみよう。	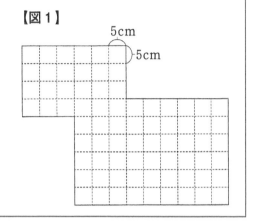

(1) 【図1】の工作用紙に展開図をかいて作ることができる立体はどれですか。次の**ア～カ**の中で考えられるもののうち**2つ**選び，記号を書きましょう。ただし，のりしろは考えないものとします。

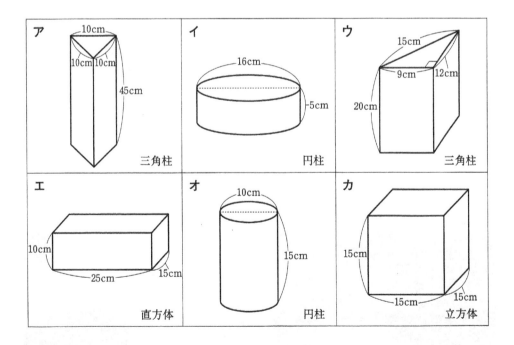

会話文2

たかしさん：1目が5cmの方眼が入っている工作用紙【図2】があと1枚あるんだ。これでひろしさんへのプレゼントを入れる箱を1つ作りたいと思っているんだ。

みちこさん：何を入れようと思っているの。

たかしさん：テニスボール2個を入れようと思っているんだ。

みちこさん：箱の形はどうしようと思ってるの。

たかしさん：直方体にするよ。そして，その1つの面にテニスラケットのイラストが見えるようにしたいんだ。

みちこさん：くふうして直方体の展開図をかかないといけないね。

【図2】

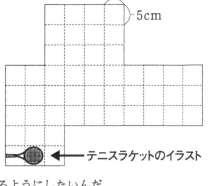

←テニスラケットのイラスト

(2) 直径7cmのテニスボール2個を1つの箱に入れるためには，直方体の展開図をどのようにかけばよいですか。【例】を参考にして方眼の直線にそってかき，折り目になるところもかきましょう。ただし，1つの面にテニスラケットのイラストが見えるようにし，のりしろは考えないものとします。

【例】

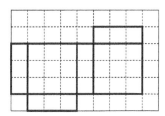

③　夏休みに，のぞみさんは空気の存在や性質に関係するいろいろな経験をしました。次の(1)～(3)について考えましょう。

(1)　【写真1】は，空気をとじこめたビニールのつぶがいくつも付いているシートです。のぞみさんは，【写真2】のように，このシートに包まれたコップをもらいました。シートは，空気のどのような性質を利用したものですか。その性質を書きましょう。

【写真1】

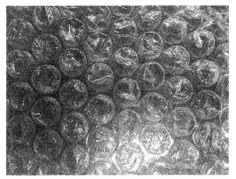

【写真2】

(2) 【写真３】は，しょうゆさしという道具で，しょうゆの出る穴（あな）とは別にもう１つ小さな穴があります。のぞみさんは，【写真４】のように小さな穴を指でふさぐと，しょうゆが出なくなることに気づきました。しょうゆが出なくなった理由を書きましょう。

【写真３】

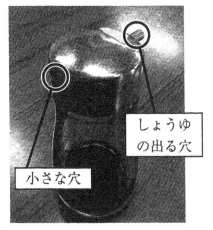

しょうゆの出る穴

小さな穴

【写真４】

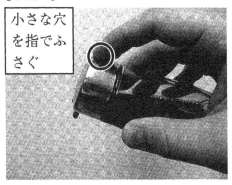

小さな穴を指でふさぐ

(3) 夏の暑い日に，のぞみさんは家族でプールに行きました。そのとき，車の中で紙パックに入った飲み物をストローで飲んでいました。少しだけ飲み残して，車の中に置いたまま泳ぎに行きました。車にもどると，車の中は暑くなっていて，【写真５】のようにストローから飲み物がこぼれていました。

ストローから飲み物がこぼれていたのはなぜですか。「空気」「飲み物」「体積」の言葉を使って，その理由を書きましょう。

【写真５】

●は、こぼれた飲み物を表しています。

4 ゆきこさんとはるきさんの小学校では，赤団，青団，白団，黄団の４団に分けて運動会を行います。ゆきこさんは赤団の団長を，はるきさんは青団の団長をすることになりました。次の(1)～(3)について考えましょう。

(1) ゆきこさんとはるきさんは，各団の人数について話しています。 ア ～ エ にあてはまる団の色として考えられるもののうち１つ書きましょう。

ゆきこさん：はるきさん，どの団の人数が一番多いか知っている。

はるきさん：それは知らないけど，白団は青団より30人多いよね。

ゆきこさん：うん。そして，青団と黄団は38人の差で，赤団は黄団より少ないよ。

はるきさん：それなら，白団の人数が一番多いんだね。

ゆきこさん：そうともかぎらないよ。人数が多い団から順番に，

　　ア 団，イ 団，ウ 団，エ 団ってこともあるよ。

(2) ゆきこさんとはるきさんは，入場行進の並び方について話しています。行進は団長が先頭です。そのうしろに団員が並び，横に並ぶ人数は団ごとに決めます。オ にあてはまる人数として考えられるもののうち2つ書きましょう。ただし，各団の人数は100人以上200人以下です。

はるきさん：青団は，ぼくを除いて160人いるから，横に4人ずつ並んでいこうと思うんだ。この並び方だと一番後ろの列も4人並ぶことになるからね。

ゆきこさん：赤団は，わたしを除いて オ 人いるから，横に4人ずつ並ぶと，一番後ろの列が1人になってしまうの。横に7人ずつ並んでも，一番後ろの列が1人になってしまうのよ。だから，横に5人ずつ並ぶと一番後ろの列が1人にならずにすむわ。

(3) 【図】のように長方形と円の半分の形を組み合わせて，1周が200mの線を運動場に引きます。このとき，長方形の横の長さが45m以上50m以下となるように，縦 カ m，横 キ mにしました。

カ，キ にあてはまる数として考えられるものをそれぞれ1つ書きましょう。ただし，カ は整数，キ は小数とし，円周率は3.14とします。

【図】
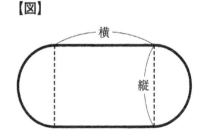

解答用紙集

〇月×日　△曜日　天気（合格日和）

◆ご利用のみなさまへ
＊解答用紙の公表を行っていない学校につきましては、弊社の責任に
　おいて、解答用紙を制作いたしました。
＊編集上の理由により一部縮小掲載した解答用紙がございます。
＊編集上の理由により一部実物と異なる形式の解答用紙がございます。

人間の最も偉大な力とは、その一番の弱点を克服したところから
生まれてくるものである。　――カール・ヒルティ――

東京学参株式会社

◇ 適性検査Ⅰ ◇

佐賀県立中学校　2024年度

※172％に拡大していただくと、解答欄は実物大になります。

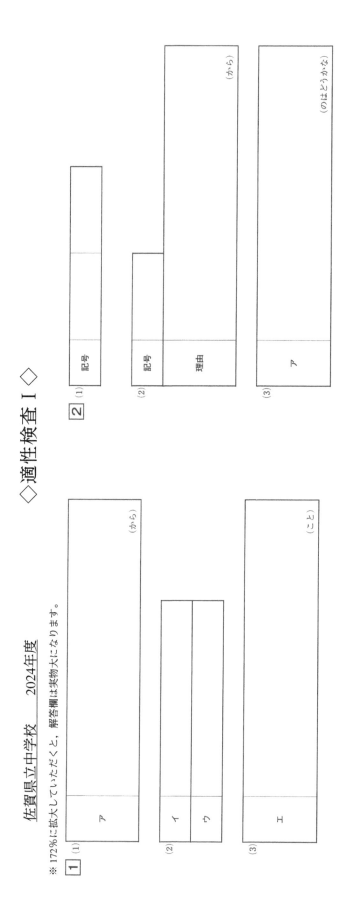

1

(1)
| ア | （から） |

(2)
| イ | ウ |

(3)
| エ | （こと） |

2

(1)
| 記号 | |

(2)
| 記号 | |
| 理由 | （から） |

(3)
| ア | （のはどうかな） |

3

(1)

(2)

(3)

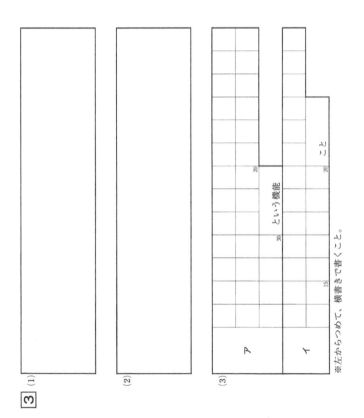

ア

という機能

イ

こと

※左からつめて、横書きで書くこと。

佐賀県立中学校　2024年度

※175%に拡大していただくと、解答欄は実物大になります。

1 (1)

[運動場の図]

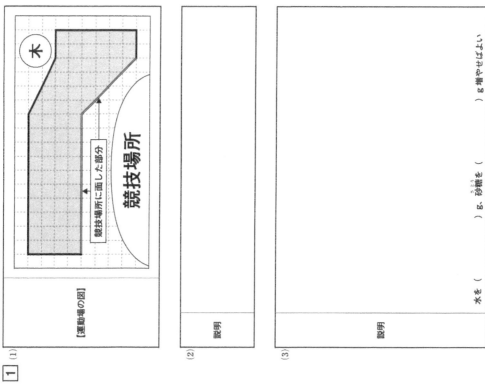

競技場に面した部分

競技場所

木

(2)

説明

(3)

説明

水を（　　　　　）g、砂糖を（　　　　　）g 増やせばよい

2 (1)

説明

さつえいした花火の実際の大きさは、直径約（　　　　　）m

(2)

1回目	2回目	3回目

3 (1)

説明

(2) ア

イ

(3) ウ （7月） （日）

エ

◇適性検査Ⅰ◇

佐賀県立中学校　2023年度

※175%に拡大していただくと、解答欄は実物大になります。

1 (1)

1	

(2)

2	（の情報）
3	（の情報）

(3)

ア	（と思う。）
イ	（と思う。）
ウ	
エ	

2 (1)

	（から）

(2)

ア	（ことができて役に立つけれど、）
イ	（などよくないこともある）
ウ	

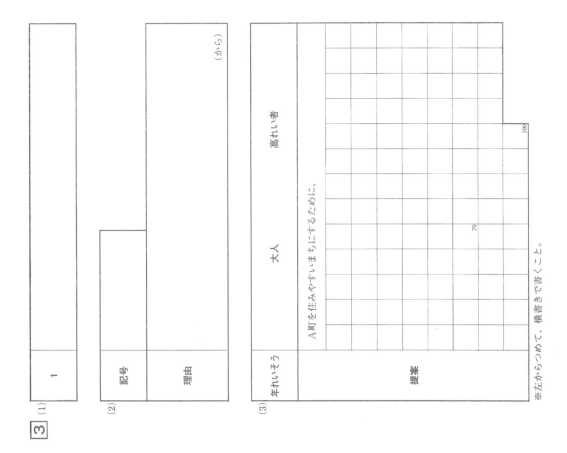

3 (1)

1	

(2)

記号	
理由	（から）

(3)

年れいそう	大人	高れい者

A町を住みやすいまちにするために、

提案

（原稿用紙 70字／100字）

※左からつめて、横書きで書くこと。

2 (1)

説明			
0.6ばいで よい洗ざい	[液体洗ざい] だけ	[粉末洗ざい] だけ	どちらとも

(2)

調べること	嵐	干し方
加える手順		

1 (1)

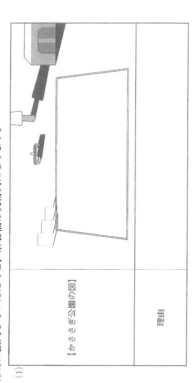

[かささぎ公園の図]

理由

(2)

説明

(3)

説明	
	木の高さは、（　　　） m

3

(1)

説明	

(2)

（　　）人で並べれば、東両方向に（　　　　）列のイスを（　　　　　）分で並べることができる。

(3)

説明	
1ブロック あたりの イスの数	

◇適性検査Ⅰ◇

佐賀県立中学校　2022年度

※ 179%に拡大していただくと、解答欄は実物大になります。

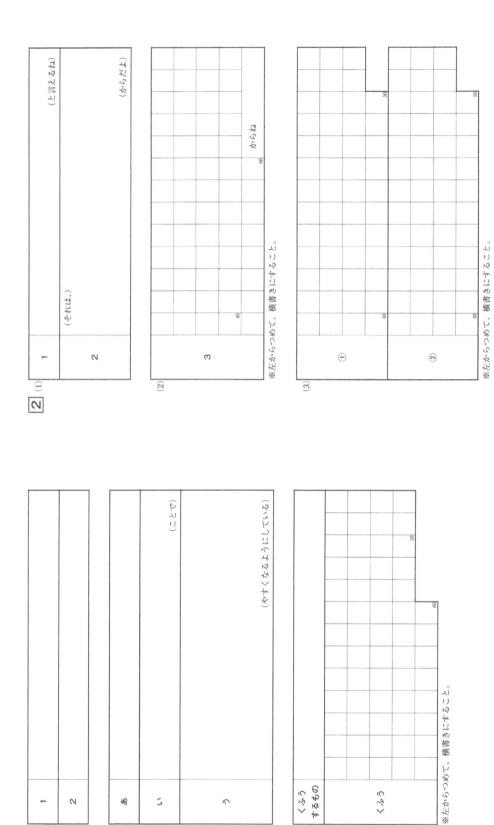

1 (1)

| 1 | |
| 2 | （ことで） |

(2)

あ	
い	
う	（やすくなるようにしている）

(3)

| くふうするもの | |
| くふう | （60）（50）※左からつめて、横書きにすること。 |

---

2 (1)

| 1 | （と言えるね） |
| 2 | （それは、）（からだよ） |

(2) 3 （からね）（60）（40）※左からつめて、横書きにすること。

(3)
① （50）（40）
② （50）（40）
※左からつめて、横書きにすること。

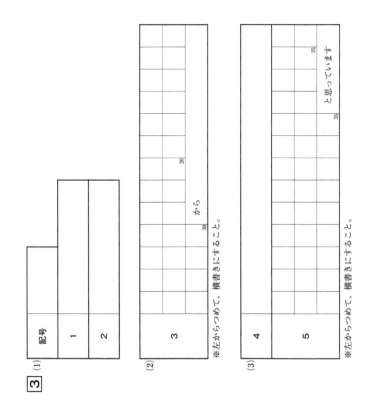

3 (1)

記号		
1		
2		

(2)

| 3 | | | | | | | | | | | から | | |

20　　30

※左からつめて、横書きにすること。

(3)

| 4 | | | | | | | | | | | | | と思っています |
| 5 | | | | | | | | | | | | | |

25　　35

※左からつめて、横書きにすること。

1

(1)

ア	（5月） （旬）
イ	（トマト）
ウ	（8月） （旬）
エ	（ハクサイと）

(2)

囲い1

5cm（　）段と6cm（　）段と7cm（　）段

囲い2

5cm（　）段と6cm（　）段と7cm（　）段

(3)

①

②

2

(1)

選んだかざり	
2回折った折り紙	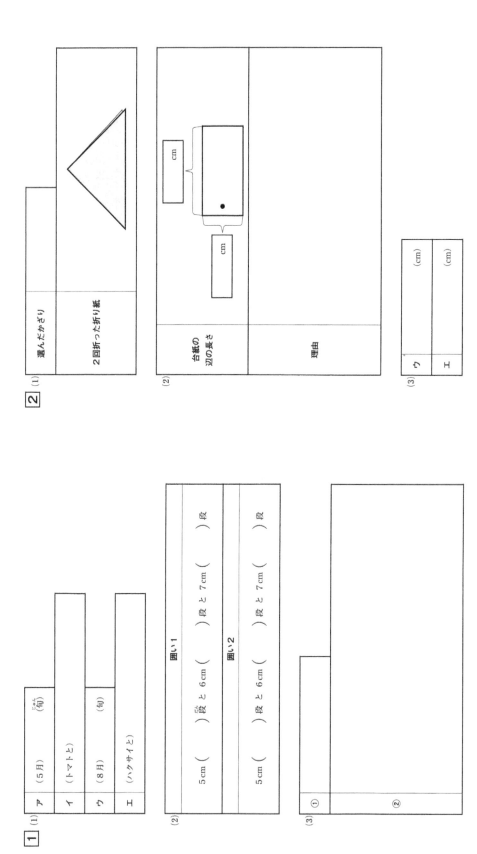

(2)

台紙の 辺の長さ	cm　　cm
理由	

(3)

ウ	（cm）
エ	（cm）

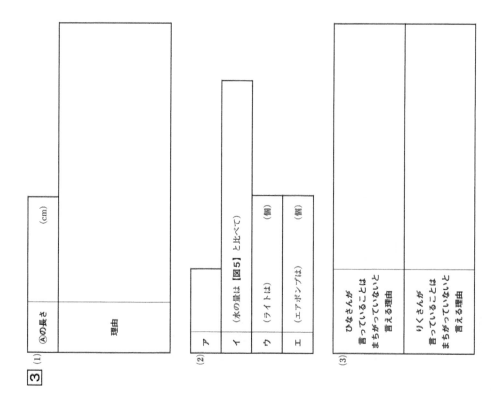

3 (1)

Ⓐの長さ	(cm)
理由	

(2)

ア	
イ	（水の量は【図5】と比べて）
ウ	（ライトは）（個）
エ	（エアポンプは）（個）

(3)

ひなさんが 言っていることは まちがっていないと 言える理由	りくさんが 言っていることは まちがっていないと 言える理由

◇適性検査Ⅰ◇

佐賀県立中学校　2021年度

※175％に拡大していただくと、解答欄は実物大になります。

1

(1)

(2)
1	
2	

(3)
番号	
改善方法	

50

70

※左からつめて、横書きにすること。

2

(1)
記号	
理由	…ということが分かるからね。

(2)
場面	
取り組み	…するときには

(3)
パネル	
メッセージ	給食の食べ残しをしないようにしましょう。

70

80

※左からつめて、横書きにすること。　※数字も1字として数えること。

J13−2021−1

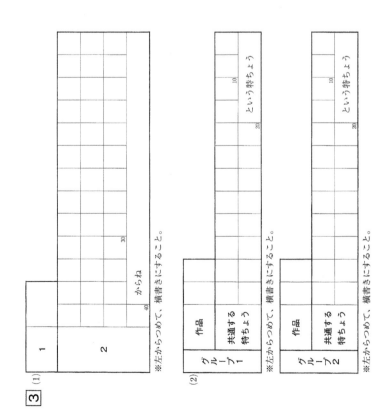

3 (1)

1	

| 2 | | | | | | | | | | | | | | からね |

30　40

※左からつめて、横書きにすること。

(2)

グ ル ー プ 1	作品		
	共通する 持ちょう		という持ちょう

10　20

※左からつめて、横書きにすること。

グ ル ー プ 2	作品		
	共通する 持ちょう		という持ちょう

10　20

※左からつめて、横書きにすること。

佐賀県立中学校　2021年度

◇適性検査Ⅱ◇

※ 175％に拡大していただくと，解答欄は実物大になります。

1 (1)

第１試合～第３試合の時間	第４試合～第６試合の時間
（　　）分ずつ	（　　）分ずつ

(2)

順位	１位	（　　）組
	２位	（　　）組
	３位	（　　）組
理由		

2 (1)

比べる結果	日目	日目
分かること		

(2)

ア		イ			
ウ		エ		オ	

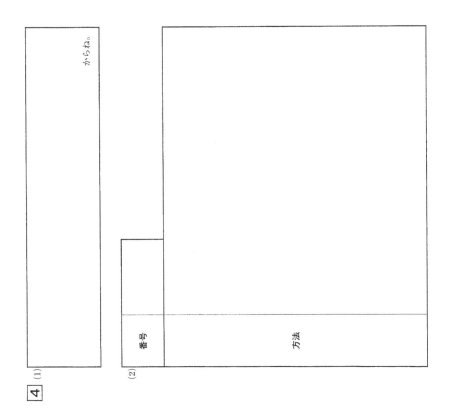

4 (1) ｜ から。

(2) 番号 ｜ 方法

3 (1) [サイコロの展開図]

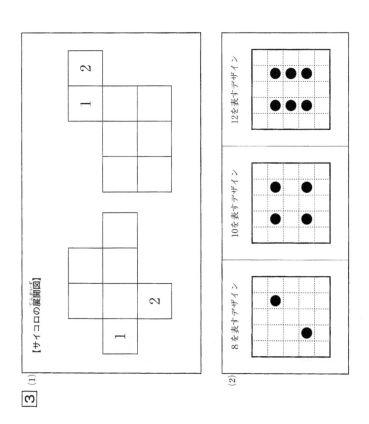

(2) 8を表すデザイン　10を表すデザイン　12を表すデザイン

◇適性検査Ⅰ◇

佐賀県立中学校　2020年度

※ この解答用紙は184％に拡大していただくと、実物大になります。

1

(1)
国名	
取り組み	
理由	

(2)
国名	
伝えること	

2

(1)

※左からつめて、横書きにすること。　　※数字も1字として数えること。

（80）（100）

(2)
番号

※左からつめて、横書きにすること。　　※数字も1字として数えること。

（20）（40）

(3)
1950年と比べて、2010年は

※左からつめて、横書きにすること。　　※数字も1字として数えること。

（50）（70）

3

(1)

ア		イ	
ウ			からね。
エ			と思うからだよ。

(2)

番号			
オ			（30）（50）というアイデア
カ		（25）	（40）というよさ

※左からつめて、横書きにすること。

◇適性検査Ⅱ◇

佐賀県立中学校　2020年度

※この解答用紙は177%に拡大していただくと、実物大になります。

1 (1)

| 記号 | |
| 理由 | |

(2)

番号	
変えたこと	
確かめられること	かどうか。

2 (1)

| みなさんの考え方 | |

(2)

| 条件 | |
| 試合結果の得点例 | Aチーム（　）対（　）Dチーム　　Bチーム（　）対（　）Cチーム |

4

(1)

ア	°C
イ	°C

このことから、イースト菌は（　）のところに置いていた生地は、

ウ	

ことが分かるね。

(2)

番号	
温度	℃
理由	

3

(1)

作ることができる
ピラミッド模型の
段と数

4段が（　）つと（　）段が（　）つ

(2)

佐賀県立中学校　2019年度

◇適性検査Ⅰ◇

※ この解答用紙は179%に拡大していただくと，実物大になります。

1

(1)

記号	
活動	

(2)

見出し２	
本文２	
見出し３	
本文３	

(3)

														45
														60

＊左からつめて、横書きにすること。

2

(1)

あ	
い	という願い

(2)

(3)

方法	
説明	

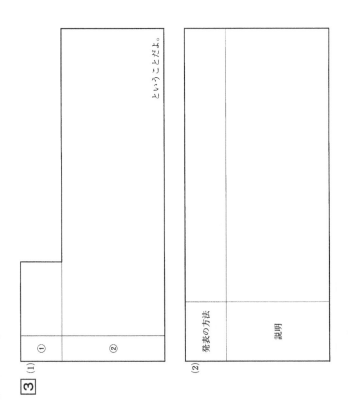

50・40・60

3

(1)
①
② 　　　　　　　　　　　　　　　　　　　　　　といういうことだよ。

(2)
発表の方法

説明

◇適性検査Ⅱ◇

佐賀県立中学校　2019年度

※ この解答用紙は179%に拡大していただくと、実物大になります。

1

(1)

気をつけること	
理由	

(2)

方法	
理由	

2

(1)

番号	言葉	
理由		

(2)

バスの時刻	時　　　分	電車の時刻	時　　　分

4 (1)

実験の説明	
結果	

(2)

番号	
ア	
イ	

3 (1)

(2)

①

②

[「ふみや」の表し方]

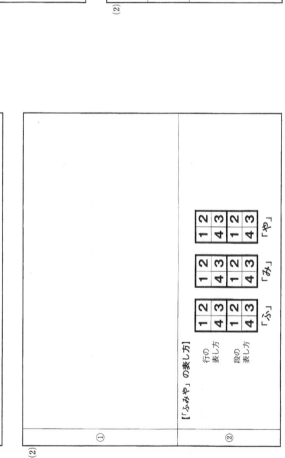

	「ふ」	「み」	「や」
行の表し方	1 2 / 4 3	1 2 / 4 3	1 2 / 4 3
段の表し方	1 2 / 4 3	1 2 / 4 3	1 2 / 4 3

50・60

◇適性検査Ⅰ◇

佐賀県立中学校　平成30年度

※この解答用紙は179%に拡大していただくと、実物大になります。

1

(1)
ア		に見えるけど、
	イ	するど、
		に見えるね

(2)
④は	
⑤は	

(3)
選んだ人の名前		さん

2

(1)
かささぎ町では		ことが分かります。

(2)
「どこ」	
「どのように」	
理由	

(3)
番号		
交流する人		と
計画	説明	

3

(1)

(2)

60

50

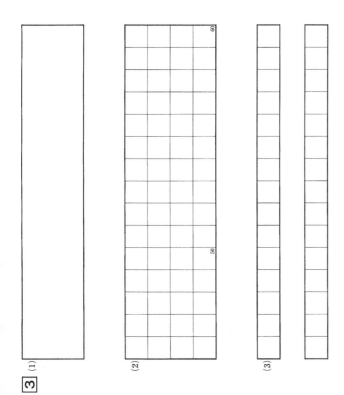

(3)

◇適性検査Ⅱ◇

佐賀県立中学校　平成30年度

※この解答用紙は179%に拡大していただくと、実物大になります。

1 (1)

	[結果] から分かること	
根の役割として考えられること		

(2)

比べるコップ	コップ（　）

コップD の条件	水の温度（℃）	
	日光	
	肥料	

2 (1)

分量	ごはん	g
	肉	g
カレーライス 1食あたりのエネルギー		キロカロリー

(2)

加える しょうゆの量	mL
加える レモンの果汁の量	mL

50・60

4

(1)
ア	番号	月
イ		

(2)
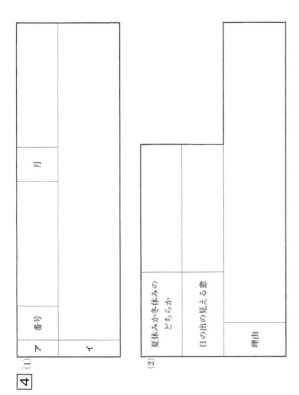

夏休みか冬休みの どちらか	
日の出の見える窓	
理由	

3

(1)
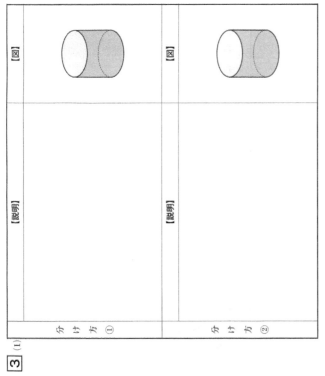

	[説明]	[図]
分け方①		
分け方②		

(2)
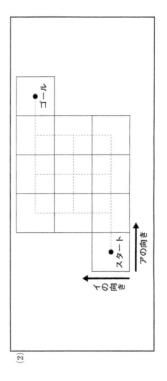

スタート　ゴール

アの向き

イの向き

◇適性検査Ⅰ◇

佐賀県立中学校　平成29年度

※この解答用紙は179%に拡大していただくと、実物大になります。

1

(1) 　　　　　　　　からね。

(2)
「なぞかけ」の問題	とかけて、　　　　　　ととかけます。どちらも
答え	
理由の説明	その心は。

(3)
| 出し方のくふう | |
| 理由 | |

2

(1) 　　　　　　　　からなんだね。

(2)
アイデア	
理由の説明	
アイデア	
理由の説明	

(3)

選んだ記号

具体的なアイデア

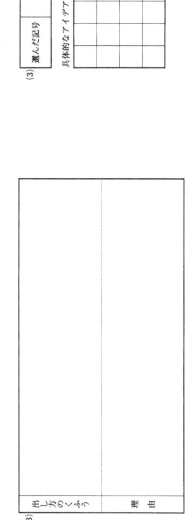

3

(1)

並べ方	前 ○○○○○ 後 ○○○○○
安全のためにくふうしたこと	

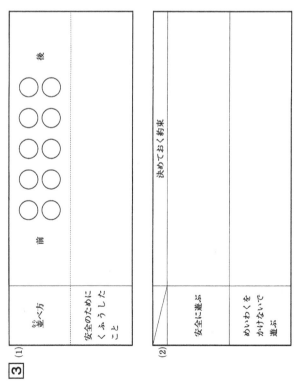

(2)

決めておく約束	
安全に遊ぶ	
めいわくをかけないで遊ぶ	

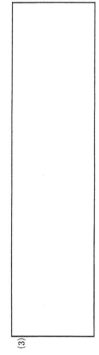

(3)

◇適性検査Ⅱ◇

佐賀県立中学校　平成29年度

※この解答用紙は179%に拡大していただくと、実物大になります。

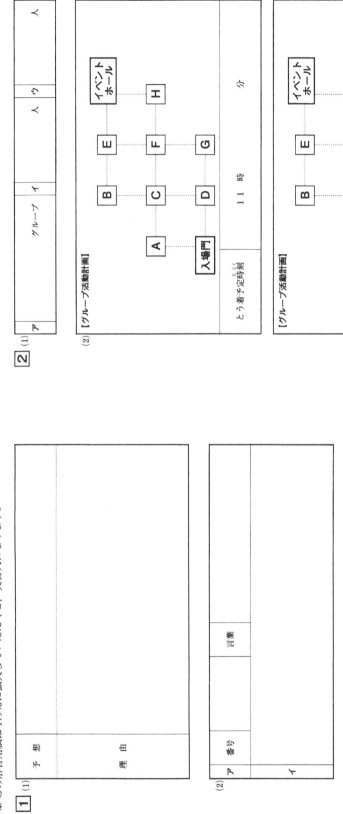

1 (1)

予　想	
理　由	

(2)

	番号	言葉
ア		
イ		

2 (1)

ア	グループ	イ		人	ウ	人	人

(2) [グループ活動計画]

入場門　A　B　E　イベントホール
C　F　H
D　G

とう着予定時刻　１１時　　分

[グループ活動計画]

入場門　A　B　E　イベントホール
C　F　H
D　G

とう着予定時刻　１１時　　分

50・60・80

4

(1)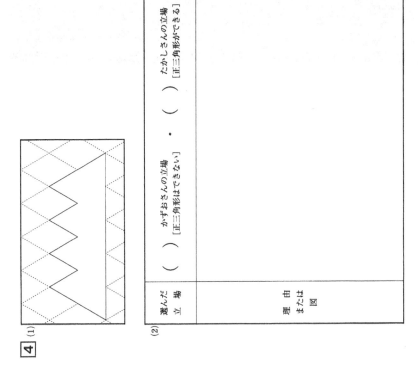

(2)

選んだ立場	（　）かずおさんの立場 ［正三角形はできない］　・　（　）たかしさんの立場 ［正三角形ができる］
理由 または 図	

3

(1)

(2)

(3)

東京学参の
中学校別入試過去問題シリーズ

＊出版校は一部変更することがあります。一覧にない学校はお問い合わせください。

公立中高一貫校「適性検査対策」問題集シリーズ

総合編　作文問題編　資料問題編　数と図形編　生活と科学編　実力確認テスト編

私立中・高スクールガイド

ザ THE 私立　私立中学&高校の学校生活がわかる！

東京学参の
高校別入試過去問題シリーズ

*出版校は一部変更することがあります。一覧にない学校はお問い合わせください。

東京ラインナップ

あ 愛国高校（A59）
青山学院高等部（A16）★
桜美林高校（A37）
お茶の水女子大附属高校（A04）
か 開成高校（A05）★
共立女子第二高校（A40）★
慶應義塾女子高校（A13）
啓明学園高校（A68）★
国学院高校（A30）
国学院大久我山高校（A31）
国際基督教大高校（A06）
小平錦城高校（A61）★
駒澤大高校（A32）
さ 芝浦工業大附属高校（A35）
修徳高校（A52）
城北高校（A21）
専修大附属高校（A28）
創価高校（A66）★
た 拓殖大第一高校（A53）
立川女子高校（A41）
玉川学園高等部（A56）
中央大高校（A19）
中央大杉並高校（A18）★
中央大附属高校（A17）
筑波大附属高校（A01）
筑波大附属駒場高校（A02）
帝京大高校（A60）
東海大菅生高校（A42）
東京学芸大附属高校（A03）
東京農業大第一高校（A39）
桐朋高校（A15）
都立青山高校（A73）★
都立国立高校（A76）★
都立国際高校（A80）★
都立国分寺高校（A78）★
都立新宿高校（A77）★
都立墨田川高校（A81）★
都立立川高校（A75）★
都立戸山高校（A72）★
都立西高校（A71）★
都立八王子東高校（A74）★
都立日比谷高校（A70）★
な 日本大櫻丘高校（A25）
日本大第一高校（A50）
日本大第三高校（A48）
日本大第二高校（A27）
日本大鶴ヶ丘高校（A26）
日本大豊山高校（A23）
は 八王子学園八王子高校（A64）
法政大高校（A29）
ま 明治学院高校（A38）
明治学院東村山高校（A49）
明治大付属中野高校（A33）
明治大付属八王子高校（A67）
明治大付属明治高校（A34）★
明法高校（A63）
わ 早稲田実業学校高等部（A09）
早稲田大高等学院（A07）

神奈川ラインナップ

あ 麻布大附属高校（B04）
アレセイア湘南高校（B24）
か 慶應義塾高校（A11）
神奈川県公立高校特色検査（B00）
さ 相洋高校（B18）
た 立花学園高校（B23）
桐蔭学園高校（B01）

東海大付属相模高校（B03）★
桐光学園高校（B11）
な 日本大高校（B06）
日本大藤沢高校（B07）
は 平塚学園高校（B22）
藤沢翔陵高校（B08）
法政大国際高校（B17）
法政大第二高校（B02）★
や 山手学院高校（B09）
横須賀学院高校（B20）
横浜商科大高校（B05）
横浜市立横浜サイエンスフロ
ンティア高校（B70）
横浜翠陵高校（B14）
横浜清風高校（B10）
横浜創英高校（B21）
横浜隼人高校（B16）
横浜富士見丘学園高校（B25）

千葉ラインナップ

あ 愛国学園大附属四街道高校（C26）
我孫子二階堂高校（C17）
市川高校（C01）
か 敬愛学園高校（C15）
さ 芝浦工業大柏高校（C09）
渋谷教育学園幕張高校（C16）★
翔凜高校（C34）
昭和学院秀英高校（C23）
専修大松戸高校（C02）
た 千葉英和高校（C18）
千葉敬愛高校（C05）
千葉経済大附属高校（C27）
千葉日本大第一高校（C06）★
千葉明徳高校（C20）
千葉黎明高校（C24）
東海大付属浦安高校（C03）
東京学館高校（C14）
東京学館浦安高校（C31）
な 日本体育大柏高校（C30）
日本大習志野高校（C07）
は 日出学園高校（C08）
やら 八千代松陰高校（C12）
流通経済大付属柏高校（C19）★

埼玉ラインナップ

あ 浦和学院高校（D21）
大妻嵐山高校（D04）★
か 開智高校（D08）
開智未来高校（D13）★
春日部共栄高校（D07）
川越東高校（D12）
慶應義塾志木高校（A12）
さ 埼玉栄高校（D09）
栄東高校（D14）
狭山ヶ丘高校（D24）
昌平高校（D23）
西武学園文理高校（D10）
西武台高校（D06）

た 東京農業大第三高校（D18）
は 武南高校（D05）
本庄東高校（D20）
や 山村国際高校（D19）
やら 立教新座高校（A14）
わ 早稲田大本庄高等学院（A10）

北関東・甲信越ラインナップ

あ 愛国学園大附属龍ヶ崎高校（E07）
宇都宮短大附属高校（E24）
か 鹿島学園高校（E08）
霞ヶ浦高校（E03）
共愛学園高校（E31）
甲陵高校（E43）
国立高等専門学校（A00）
さ 作新学院高校
（トップ英進・英進部）（E21）
（情報科学・総合進学部）（E22）
常総学院高校（E04）
た 中越高校（R03）＊
土浦日本大高校（E01）
東洋大附属牛久高校（E02）
な 新潟青陵高校（R02）
新潟明訓高校（R04）
日本文理高校（R01）
は 白鷗大足利高校（E25）
ま 前橋育英高校（E32）
や 山梨学院高校（E41）

中京圏ラインナップ

あ 愛知高校（F02）
愛知啓成高校（F09）
愛知工業大名電高校（F06）
愛知みずほ大瑞穂高校（F25）
暁高校（3年制）（F50）
鶯谷高校（F60）
栄徳高校（F29）
桜花学園高校（F14）
岡崎城西高校（F34）
か 岐阜聖徳学園高校（F62）
岐阜東高校（F61）
享栄高校（F18）
さ 桜丘高校（F36）
至学館高校（F19）
椙山女学園高校（F10）
鈴鹿高校（F53）
星城高校（F27）★
誠信高校（F33）
清林館高校（F16）★
た 大成高校（F28）
大同大大同高校（F30）
高田高校（F51）
滝高校（F03）★
中京高校（F63）
中京大附属中京高校（F11）★

中部大春日丘高校（F26）★
中部大第一高校（F32）
津田学園高校（F54）
東海高校（F04）★
東海学園高校（F20）
東邦高校（F12）
同朋高校（F22）
豊田大谷高校（F35）
な 名古屋高校（F13）
名古屋大谷高校（F23）
名古屋経済大市邨高校（F08）
名古屋経済大高蔵高校（F05）
名古屋女子大高校（F24）
名古屋たちばな高校（F21）
日本福祉大付属高校（F17）
人間環境大附属岡崎高校（F37）
は 光ヶ丘女子高校（F38）
誉高校（F31）
み 三重高校（F52）
名城大附属高校（F15）

宮城ラインナップ

さ 尚絅学院高校（G02）
聖ウルスラ学院英智高校（G01）★
聖和学園高校（G05）
仙台育英学園高校（G04）
仙台城南高校（G06）
仙台白百合学園高校（G12）
た 東北学院高校（G03）★
東北学院榴ヶ岡高校（G08）
東北高校（G11）
東北生活文化大高校（G10）
常盤木学園高校（G07）
古川学園高校（G13）
ま 宮城学院高校（G09）

北海道ラインナップ

さ 札幌光星高校（H06）
札幌静修高校（H09）
札幌第一高校（H01）
札幌北斗高校（H04）
札幌龍谷学園高校（H08）
は 北海高校（H03）
北海学園札幌高校（H07）
北海道科学大高校（H05）
ら 立命館慶祥高校（H02）

★はリスニング音声データのダウンロード付き。

都道府県別
公立高校入試過去問
シリーズ

● 全国47都道府県に出版
● 最近数年間の検査問題収録
● リスニングテスト音声対応

公立高校入試対策
問題集シリーズ

● 目標得点別・公立入試の数学（基礎編）
● 実戦問題演習・公立入試の数学（実力錬成編）
● 実戦問題演習・公立入試の英語（基礎編・実力錬成編）
● 形式別演習・公立入試の国語
● 実戦問題演習・公立入試の理科
● 実戦問題演習・公立入試の社会

高校入試特訓問題集
シリーズ

● 英語長文難関攻略33選（改訂版）
● 英語長文テーマ別難関攻略30選
● 英文法難関攻略20選
● 英語難関徹底攻略33選
● 古文完全攻略63選（改訂版）
● 国語融合問題完全攻略30選
● 国語長文難関徹底攻略30選
● 国語知識問題完全攻略13選
● 数学の図形と関数・グラフの融合問題完全攻略272選
● 数学難関徹底攻略700選
● 数学の難問80選
● 数学　思考力―規則性とデータの分析と活用―

2404A

〈ダウンロードコンテンツについて〉

　本問題集のダウンロードコンテンツ、弊社ホームページで配信しております。現在ご利用いただけるのは「2025年度受験用」に対応したもので、**2025年3月末日**までダウンロード可能です。弊社ホームページにアクセスの上、ご利用ください。

※配信期間が終了いたしますと、ご利用いただけませんのでご了承ください。

中学別入試過去問題シリーズ

県立香楠・致遠館・唐津東・武雄青陵中学校　2025年度
ISBN978-4-8141-3115-0

[発行所] 東京学参株式会社
　　　　〒153-0043　東京都目黒区東山2-6-4

書籍の内容についてのお問い合わせは右のQRコードから　⇒

※書籍の内容についてのお電話でのお問い合わせ、本書の内容を超えたご質問には対応
　できませんのでご了承ください。

2024年5月13日　初版